本书获河南省社会科学院学术著作出版资助

中原学术文库·青年丛书

新时代跨行政区划法院
试点改革研究

RESEARCH ON THE PILOT REFORM OF CROSS ADMINISTRATIVE
DIVISION COURT IN THE NEW ERA

刘 旭／著

社会科学文献出版社
SOCIAL SCIENCES ACADEMIC PRESS (CHINA)

目　录

导　言

　　试点是执政党国家建设理念及其实践的重要体现，当代中国司法领域的试点是这一理念传统的延续与扩展。伴随改革开放以来各项试点活动的密集涌现，司法领域的试点也成为格外引人注目的议题。司法试点尤其彰显了扩大化地域条件下多样性与协调性、传承性与创新性、超脱性与约束性之间的内在张力。试点随着国家建设理念的延伸而成为当代司法治理的重要工具，在多种司法试点活动中，跨行政区划法院试点的启动及其实施具有典型的代表性。探讨这一议题，对于明确跨行政区划背景下司法治理的进路和方式，对于完善司法在国家治理现代化中的角色及其作用，具有积极而深远的意义。

　　设立跨行政区划法院是当代中国司法变革中的重要议题。十八届四中全会提出要"探索设立跨行政区划的人民法院"。之后，跨行政区划法院议题进入试水阶段，我国多个地方也开展了试点实践。包括2014年在北京、上海等地推行的铁路运输法院的转型，2016年部分省份实施的跨行政区划集中管辖行政案件的改革，以及2016年底最高人民法院巡回法庭设置的全面铺开。国内在专门法院系统、普通法院系统以及最高人民法院层面的改革行动，共同向跨行政区划法院的议题汇集，相关改革的深化凸显了本论题研究的必要性和迫切性。

　　作为新一轮司法改革行动的重要组成部分，设立跨行政区划法院的改革对我国法治建设将产生积极而深远的影响。选择这一议题既是顺应新时代改革战略，也是承接一直以来的问题视角，延续在司法体制深层次改革方面的探讨。早在跨行政区划法院改革举措提出之前，有关"司法地方化"的讨论已延续多年。这一讨论为改革提供了初步的问题切入点，新的改革规划也在一定程度上反馈了一直以来的改革呼吁。但是，设立跨行政区划法院的意义还要在其他维度上加以拓展。撇开地方化抑或中央化的争论，对这一问题的探索，还旨在为国家治理提供理性的、法治化的实践进路。怎样实现在推行适用于各地方的共同价值和公共制度的同时，又能有效地维护各地方的自主性、适应性和创新性，便成为长期以来困扰国家建设的根本性问题。以往历史进程中通过强力、利益等手段推行的区域间的整合，给现代国家治理提供了诸多教训。达成多元性与统一性之间平衡的状态，无疑要依赖于以法治为平台所推进的对自由与秩序的双重保障。设立跨行政区划法院对实现这一目标具有重要的意义，它作为国家整合法理基础转换的关键，为实现国家治理现代化开辟了道路。

基于以上原因，设立跨行政区划法院的设计便是从形式到实质的、系统而深刻的改革。不仅要在制度表面上实现传统的以行政区划为单元的法院设置方式向跨行政区划设置法院的新方式的转变，更要在制度内核上吸取一直以来有关司法改革的呼吁和研究成果，对法院的人、组织、管理等多个方面加以改造和革新，对法院所处的外部环境以及法官所处的内部环境进行优化，推行满足独立裁判要求的权力配置架构和运行机制，创造符合司法规律的法院组织和法院制度体系。

同时，设立跨行政区划法院也是从理念到制度再到具体举措的全面变革。它首先针对的是法院设置依附于行政区划系统的理念，着重表达了法院组织对于行政机关的超脱性和独立性。它集中展现了清末立宪革新以来在追求实现现代化司法体系上的经验积淀，反映了我国在构筑中国特色司法独立体制上的理论和实践成果。但改革的突破不止于此，当前跨行政区划法院改革试验中所启动的并行管辖的制度设计，为我国传统法院体制增加了新的制度元素，从而将我国法院组织及法院制度建设推向新阶段。我国法院也得以从原来的地域性多元、层级性多元及其竞争，迈向新的制度性多元及其竞争。

概括而言，本书要解决的问题便包括：一是从多方面对设立跨行政区划法院的必要性和重要意义予以论证；二是对多年来已经存在的带有跨行政区划性质的法院，以及近年来已经实施的有关跨行政区划法院的试验举措进行梳理，厘清当前改革的主要思路和运行特点；三是对当前法院组织及法院制度建设当中的问题予以剖析，对新推行的改革方案的改进提出意见；四是系统地提出跨行政区划法院相关的理念、制度及建设举措，对这些内容的科学性、合理性、有效性进行全面的论证。

　　本书还遵循问题切入、历史总结、比较分析、方案设计的总体思路，从确立全书的问题意识着手，阐释论题创作的意义，又通过国内外相关领域实践的概括、对照和剖析，为其后的改革主张及意见的提出做好准备。首先，就是关注及把握跨行政区划法院这一议题的由来，对当前改革获得启动的时代背景进行分析；而后，对域外相关问题的历史演进及制度建设现状进行理解和把握，分析不同制度的背景及运作特征，从域外的经验中获取有益于本议题的启示，使之融入对当代中国改革问题的思考和应对当中；最后则是从现实改进及制度变革方面，探索跨行政区划法院相关的具体制度设计，为未来的改革提供思路及对策建议。

第一章　我国司法领域试点改革的总体观察

我国改革开放以来在法律和政策层面形成了独具中国特色的"试点"现象，试点及其所代表的发扬地方自主性、鼓励地方探索和创新的立场和宗旨，成为改革开放获得成功的最为主要的动因。改革方针所促动的试点，涉及我国国家及社会建设的各个领域，而在司法改革精神的推动下，司法领域的试点更为密集而频繁。试点已经成为推进司法改革当中经常使用的、带有前置性的工作方法。司法具体制度及工作环节中的相关改革倡议，在中央改革试点的方针指导下，以最高人民法院的政策统筹为平台，形成付诸地方层面的大量的试点实践。由此，试点现象对于观察及分析当代中国司法改革不可或缺，通过改革开放以来司法改革试点方案及实践的总结，可以更加了解我国改革实施的理念基础和推进路径，也可以对未来我国的司法改革，乃至整体的国家法治建设获得认知、借鉴并加以推进。

本研究的意义在于总结经验，即通过对普遍存在的试点现象的归纳，对以往改革开放能够取得巨大成果的深层次原因加以剖析。以往试点背后所展现的贴近实际、立足地方、循序渐进、摸索发展的理念，以及谦抑、试错等精神，要在未来改革中得到进一步的坚持和传承，这些经验对于我国稳步推进司法改革、建设社会主义法治国家具有重要的意义。开展司法领域试点的研究还在于发现问题。透过试点现象的观察，对以往试点实践中呈现的从上到下、从特殊到一般的国家建设思维进行反思，对试点的事务对象选择、试点动议的提出、试点启动决策、试点单位选择、试点的具体实施等全流程试点方案的内容加以审视，进而对日益频繁而经常的司法试点实践中存在的问题予以发现，从而为更好地完善试点工作打下基础。研究最终致力于推进改革及促进发展，在改革这一时代主旋律之下，要着力突破传统路径依赖，实现改革过程中理念、制度和方法的创新，就要认真审视及对待试点这一当代中国推进改革所使用的重要方法，运用试点形成科学合理的改革思路和方案。通过对试点经验的总结及问题的分析，可以推动改革方法及手段的不断改进，通过试点理念的更新以及试点实践的再造，也有助于纠正以往历史时期改革进程中的循环往复，推动国家整体建设及改革的转型和创新。

第一节　我国司法领域试点改革的文献综述

试点作为承载着我国国家建设理念及指导方针的重要方法，在改革开放进程中为研究者所关注及重视，相关研究开辟了以政策流程为轴心的试点观察以及对试点自身问题的观察等多个观察视角。研究着重分析了一系列重大改革举措以试点方法加以推进的现状，回顾了推行改革开放所生成的试点实践过程及其历史背景，同时还对依靠政策试点方式推行的立法建设予以涉及。在此之外，法学界亦开始对法律及司法领域相关的试点活动展开研究，试点所引发的形式合法性的冲突在多篇研究文章中提及，试点所牵涉的形式合法性与实质合法性相互间的关系亦得到探讨，一些研究者还总结了先行先试立法及试验性立法的内容和特征，有关司法领域的试点现象也得到了初步的观察和分析，尤其对于刑事领域的试点活动，得到有关刑法学科研究者的注目。可以说，一直以来作为国家建设观念具体体现的试点方法在改革开放的新时期和新环境下得到一定程度的观察和反思，新世纪以来，司法领域试点现象为一些研究者所介绍和分析，但试点实践在国家管理体制内的性质及定位尚未获得界定，其所涉及的国家治理架构及其相互间关系还未得到厘清，试点所潜藏的诸多问题仍未得到完整的挖掘，而试点所涉及的法律问题，以及司法领域中的试点活动，都还需要进一步观察和剖析，有关试点及其与法治的关系还有待在改革进程中予以明晰。这些情况都要求我们深化在试点问题上的认识，加强对试点现状及其改进的探索，通过以司法领域的试点为切入点，更好地推动制度改革和创新，更好地建设法制及推动发展。

一　针对试点活动及其问题的文献综述

以往历史进程中的试点现象，在新世纪以来吸引了政治学和管理学等多学科研究者的注意，这些研究多以政策管理及其流程为场域予以观察。① 有研究者以政策试验的概念为切入点，对我国政策试点的历史进程予以回顾，分析了当代中国试点在指导思想上的起源，并对当下中国政策试点现象加以总结，其中提出：由点到面、点面结合是我国政策制定传统中的重要指导理念；当代中国的政策试验同时还包括了立法试行、试验区与试点三种类型。② 从改革开放之后的历史进程来看，政策试验成为推动改革及扩大开放的先导，改革开放以来较为重大的社会变革活动，包括家庭联产承包、股份制改革、土地使用权转让等，都带有政策先行、法律在后的特征。③ 有研究者还对政策试验的类型、过程和功能进行梳理和归纳，对当代中国政策试验的理论意义予以阐释，同时还对以往研究的立场、内容和方法进行反思，提出试点未来发展的展望和设想。④ 还有研究者对中国公共政策试验的组成部分进行剖析，将其划分为试验主体要件、试验过程要件和试验客体要件三大组成部分。⑤

试点现象还在中央与地方间的关系视角下获得关注。有的研究以中国地方政府创新奖的实例为分析对象，认为当代中国的地方改革创新面临着形式与实质、个案与标准之间的合理性与合法性相交错的困境。⑥ 有的研究对试点的体制背景作出分析，提出改革试验是在维护政治权力秩序前提下的选择性控制，地方试点是基于中央控制之下而实施的，服务于中央政策目标。⑦

① 相关文章有：黄秀兰：《论改革开放进程中的政策试验》，《探索》2000 年第 3 期；刘钊、万松钱、黄战凤：《论公共管理实践中的"试点"方法》，《东北大学学报》（社会科学版）2006 年第 4 期；冯栋、何建佳：《政策试验的要件构成及其优化对策》，《行政论坛》2008 年第 1 期；周望：《政策试验解析：基本类型、理论框架与研究展望》，《中国特色社会主义研究》2011 年第 2 期等。

② 周望：《"政策试验"解析：基本类型、理论框架与研究展望》，《中国特色社会主义研究》2011 年第 2 期。

③ 周望：《"政策试点"的衍生效应与优化策略》，《行政科学论坛》2015 年第 2 期。

④ 朱光喜：《中国"政策试验"研究：议题、意义与展望——以政策过程为中心视角》，《广东行政学院学报》2013 年第 4 期。

⑤ 冯栋、何建佳：《政策试验的要件构成及其优化对策》，《行政论坛》2008 年第 1 期。

⑥ 陈科霖：《合理性、合法性与正当性：地方政府改革创新的多重张力及其重构》，黄卫平、汪永成编《当代中国政治研究报告》第 1 辑，社会科学文献出版社，2016，第 106 ~ 129 页。

⑦ 刘培伟：《基于中央选择性控制的试验——中国改革"实践"机制的一种新解释》，《开放时代》2010 年第 4 期。

试点现象之内所存在的问题成为众多政策试验研究者探究的重要内容。有研究者认为当前试点方法的效用仍不稳固，还出现试点失灵的现象，而试点动机偏差、试点取样不当、试点推广抵触摩擦等问题是试点失灵的主要表现。① 有研究者指出，一些地方的试点缺乏科学的和实事求是的态度，一些问题及失误被掩盖，试点普遍成功的假象被人为地制造出来，而试点中的好大喜功，以及为试点而制造条件的现象也使得试点遭受扭曲。② 还有研究者批判了试点中的人为控制及人治现象，试点所意味的较为宽松的政策环境，以及试点与资金支持、领导关注等方面因素的结合，使得政策试验往往受到领导人意向的影响，一些有利条件被附加到改革试点中，形成试点人为的环境；现行试点还缩减了寻求问题解决方案及获取相关信息的范围及空间，干扰了试点的内在效度和外在效度。③ 还有研究者对试点选择及试点推广中的问题加以揭示，认为因试点选择的适宜性的欠缺，诸如早期经济领域试点集中于东部地区，又因试点推广忽视适应性，加之一些地方的试点急于求成、脱离实际，带来一哄而上的局面。④ 研究者也注意到了试点中的异化现象，认为试点中的优惠待遇吸引增强了试点中的功利色彩，而试点本身的改革创新受到忽视。⑤

中国的试点现象也引起了国外学者的关注，一些研究从试点切入，分析中国的政策制定及实施过程，这其中较为出名的便有 Heilmann 等人。Heilmann 在《中国异乎常规的政策制定过程：不确定情况下反复试验》一文中指出，中国改革发展模式中具有大量的、反复进行的政策试验的成分。⑥ Heilmann 认为中国的政策制定由地方提出政策选项、决策者筛选、试点方案的起草及实施、试点做法的推广等一系列流程所构成，它是将基层

---

① 吴动喜：《改革试点方法分析》，《改革与战略》1995 年第 4 期。
② 宫建春、王锦远：《关于"试点现象"的哲学思考》，《济南市社会主义学院学报》2000 年第 3 期。
③ 刘钊、万松钱、黄战凤：《论公共管理实践中的"试点"方法》，《东北大学学报》（社会科学版）2006 年第 4 期。
④ 黄秀兰：《浅谈改革开放进程中的政策试验》，《理论与改革》2000 年第 4 期。
⑤ 杨雪冬：《改革试点的变异》，《发展》2014 年第 1 期。
⑥ Sebastian Heilmann：《中国异乎常规的政策制定过程：不确定情况下反复试验》，《开放时代》2009 年第 7 期。

和地方经验注入国家政策的过程。①

二 法律视角及司法领域内试点的研究综述

在新世纪以来较为晚近的时期，开始出现从法律视角对试点活动进行的观察，以及对司法领域内的试点现象的分析。张千帆列举了家庭联产承包、土地产权流转、乡镇长直选试验，作为改革开放以来地方改革违法（宪）的实例，并提出应当以适宜的标准来判断良性违法（宪）或恶性违法（宪），并以此来鉴别地方改革的性质；他认为改革开放以来的"良性违宪"现象反映了单一体制内的中央集权与地方改革试验的张力，为解决这种张力，应当超越良性违法（宪）的提法，推动中央法律解除更多限制性规定带来的束缚，并且要以宪法精神驾驭宪法的具体规定。② 而以往政策试验现象的合法性问题也不断为法律研究者所提及，将试点纳入法治的轨道获得公开的呼吁。党国英指出，当前试点存在适用领域不当、试点时间过长、试点面过大、试点较为随意等不规范的问题，试点活动出现了与法律直接冲突的情况，要纠正这一情况，便要对与既有法律存在冲突的试点，由有关部门请求全国人大常委会进行授权，试点要有期限，有明确的范围，也要有程序。③ 在这种授权合法化的思路之外，一些研究也提出试点合法化的其他进路。苏宇认为，试点与形式合法性不可避免地产生冲突，改革开放以来的试点活动在形式合法性上薄弱，但试点依靠"革新理由"生成了新的合法性类型，并塑造着实质合法性。④

也有研究从立法角度对试点现象进行观察和分析，认为改革开放以来我国遵循先单项后综合、先地方后中央的立法政策思路，在这一思路的指导下，推行了试行立法、试点立法、先行先试等立法方式，国家主导的立法试验包括了中央控制下的"投放—吸纳—辐射"模式，以及地方主导的"先行先试—事后确认"，而地方上积极踊跃地开展先行先试是因为改革红

---

① Sebastian Heilmann, "Policy Experimentation in China's Economic Rise", *Studies in Comparative International Development*, vol. 43, no. 1 (2008), pp. 1 – 26.

② 张千帆:《宪法变通与地方试验》,《法学研究》2007 年第 1 期。

③ 党国英:《改革"试点"要法制化》,《人民论坛》2011 年第 9 期。

④ 苏宇:《略论"试点"的合法性基础》,《政治与法律》2010 年第 2 期。

利的最大化。① 有研究进一步提出竞争作为主要动力在地方开展法治试验活动中的作用。② 还有研究经过对改革开放以来这种试验性立法的历程加以回顾，将这些立法的性质界定为形成了试验性的立法程序，它体现在授权行政机关暂行立法、授权司法机关自行立法、地方先行先试立法等试验性立法过程中，但是，这种立法过程的延长并无法律规范加以调适。③

一些文章也对司法领域的试点现象予以关注和分析。有文章对十八大以来司法体制改革试点活动进行总结，指出这些试点活动共同具有的特征，并提出推行这些改革试点的内在根据，同时还提出未来司法改革试点应当坚持的原则和具体操作方法。④ 近年来，还有文章对司法改革及其试点活动的合法性问题以及存在的其他问题进行分析。有文章提出，司法改革与宪法在具体事项上的关联较弱，司法改革还未纳入合宪性评价的范围。⑤ 有文章对作为试点管理环节的试点评估中出现的问题予以剖析。文章指出，当前司法领域的试点评估缺乏科学方法的指导，数据的采集及分析不足，评估还缺少有效的参与，对试点中的利与弊的评价并不全面。⑥

刑事司法领域的改革试点问题在学科范围内受到较多的关注和研究。郭志媛在《中国经验——以刑事司法改革试点项目为蓝本的考察》（北京大学出版社）一书中介绍了法律实证方法在中国的应用，分析了刑事司法领域试点项目选题、试点初步策划、试点项目执行、试点数据评估等试点流程，同时还回顾了试点过程中寻求合作、试点设计、试点执行以及试点评估当中遇到的困难，并针对这些困难及挑战寻找可能的解决途径。刘辉所著《刑事司法改革试点研究》（中国检察出版社 2013 年版）一书，汇集及分析了近三十年来刑事司法领域改革试点的样本，归纳了在改革试点上的质疑、赞同等不同的评价，而后，运用合法性的概念对试点加以评析，并提出了实质性及其价值语境、形式性及其程序载体所构成的程序主义试点

---

① 钱大军：《当代中国法律体系结构建构模式之探究》，《法商研究》2015 年第 2 期。
② 周尚君：《地方法治试验的动力机制与制度前景》，《中国法学》2014 年 2 期。
③ 李丹阳：《试验性立法的中国实践》，《学习与探索》2016 年第 2 期。
④ 刘风景：《论司法体制改革的"试点"方法》，《东方法学》2015 年第 3 期。
⑤ 莫纪宏：《司法体制改革的宪法学评估》，《贵州民族大学学报》（哲学社会科学版）2016 年第 2 期。
⑥ 高志刚：《司法体制改革试点评估运作机制研究——兼以法院员额制试点改革为样本》，《北方法学》2017 年第 11 期。

的理论主张。

刑事司法改革与实证方法的汇集在国外有着较为悠久的传统和广泛的实践。美国研究者帕森斯、戈尔登等在《试点与改革：完善司法制度的实证研究方法》（北京大学出版社 2006 年版）一书中，从探讨司法改革实证方法论的立场出发，对美国维拉研究所在刑事司法领域所进行的改革及所推行的试点项目予以介绍，通过审前程序、刑事辩护等诸多改革试点实例的列举，剖析了项目试点早期步骤、项目试点初步策划、试点项目设计及评估、试点数据分析评估等试点流程构成，并且提出了推动小规模试点演变到政府政策及制度改革所应当采取的行动。麦高伟在《实证研究和法律改革：英国经验》一文中，对英国刑事司法改革中实证方法的应用予以介绍，分析了实证研究及其试点活动在法律修改前的重要角色。

实践中，国外在立法前展开相应的试点活动，以及为应用研究成果及检验实证方法，也开展了各种形式的试点。诸如美国司法部在司法活动的多个领域，包括戒毒、社区矫正等方面，运用联邦与州之间资金及项目合作的方式，推行有关的试点。社区戒毒、社区康复、毒品法庭等形式经历了从个别试点到大范围推行的过程，其中首个毒品法庭于 1989 年诞生于迈阿密，后逐渐演变为由联邦司法部财政支持、规模达 2459 个、遍及全美各州的司法项目。[①] 美国司法部在 2015 年 5 月在美国部分警局试行了可佩戴式摄像头计划，在随后的试点扩大行动中，美国司法部将为全美 32 个州 73 个执法机构提供约合 2320 万美金的专项资金拨付。[②] 美国还在一些法律正式生效前，授权司法部选择部分地区开展试点。在《防止暴力侵害妇女修订法案》的生效日——2015 年 3 月 7 日之前，美国国会授权美国司法部在个别地区进行试点，2014 年 2 月，美国司法部宣布在 3 个部落区实行该法案实施前的试点工程。[③]

---

① 《考察美国戒毒工作模式的启示》，《上海戒毒》2014 年第 4 期。
② 《美司法部出资超 2300 万美金为警察购置可佩戴式摄像头》，2015 年 9 月 23 日，http://news.163.com/15/0923/09/B46J6H1N00014U9R.html，2017 年 4 月 12 日。
③ 赵大卉：《弥补美国司法体系重大缺失　部落区首获对非部落民刑事管辖权　美国部落司法迎来历史转折点》，《法制日报》2014 年 4 月 22 日。

第二节　我国司法领域试点改革的历史进程

从历时性角度来看，我国司法领域试点在国家整体改革试点实践的格局中起步较晚。我国的试点曾高度集中于行政机关事务领域，20世纪90年代的司法试点仅为个例，直到2008年以来，以最高人民法院试点意见为指导的相关试点才逐渐增多。几十年来，司法领域试点走过了实体规则试点向程序规则试点的转变，早先在部分法律正式实施前由最高人民法院启动相关预备实施性的试点，向司法组织形式及司法管理方式等领域加以转变，这些试点以政策主导和层级管理的形式密集涌现，而2013年以来，司法领域部分事务试点的正式性、法定性明显增强，针对刑事速裁、人民陪审员改革以及公益诉讼等方面事务，由全国人大常委会的授权决定加以启动。尽管经过了这些具有鲜明节点性的阶段转变，我国现行司法领域试点仍然呈现为在中央指导和部门主导下，以部门层级政策制定及实施为主要内容的管理和实施模式。

一　法律实施前预备试点阶段

这一时期试点带有法律正式实施前的预备实施的性质，反映了改革开放之后我国立法及其实施的理念及实践特征。在诸如《行政诉讼法》、修订后的《刑事诉讼法》实施前的试点活动中，最高人民法院及最高人民检察院通过系统内部试点的组织及安排，对新制定的法律予以先行先试。这种在法律正式实施之前，在部分地区试点单位提前实施法律的做法，展现了由最高人民法院及最高人民检察院所推行的政策性的高度集中的司法管理体制，出于对司法政策与司法实际之间较长管理距离加以填补的目的，产生了法律正式实施前进行试点的需要，试点由此成为司法领域两大政策管理机构预留管理空间及推行司法管理的重要工具。

（一）该阶段试点的规范形式

该阶段试点的推行，在规范形式上带有一致性，即最高人民法院和最高人民检察院以或单独或联合"下发通知"的方式，对法律实施前的试点工作作以规划和部署。1989年4月4日第七届全国人民代表大会第二次会议通过的《中华人民共和国行政诉讼法》明确了该法的实施日期，即 1990 年 10 月 1 日。最高人民法院于 1989 年 5 月发出《关于行政诉讼法实施前行政审判试点工作的通知》，以此启动各省的法律实施前的试点工作。对修改后的《刑事诉讼法》实施前的试点，也使用了通知的规范形式加以推行。1996 年 3 月 17 日，第八届全国人民代表大会第四次会议通过了《关于修改中华人民共和国刑事诉讼法的决定》，对《刑事诉讼法》作出大量的修改。该决定同时明确了新修订内容的施行期，即 1997 年 1 月 1 日。为开展修订后法律实施前的试点工作，1996 年 6 月 27 日，最高人民法院、最高人民检察院联合颁发了《关于开展实施修改后刑事诉讼法试点工作的通知》，对正式实施之前的刑事诉讼法加以预演及试验。

（二）该阶段试点的主要目的

这一阶段试点有着为最高人民法院及最高人民检察院的政策制定提供预演及实施等相关信息的目的。最高人民法院、最高人民检察院所颁发的《关于开展实施修改后刑事诉讼法试点工作的通知》中，提出试点是"为做好《决定》施行准备工作，适应修改后的刑事诉讼法对人民法院、人民检察院工作提出的要求"，这一文件在一开始，也交代了通知所发出的重要背景，即"最高人民法院、最高人民检察院正在抓紧起草修改后的刑事诉讼法实施细则"。同时，从试点流程上看，通知明确要求"各高级人民法院、省级人民检察院要加强对试点单位工作的指导，试点工作进展情况和反映出来的问题要及时向最高人民法院、最高人民检察院报告"。从中可以看出，对于法律实施前的法律细化及政策制定，两大最高司法机构的信息缺失感无疑十分强烈。该阶段试点的推行便具有为两大最高司法机构提供政策制定信息的目的，其中表露出较为迫切的在法律实施前制定相关细则以施行相关政策指导的动机。

（三）该阶段试点的实施模式

该阶段试点还体现了以政策指导为内容、以各管一级为形式的司法层级管理体系和架构。最高人民法院及最高人民检察院发出的通知在形式上面向各省、自治区、直辖市高级人民法院、人民检察院，以及作为专门法院的解放军军事法院、军事检察院。但在内容上，通知为各省级法院及专门法院明确了试点对象的选择、试点工作的重点、试点工作的具体要求等。在试点单位的选择上，也初步形成了由最高人民法院和最高人民检察院挑选试点省份，以及由各省份自行挑选试点单位两种方式。最高人民法院在《关于行政诉讼法实施前行政审判试点工作的通知》中直接确定了若干省份作为试点省份，同时，还授权被确定为试点单位的省份进一步运用自身的政策制定及管理权，再行选取本省若干中级人民法院作为试点单位，并制定相关试点方案。诸如，内蒙古自治区高级人民法院被确定为试点单位之后，召开了行政诉讼法试点工作会议，向自治区检察机关和有关行政部门征求了意见，还报请自治区人大常委会予以批准；通过这些流程，最终还确定了赤峰市、呼盟和巴盟三个中级人民法院为试点法院，并形成了相应的行政诉讼法试点工作方案。① 最高人民法院、最高人民检察院所颁发的《关于开展实施修改后刑事诉讼法试点工作的通知》则采取了由各省份"有重点地选择几个县（区）人民法院、人民检察院和地（市）中级人民法院、人民检察院"的方式，开展修改后的刑事诉讼法的试点工作。

（四）该阶段试点存在的问题

在法律规定的生效期之前，以政策的形式允许在某些地方提前施行这一法律，很明显违背了法治的精神，造成了法律实施的自我背反。该阶段所推行的法律正式实施前对法律规范予以提前试点的模式，反映了围绕法律执行所形成的带有急切性的、对法律实施予以控制和管理的思想意识和观念。对法律实施的细节开展集中性、政策性的管理和控制的要求，明显地促成了法律实施前的试点行动。对法律实施后各地方缺少具体适用依据，以及法律实施可能产生混乱的担心，是这一试点推行的主要动因。但这个阶段的试点显然是缺乏明确的宪法及法律的依据的，即它缺乏一个来自宪法及法律对试点行动的明确规定，以及缺乏来自全国人大常委会就法律颁行与正式生效之间施行试点的许可。它还暴露了单一立法体制下，集中性、政策性司法管理体制的急躁盲动，在各地方单位还未来得及施行法律及发展适应地方实际的规则的活动之前，司法管理机构便迫不及待地推行集中

---

① 见内蒙古自治区高级人民法院原副院长赵建勋 1990 年 8 月 15 日在自治区七届人大常委会第十五次会议上所作《关于实施行政诉讼法准备工作情况及实施意见的报告》。

性的政策管束，由此，折射出法律施行架构内法律调试与政策调试的相互冲突。

二　专门事务政策性试点阶段

这一阶段从新世纪初到 2014 年，表现为在最高人民法院政策指导下，各级法院共同参与并依靠大量司法政策性文件来维系的试点活动。在这一阶段，针对诸多的专门司法实务，最高人民法院继续以"通知"的形式，以及使用"意见"的形式，开展专门司法事务的试点工作。此后，最高人民法院在具体司法事务领域的试点活动进一步得到推行，试点活动涉及司法管辖、司法程序、司法权运行以及矛盾纠纷化解等多个方面。

（一）该阶段试点的规范形式

从现有可以发现的司法文件资料来看，这一阶段的试点综合使用了"通知""意见""指导意见""方案"等文件名称形式，表现出鲜明的政策推进型特征。在这一阶段，"通知"仍然作为推行试点主要的规范形式而发挥作用。在新世纪初，最高人民法院与其他多个部门，就相关专门司法事务联合颁行"通知"类型的试点文件。诸如，2003 年 7 月 10 日《最高人民法院、最高人民检察院、公安部、司法部关于开展社区矫正试点工作的通知》，以及 2004 年 4 月 15 日《最高人民检察院、建设部、交通部、水利部关于在工程建设领域开展行贿犯罪档案查询试点工作的通知》等。这类"通知"文件还有，2010 年 11 月 17 日《最高人民法院关于开展行政诉讼简易程序试点工作的通知》，2012 年 12 月 18 日《最高人民法院、中国保险监督管理委员会关于在全国部分地区开展建立保险纠纷诉讼与调解对接机制试点工作的通知》，以及 2013 年 1 月 4 日《最高人民法院关于开展行政案件相对集中管辖试点工作的通知》等。此外，最高人民法院还同时就法院人事改革等事务颁行改革试点的指导意见。诸如，2004 年 9 月 27 日《最高人民法院关于在部分地方人民法院开展法官助理试点工作的意见》，以及 2007 年 11 月 28 日《最高人民法院关于在西部地区部分基层人民法院开展法官助理制度试点、缓解法官短缺问题的意见》。最高人民法院自身及其工作部门还就试点发布"方案"或"实施方案"。诸如，2008 年 1 月 3 日《最高人民法院政治部关于在西部地区部门基层人民法院开展法官助理制度试点的实施方案》，2012 年 4 月 10 日《最高人民法院关于扩大诉讼与非诉讼相衔接的矛盾纠纷解决机制改革试点总体方案》，以及 2013 年 10 月 15 日最高人民法院颁布的《关于审判权运行机制改革试点方案》等。

（二）该阶段试点的内容转变

这一阶段较之于前一阶段，在试点的内容上发生明显的转向，即从法律实体内容的试点转向司法程序方面的试点。以往阶段中，试点围绕《行政诉讼法》《刑事诉讼法》内容的实施而展开，在新的阶段里，原先法律正式实施之前预备实施的试点活动不再出现，试点大量针对司法程序问题而展开。诸如 2010 年推行的行政诉讼简易程序的试点，2011 年推行的小额速裁程序的试点，2013 年推行的行政案件相对集中管辖的试点等。新世纪以来在法院人事、组织机构、司法管理等事项上深化改革的启动，直接促成了在法官助理、合议庭及业务庭改革、办案责任制、审委会改革、法官会议等具体事务上的试点。这一阶段还围绕矛盾纠纷解决以及诉调对接等议题，以及围绕司法人员分类改革、司法权运行机制等议题，展开较为密集、频繁的试点活动。最高人民法院通过 2009 年的《关于建立健全诉讼与非诉讼相衔接的矛盾纠纷解决机制的若干意见》、2012 年的《关于扩大诉讼与非诉讼相衔接的矛盾纠纷解决机制改革试点总体方案》以及 2012 年与中国保险监督管理委员会联合发布的《关于在全国部分地区开展建立保险纠纷诉讼与调解对接机制试点工作的通知》等文件，以和谐社会建设的时代主题及理念为指导，开展法院系统内以及与系统外部门相互间的纠纷解决机制的试点工作。

（三）该阶段试点的实施模式

该阶段运用"通知"和"意见"交互的方式，以落实高等级法院政策制定和指导权力为目标，形成"总结—试点—再总结—再试点"的司法活动逻辑。高等级法院运用其对政策制定条件及时机加以酌定把握的权力，或者以先制定试点通知、后制定指导意见的方式，诸如 2013 年《最高人民法院关于开展行政案件相对集中管辖试点工作的通知》及之后的 2015 年《最高人民法院关于人民法院跨行政区域集中管辖行政案件的指导意见》，或者以先制定初试点意见、后制定再试点通知的方式，诸如 2009 年的《关于建立健全诉讼与非诉讼相衔接的矛盾纠纷解决机制的若干意见》，及之后的 2012 年《关于在全国部分地区开展建立保险纠纷诉讼与调解对接机制试点工作的通知》，或者以仅发布试点通知的方式，诸如 2010 年《最高人民法院关于开展行政诉讼简易程序试点工作的通知》，或者以仅发布试点意见的方式，诸如 2011 年《关于部分基层人民法院开展小额速裁试点工作的指导意见》，对司法领域相关试点活动予以启动、部署及指导。

在这一阶段，形成了最高人民法院与各省级法院、各试点法院关于试点工作的指导、监督、实施的管理架构。最高人民法院对试点加以组织部署，对试点予以政策指导和进程调控，各省级法院负责制定相关实施方案，组建相关试点领导机构，并承上达下，向上报告试点情况，对下进行指导及监督，各试点法院则具体实施试点方案的内容，并向上级法院提交试点相关数据。最高人民法院围绕试点管理，也逐渐形成直接试点联系及其直接试点管理与间接试点联系及其间接试点管理的方法，就试点单位的选择、试点情况的报告、试点指导及实施等方面，最高人民法院与其多层级下级法院组织满足集中性政策管理体制的要求，而展现着带有各自适应性的角色。

（四）该阶段试点的主要问题

这一阶段的政策显然发挥着替代及改变法律的作用，政策突破法律及违背法律的现象屡见不鲜。但是，无论对单一制法律体制逻辑下的法律实施而言，还是在未来理想法治建设远景下，以政策来修改法律的做法都是违反法治的。在立法机关与司法部门之间形式化分权安排之下，最高人民法院及其下级法院使用其司法政策性文件的创制，发挥在司法领域事实上的规则制定的权力，实现对现行法律的变更及调整适用。诸如，在 2010 年启动的行政诉讼简易程序试点活动中，关于适用简易程序及其独任制审理的内容，改变了《行政诉讼法》中关于行政诉讼实行合议制的规定，关于简便方式传唤的内容，改变了《行政诉讼法》所设定的程序规则。此外，试点还缩短了行政诉讼的法定审理期限。2004 年在部分地区推行的法官助理的试点，其中关于终止助理审判员任命及其审判职能，而设置法官助理岗位并配置相应的司法权能的内容，实际上也对《法官法》进行了修改。政策违法的现象也引起研究者的关注。诸如，有研究者就论证，2010 年《最高人民法院关于开展行政诉讼简易程序试点工作的通知》与《立法法》

所确定的关于司法制度及诉讼程序的法律保留原则相冲突。①

这一阶段出现的问题，同时还反映了单一中心、集权立法体制下立法统筹与立法适应性之间的难以调适。在单一中心及集中性统筹立法体制下，以及在集中性的政策管理体制下，单一立法权能的设计，以及集中性政策管理角色的设计，与管理内在要求的扁平化、近距离及贴近实际相违背。尽管存在立法主权无所不包的设置，但主权立法自身无法包罗万象，其职能设置还要与国家立法权的宗旨及定位相适应。然而，单一集中立法职能的错位，使得其不得不依赖形式化的部门分权的体制来加以矫正，而集中性政策职能的问题，也造成了纵向、等级化体制下多层级分权体制。在这一架构内，试点遂成为高等级法院尤其是最高人民法院获取政策制定相关实际信息，以便缩短司法管理长距的重要工具。

三　立法机关授权试点阶段

从 2012 年开始，中央层面对试点活动形式合法性的要求显著增强，以往完全依靠司法政策来推行的司法领域试点工作发生了明显的改变。从 2014 年到 2016 年，全国人大常委会作出一系列授权试点的决定，其中，与司法领域试点相关的便有刑事速裁程序试点、人民陪审员试点、公益诉讼试点以及刑事案件认罪认罚从宽制度试点四项。2014 年以来旨在推进试点合法化的行动，在一定程度上表明了对以往试点政策及实施模式违法性的自觉，这一行动开启了试点活动与单一立法体制相贴合的努力，但它并未从根本上解决试点活动的合法性基础以及法治逻辑等问题。

（一）该阶段试点的规范形式

在这一阶段，针对司法领域试点事务，全国人大常委会专门授权决定的形式开始出现，同时，传统政策主导型的试点活动仍在继续，从而形成该阶段内授权试点与政策试点相并行、相结合的状况。全国人大常委会的授权试点决定分别有：2014 年 6 月 27 日第十二届全国人大常委会第九次会议通过的《全国人民代表大会常务委员会关于授权最高人民法院、最高

---

① 沈福俊：《行政诉讼简易程序构建的法治化路径——〈最高人民法院关于开展行政诉讼简易程序试点工作的通知〉》，《法学》2011 年第 4 期。

人民检察院在部分地区开展刑事案件速裁程序试点工作的决定》，2015年4月24日第十二届全国人大常委会第十四次会议通过的《全国人民代表大会常务委员会关于授权在部分地区开展人民陪审员制度改革试点工作的决定》，2015年7月1日第十二届全国人大常委会第十五次会议通过的《全国人民代表大会常务委员会关于授权最高人民检察院在部分地区开展公益诉讼试点工作的决定》，2016年9月3日第十二届全国人大常委会第二十二次会议通过《全国人民代表大会常务委员会关于授权最高人民法院、最高人民检察院在部分地区开展刑事案件认罪认罚从宽制度试点工作的决定》。

与此同时，最高人民法院运用司法政策制定权在一些新的领域推行试点活动。诸如，2016年4月21日《最高人民法院关于开展家事审判方式和工作机制改革试点工作的意见》。诸多原有的试点活动，继续以政策实施的方式得到推进。诸如，为了贯彻2012年《最高人民法院关于扩大诉讼与非诉讼相衔接的矛盾纠纷解决机制改革试点总体方案》，最高人民法院与中国证监会于2016年5月25日颁布了《关于在全国部分地区开展证券期货纠纷多元化解决机制试点工作的通知》。在全国人大专门授权立法之下，围绕各授权试点事项，有关的被授权部门根据授权决定也分别制定了实施办法。诸如，最高人民法院与司法部联合制定了《人民陪审员制度改革试点方案》和《人民陪审员制度改革试点工作实施办法》，对人民陪审员制度的试点工作加以具体规定；针对公益诉讼事项，最高人民法院制定了《人民法院审理人民检察院提起公益诉讼案件试点工作实施办法》，最高人民检察院制定了《人民检察院提起公益诉讼试点工作实施办法》。

（二）该阶段试点的实施模式

这一阶段的试点沿用了以往全国人大常委会对国务院授权的立法模式，即以全国人大常委会为授权主体，以最高人民法院、最高人民检察院为被授权主体，并由两院负责具体授权事项的实施。四个授权决定均明确由最高人民法院、最高人民检察院制定试点实施的具体办法，明确了两院对试点工作的组织指导及监督检查。授权决定均规定了两年的试点期限。同时，授权决定还要求"两高"制定的试点办法报全国人大常委会备案，以及在试点中期由两院向全国人大常委会作出中期报告。对试点后的效果，决定规定了两种处理方式，一是对实践证明可行的，要启动修改相关法律，二是对实践证明不适宜的，要在试点地区恢复实施有关法律。

（三）该阶段试点的主要问题

从 2014 年以来，经全国人大常委会授权的试点活动更为集中地涌现，中央层面推行的试点活动表现出对人大立法权为内容的形式合法性的尊重。但是，这种以专门授权决定推行试点的做法仍面临着诸多问题。首先，针对司法领域试点展开的授权还带有个别性及选择性，即授权决定还只是针对刑事诉讼领域的速裁及认罪从宽，以及较多受到社会关注的人民陪审员改革以及公益诉讼改革。无论传统上在司法领域推行的诸多试点活动，还是新近依靠政策推行的试点活动，都未采取相应的授权，这些试点都处于政策指导下形式合法性欠缺的状态，由此，形成了试点形式合法性建设的失衡。在当前的授权决定中，只有《全国人民代表大会常务委员会关于授权在部分地区开展人民陪审员制度改革试点工作的决定》对试点所涉及的与正在施行的法律有关条款相违背内容的说明，即规定在试点地区暂时调整适用《人民法院组织法》《刑事诉讼法》等法律中的有关条款。而且，授权决定所使用的"暂时调整适用"的概念也存在不准确性和不周延性，这一概念显然掩盖了试点活动在主要内容上完全不同于现行法律条款规定的性质，也掩盖了试点活动新规对原有法律条款构成实质性修改的性质。使用这一含混的概念很容易造成立法上的歧义，影响到授权决定文本自身语义的准确性和可理解性。

其次，全国人大常委会面向最高人民法院进行的授权立法，其法理基础并不牢固。不仅《宪法》中并无全国人大常委会向最高人民法院及最高人民检察院开展授权立法的规定，而且《立法法》现行的授权立法规定也没有针对两院的内容。《宪法》及《立法法》所规定的，由法律、行政法规、地方性法规、自治条例和单行条例，以及国务院部门规章和地方政府规章构成的立法体系，也并未将两院的实施办法收纳进来。《立法法》第二条关于适用该法情形的规定，其概念界定皆围绕人大系统及行政机关系统的立法活动展开。根据《立法法》第八条法律保留条款的规定，以及该法第九条关于法律保留例外情形，即全国人大及其常委会面向国务院进行授权立法的规定，事关司法制度的事项本身属于法律保留范围，并且《立法法》第九条也明确将"有关犯罪和刑罚、对公民政治权利的剥夺和限制人身自由的强制措施和处罚、司法制度等事项"排除在授权立法之外。因此，全国人大常委会面向最高人民法院及最高人民检察院的授权决定，不仅对象上缺乏法律根据，而且在诸如刑事速裁、认罪从宽、公益诉讼等司法制度上授权两院制定实施办法的做法，也违背了《立法法》中的原则及具体规定。

而且，当前就司法领域试点所开展的这些授权决定所规定的中期报告制度，与作为基础性法律的《立法法》中所规定的授权期限届满六个月前报告的制度有差异。不仅授权决定对中期报告的内容并未明确，而且对试点期满的处理方式也与《立法法》制定法律、继续授权等方式存在区别。对司法领域试点的授权决定中，对试点期满后或修改法律或恢复施行法律的安排，与试点期限本身存在衔接上的不到位。因此，即便《宪法》及《立法法》允许全国人大常委会的立法对基础法律"进行部分补充和修改"，但当前授权决定中的内容，非但没有补充基础法律的内容，还使得相关活动进一步模糊失据，其变更部分更触及法律保留以及授权立法的基本原则及具体内容。全国人大常委会授权决定中对试点实施中最高人民法院试点组织、管理权的设计，违背了《宪法》第一百二十七条所规定的"最高人民法院是最高审判机关"的定位，也违背了该条规定的最高人民法院与地方各级人民法院和专门人民法院之间监督关系的界定。基于《宪法》的界定，人民法院间的相互关系是以审判活动为纽带的，上下级法院的监督关系的实现也是以案件审判活动为中介的。《宪法》并未授予最高人民法院以立法权或者被授权立法地位，《宪法》也并未承认最高人民法院在审判活动之外、基于政策及规则创制而形成的对其他法院的管束。因此，授权决定完全模仿对国务院授权的模式，以及照搬国务院在国家行政机关系统领导关系的定位，由两院来挑选试点单位及开展试点管理，进而实施司法领域中的试点活动，忽视了《宪法》对司法机关特别是对法院的定性和定位，反映了以行政化为内容的司法与行政的混同管理。由此看来，尽管存在全国人大常委会的专门授权决定，但在现行的立法效力等级体系之内，这种决定与《宪法》以及全国人大制定的基础性法律存在相违背之处。

从问题性角度来看，当前的试点尽管展现了面向地方、放权地方、鼓励地方试验的姿态，但试点实践仍然是以国家建设及立法中的单一性思维为基础的，导致国家建设出现了非试点即单一的模式。试点规划对相关领域事务的复杂性、长期性和渐进性缺乏认识，对在试点相关实践上理性的主观性、局限性缺乏预见，对具体工作事项中存在的分歧、争论缺乏重视，这就使得当前的试点工作难以摆脱急躁冒进，难以摆脱人治思维及方式的影响，难以形成长效性的试点工作机制。从以往试点的情况来看，司法领域较之于行政机关领域，在试点规模上是非常狭小的，而试点的历程也显示，已有的试点仍然是个例的、偶然的、随机的、间歇的，试点动议及决策无章可循，试点制度化和规范化水平缺失。从试点的启动及实施的架构来看，试点管理带有自上而下统筹和推动的性质，各地方单位虽然承担执行试点的任务，但在试点事务对象的选择、试点内容及其实施方面缺乏自主权，这就较大地制约了试点效果的发挥。

（四）对司法领域试点未来发展的思考

对当前司法领域试点模式予以改革，首先要对多层级司法治理在国家整体治理格局中的地位形成清晰的认知，在明确司法治理的内涵及其在国家治理中重要作用的基础上，认清司法治理的治理立场和治理逻辑。基于对传统以行政区划为单元的行政治理及立法治理局限性和缺陷性的认识，要着力于构筑司法治理系统与其他机构系统间理性化的关系，另外，还要充分认识司法治理的跨区划性，增进其中立性及超脱性的制度保障，从制度上维护司法机关独立行使裁判权，同时，还要赋予各司法区法院在组织设置及制度设计方面更多的自主性，从而发展协调性与多样性相统一的跨行政区划法院组织及制度体系。

1. 厘清司法治理与行政治理及立法治理之间的关系

司法系统治理与其他系统治理之间理性化的关系，处在民主治理及对民主问题的矫正、多数治理及对多数议决缺陷的纠正、多元性治理及对多元状态的协调等多重维度之内。对于传统的行政及立法治理方式，既要看到其治理效率反应迅捷、应对危机状况较为及时的优点，也要认识到其实际存在的，诸如治理理性的局限性、治理议决方式的缺陷性以及治理范围的内部性等问题。传统行政及立法治理受到治理群体思想观念、自身站位等方面的局限，相关治理决策容易出现本位性及狭隘性；治理常规性使用的多数议决，会使少数的意见遭受忽略，少数人及个体的权利存在较大的受侵害的风险。汉密尔顿在《联邦党人文集》第七篇中便指出，社会规模及范围越小，多数越容易形成压迫性的力量。① 而且，这些治理方式也常存在治理身份上的局限，以及由此产生的封闭性。"地方主义还有另一面：追求身份通常会导致极具排外性的社区意识（例如，严格按照地区或种族定义）。……萎缩的社区观可能是令人窒息的，并常常产生那种密尔充分阐释的'多数暴政'。"②

因此，传统行政及立法系统治理活动的诸多问题便为现代国家跨越地方区域的司法治理提供着依据与合法性。近代以来各国家的多层级治理体系在根本上也立足于对板块化治理局限性及弊端的矫正，即矫正小区域、小范围多数议决的缺陷，及其对少数权利的忽略及侵犯。这种矫正也是旨在通过多元及多层级治理，以实现基于正义和公益原则的社会联合。③ 而司法治理便是推进对以往治理缺陷加以矫正的不可或缺的平台，它以中立性治理伦理矫正代议制的利益代表治理伦理，它以个案、精细的规范创制方式矫正普遍化、较为粗率的规范生成方式，它还以受动性、问题导向的活动取向矫正主动性、进侵性的活动取向。因此，司法治理便是在维护现代社会治理效率性的基础上，更为完整地推行及贯彻治理的公平性。

2. 展现及保障司法治理的自主性

司法治理的自主性便包括了规范创制自主性、组织设置自主性、司法管理制度发展的自主性等内容。为了打破代议制立法那种以利益代表性及传输性为内容的、不适当的政治伦理，也为了破除传统立法的单一性、自我纠错性和非竞争性，同时，也为了有效弥补代议制规范的合理性风险、不周延性、滞后性等缺陷，便要通过确立司法治理的自主性，形成基于独立性以及基于学识、思维及超脱性思考的治理伦理，即司法宗旨并不在于作公众意见之附体、喉舌及传声筒，而在于彰显独立性判断及超脱性的智识；司法也要以其裁判自主性，打破传统代议制立法作为社会规范调整来源的单一性渠道，改变代议制立法自我立法、自我监督、自我纠错的错误政治逻辑，通过增加社会规范生成的竞争性，提高规范创制的智识及合理

---

① 〔美〕汉密尔顿等：《联邦党人文集》，程逢如等译，商务印书馆，2004，第 50 页。
② 〔美〕博格斯：《政治的终结》，陈家刚译，社会科学文献出版社，2001，第 245 页。
③ 〔美〕汉密尔顿等：《联邦党人文集》，程逢如等译，商务印书馆，2004，第 267 页。

化水平。同时，司法的自主性还可以纠正代议制立法中的错误及不当，弥补这些规范对于现实调整的不完整，以适当的方式推动规范适应现实变化加以演进。

司法治理作为现代国家治理体系中的重要组成部分，其优越性的发挥便有赖于对司法治理自主性的保障。自传统部落社会向近代民族国家转变的历史过程中，司法治理虽逐步摆脱行政系统的吸纳和占据，但日益遭受到来自民族国家大一统代议制立法的愈加严厉的管制，借助于代议制立法单一中心性的定位以及相应的立法效力等级的设定，立法机构对司法治理的规范使用、组织设置、管理流程等多方面加以塑造和规制。特别是主权立法观念的发展，促使民族国家统一立法难以抑制地扩张，在法国、德国等国家带来司法的从属化。民族国家统一立法在立法领域、立法内容上的扩大，对司法治理主体的规则创制带来冲击。

我国当前司法治理试点由集中统筹和指导体制造成主体性的紊乱状态，当前的试点管理模式在"到底谁在治理"的问题上暴露出治理主体性的异化。宪法及法律为司法明确了贯彻及执行全国人大立法的角色，在诸如法院组织机构设置、法院管理等方面，司法不仅要受到全国人大立法的调整，而且要受到高等级法院政策规制体系的调整。就试点而言，从试点的启动、组织及实施，再到试点的领域及内容、试点的方式，都体现着自上而下、集中统筹性的指导，这就使得司法试点难以展现应有的适应性，进而对司法组织及司法制度的创新发展构成较大的抑制。

未来的改革，首先要厘清司法治理在国家治理中的地位，纠正立法自我监督的悖论，赋予司法调适立法冲突的权力，在司法规则创制自主权方面打开缺口。这就要求，要给予司法通过案件裁判开展规制创制的空间，并赋予这种规则创制以效力权威，如此，司法才有便于展现与其独立裁判职能相适应的自主性地位。要改变以往高度集中统筹形成的、单一化的司法组织及制度设计，赋予各司法区及其法院在司法组织形式、司法管理制度等方面的自主权，诸如在司法组织构成及形式方面的司法探索，将推动适应各地方实际情况的、更为灵活的司法组织布局，这种自主探索也将推动形成更为多样性、更具创新性的司法组织体系。现行的申请加层层管制的试点模式，使得原本属于司法自治领域正常范围的事务，人为地增加了多层级的管理环节，由此反映出司法治理对外部指导的依赖。未来的改革，要明确对正常司法治理活动及其制度实践的保障，改变由中央向地方层层管理的试点管理方式，使司法具有适应其独立裁判职权内容的自主权，保障司法在组织设置、管理方式、管理制度等方面的自主权。

3. 包容及发展司法治理的多样性

近代国家多层级治理体系的形成，旨在解决跨区域范围内基准价值及其规范的制定及实施。各地方区域要在宏大空间内将自身降为单元，从而接受公平、正义、公开、权利保障等基准价值及其规范的调整，满足跨区域人员社会及经济交往所提出的共性要求。但是，在基准性价值具有稳定意义内核和大量模糊边界的情况下，既不可对现代社会价值结构予以不适当的引入和填充，也不可对基准价值的边界加以不适当的扩张和适用，否则便会对地方治理及其多元性带来危害。近代民族国家确立进程中的中央集权模式，通过在广阔区域内推行单一性的制度设定、组织设定和规范设定，使得主权领域内的多区域单位更多地呈现单一性特征。与此同时，价值、规范及话语的不适当扩张，借助于以法律为平台及有力工具的单一化推进，在多地域创造着雷同的价值灌输、雷同的规范制度以及雷同的概念话语，造成地方自治的多样性、创新性承受较大的损害。我国当前司法试点中在短时间内某一组织机构及话语在全国的普遍推行，反映了试点中的"大呼隆"和"一阵风"的现象，其背后深层次的原因在于单一性的立法及其实施体制，以及高度集中的政策推进模式。

司法治理本身便体现了治理方式与各地方差异性情况相适应的要求，正是各地方存在不同的地理、经济、传统等实际情况，才需要充分地运用司法自主空间，使治理展现对千差万别情况的针对性。为了保护基于多方面理由的司法治理的多样性，便要改变以往单一中心和集中统筹的立法方式，发挥司法规范创制的中立性立场及问题导向优势，并且确立以司法为最终纠纷解决方式的规范调适机制。通过首先在立法上为司法松绑，防范借助集中性立法对单一性制度及规范的强制推行，从而为司法治理的多样化发展提供基础性保障。我国的法律体系便要借助于司法规范创制平台，增进对传统行政治理及立法治理诸多问题及风险的防范，诸如对少数及个体权利受压制情况的矫正和救济，以及对这些治理内部性及封闭性的纠偏等。这种法律治理格局的转换，便要依托以司法为权威、针对纠纷的问题解决方法，形成在基准价值及其规范方面的精微运用，以便更好地保护治理自主性及其多样性。

4. 尊重及维护司法治理的渐进性

正常的制度发展和制度创新是在继承传统优点的同时，又打破传统路径依赖、开辟制度创新路径的过程，这一过程带有渐进性。司法改革以及司法试点，也要依托于自主性的协作及渐进的探索，无法依靠自上而下运动的方式加以推行。司法治理渐进性的内核便是治理的自主性、探索性和创造性。它意味着司法的具体实践和制度演进，要立足于相关主体自主性的思考和自主性的选择，并切实尊重在治理方式、方法上的实践创造。因此，司法试点进程的自主权应当得到维护，应当允许各地方在司法机构、制度规范等方面的差异，而不应当以事无巨细的标准来对司法治理加以"求同"。

由此，我们要深刻汲取中华人民共和国成立以来在国家建设方面曾经发生的急躁冒进的历史教训，将社会主义初级阶段长期性、渐进性的认识融入新时期改革试点进程中来，不断推进改革开放以来启动的国家治理方式从人治向法治的转型进程，不断推进改革试点构筑在长期性、稳定性的制度基础上，使国家建设真正依托于群众在基层区域展开的自主性探索和创新，真正依托于扎实的制度建设和制度发展。

第三节　我国司法领域试点改革的层级分布

从共时性角度来看，我国司法领域试点呈现出法律与政策双重推动且自上而下统筹推进的格局。当前，法院系统既有为贯彻全国人大常委会相关试点决定而推行的试点，诸如刑事案件速裁程序的试点、人民陪审员改革的试点以及公益诉讼改革的试点，也有最高人民法院根据其司法政策制定权而推行的试点，诸如量刑规范化试点、行政诉讼简易程序试点以及行政案件集中管辖的试点等。当前的司法试点带有鲜明的由政策加以主导实施的特征，全国人大常委会的决定是框架性的，试点由最高人民法院通过下发指导意见、试点方案和实施办法来予以具体执行。之后，试点工作在司法系统内自上而下推行，最高人民法院以其集中指导性的政策立场，推行对试点的组织和监管，各省级法院也站在上下级间司法政策的角度，确定本省开展试点的司法事项。从现行状况来看，上级法院对下级法院、法院对其下级部门都对一定范围的司法事项的试点予以启动、组织、指导和监督，并且每一层级在试点的实施等试点管理方面展现出适应性。

一 最高人民法院在试点中的角色及其活动

最高人民法院在当代中国司法领域试点活动中承担着自上而下进行政策指导和组织管理的角色。这一角色特征之鲜明，为最高人民法院在司法试点启动、部署及实施中的活动所表现。最高人民法院成为当代中国各类司法试点活动中最主要也最为积极的组织者。试点活动所反映出的从局部到全体、从个别到一般、从具体到抽象的司法活动建设逻辑，便成为最高人民法院开展政策总结及政策实施活动的理念基础。在多年来的以政策为主导的试点活动中，最高人民法院也形成了改革前试点、试点发布政策文件、试点中总结经验等改革试点工作流程。以最高人民法院为政策指导平台，试点成为我国法院系统引进外部经验及做法，以及调适自身政策制定及实施的重要工具，在引进国外经验及制度的情形下，试点成为衔接本土司法与外部制度的过渡，在贯彻顶层政策的情形下，试点成为矫正政策与实际情况相互间不协调状况的主要方法。

处在国内经济社会变化发展，而国内外制度及文化交流日益频繁的时代背景下，我国的试点具备了较多的面向域外借鉴及开展顶层设计的姿态。近代以来的中国法制及司法制度的演变，以学习及引进西方法律及司法制度为重要面向，这一面向在改革开放后得到加强，并一直延续到晚近。改革开放以来，我国以审判为中心的司法制度的改革，特别展现了对国外诉讼制度及司法制度的吸收，典型的如诉讼程序对英美国家抗辩制审判方式的借鉴。[①] 我国推行的司法试点同样具有如此的背景，在诸如法官助理等话语概念为典型代表的改革事项上，我国的改革试点明显经历了向国外学习借鉴，而后通过最高政策制定机构加以贯彻的过程，在这些制度的引进上，呈现出由外向内、自上而下的制度衍生过程。典型的还有小额速裁试点。2011 年《关于部分基层人民法院开展小额速裁试点工作的指导意见》中对这种制度上的引进作出了说明，在该文第一部分"开展小额速裁试点工作的目的"中提及试点的目的，即"小额速裁并非独立的诉讼程序，而是在

---

① 苏力：《审判管理与社会管理——法院如何有效回应"案多人少"？》，《中国法学》2010 年第 6 期。

司法体制和工作机制改革背景下，借鉴国内外民事审判实践经验特别是一些国家和地区小额诉讼立法的基础上，根据现有法律规定的基本原则和基本精神，积极探索改革民事诉讼简易程序的一种新形式"。

最高人民法院还以其研究性的机构为平台，通过政策糅入、直接启动试点等方式，在介绍、引入国外司法制度经验及做法方面发挥重要作用。以人身保护令的试点为例，这一试点发端于 2008 年 3 月最高人民法院应用法学研究所发布的《涉及家庭暴力婚姻案件审理指南》。此后，九家基层法院被确定为实施该指南的试点单位，其中就包括人身安全裁定的试点内容。① 2008 年 8 月 6 日，江苏省无锡市崇安区人民法院签发了我国第一份人身保护令。多年以后，人身保护令的立法工作不断跟进，包括 2012 年《民事诉讼法》修订对人身安全保护制度的吸收，以及 2015 年通过的《反家庭暴力法》对人身安全保护令的具体规定。

最高人民法院在司法领域试点中得到凸显的政策指导角色，是多年来最高人民法院在司法体系中地位及功能的一贯表现。这种围绕政策制定、政策实施以及政策监督而形成的功能定位及活动，无论在形式上还是在实际上，都大大超过了最高人民法院自身的审判职能的行使。最高人民法院已经超出了宪法所做出的"最高审判机关"定位，而成为法院系统的最高政策机关。这就是说，我国的最高人民法院更多地借助于司法解释及解释性文件的制定，以及对下级法院人事、考核等方面的行政管理权力，而成就其最高地位。尽管我国的最高人民法院在案件审判的数量上远远超过其他国家最高法院的审案量，但是最高人民法院的主要精力并不在于此，最高人民法院通过审判活动对统一法制达成的影响是极为有限的。② 审判活动在最高人民法院逐项活动中，无论在关注重心还是投入精力等方面都不占主要地位。诸如在最高人民法院院长的选任、职权设置等方面，非审判性职责的大量扩充，相关行政管理事务、举行会议事务以及制定司法政策的事务，已经超过审判事务本身，占据了其职权活动的主要部分。③ 这一点在最高人民法院日常的对外宣传活动中也得到体现。在最高人民法院网站中

---

① 李张光：《"人身安全保护令"执行之困》，《民主与法制时报》2016 年 5 月 17 日。
② 张榕：《我国最高法院能动司法的路径选择》，《厦门大学学报》（哲学社会科学版）2011 年第 1 期。
③ 秦前红、赵伟：《论最高法院院长的角色及职权》，《法学》2014 年第 3 期。

的"最高人民法院新闻"一栏里，2017 年以来最高人民法院的信息发布，个别与巡回法庭审判活动相关，而大量的内容为政策性文件的发布，以及面向下级法院的指导活动，与最高人民法院自身审判活动相关的信息几乎没有。这些也都从一个侧面表明，政策指导活动超越最高人民法院自身的审判活动而成为最高人民法院日常活动的重心。

因此，与诸如美国联邦最高法院因案件审理原因而获取关注及声望不同，我国最高人民法院更因其司法政策制定者的地位及活动而享有其名。但最高人民法院司法政策指导权本身在不断地遭受质疑。[①] 这使得其在司法领域试点活动中组织、指导及监督者的地位暴露出合法性方面的缺陷。世界各国对于法院相互间完全不同于行政机关那种科层制关系的认识已属共识。我国宪法中关于法院间关系的定位，也明显不同于行政机关，这种关系界定已经成为关于法院定位基础性共识的重要内容。但我国具体实践对法院组织体系的行政化构筑，法院更多地类同于行政机关受到对待，这便使国际共识、宪法认识与具体实践产生了较为严重的冲突，由此也引发立法体制及法律解释体制中诸多模糊与紊乱。试点本身便成为调适体制性紊乱的重要手段。即原本应为较为松散的、协作性的法院组织体系，在被高度等级制的法院科层体系所取代以后，原先自主性的司法创制空间便被打破，而为了解决政策规定与实际情况、政策决策与实际信息之间的距离和空白，试点方法便应运而生了。

因此，最高人民法院行使了本不该由其行使的、面向其他法院的政策指导和政策规制的权力。而最高人民法院自身上诉法院功能定位模糊不清。[②] 最高人民法院以不恰当的方式介入其他法院自主的领域，这冲淡了最高人民法院作为最高审判机关本来的角色和定位。最高人民法院处在单一法律体制的最高层级，在不断整合及推广单一性法律设置及政策设定的努

---

① 相关文章见郑智航：《最高人民法院如何执行公共政策——以应对金融危机的司法意见为分析对象》，《法律科学（西北政法大学学报）》2014 年第 3 期；丰旭泽：《论通过司法程序制定公共政策——兼论最高人民法院司法解释模式的转型》，《政治与法律》2015 年第 1 期；张友连：《论最高人民法院公共政策创制的形式及选择》，《法律科学（西北政法大学学报）》2010 年第 1 期；黄韬：《中国式的公共政策法院——以我国法院对金融案件的处理为例》，《社会科学研究》2011 年第 6 期等。

② 苏力：《司法解释、公共政策和最高法院——从最高法院有关"奸淫幼女"的司法解释切入》，《法学》2003 年第 8 期。

力过程中，其自身的政策单一性得到不断的强化。这妨碍了最高人民法院以多样性的方式履行纠纷解决及法制统一的职责，也妨碍了最高人民法院在其专属审判职能运行中的创新与发展。

二　省级法院在试点中的角色及其活动

各省级法院在当代中国司法领域试点活动中居于仅次于最高人民法院的地位，它们在媒体报道中保持较高的活跃度，在公众中也获得较多的关注。在诸多司法试点中，省级法院在自上而下政策指导体制中承担着对中央原发性改革行动加以组织实施的角色。在小额速裁试点项目中，最高人民法院所确定的试点省份中，诸如广东①、上海②等，根据最高人民法院的部署，选取本辖区内的试点法院，采取召开座谈会及部署会议的方式，对本省的试点工作开展动员和安排。此外，省级法院还在分段执行改革③、环境保护案件集中审判④、知识产权案件审理方式⑤、未成年人案件综合审判庭⑥等司法领域的试点活动中，发挥具体的组织、协调和部署等作用。各省级法院还通过制定各类具体实施方案和试点意见，推行在司法改革试点事项上的政策指导。诸如，海南省高院颁行的《关于开展环境资源民事公益诉讼试点的实施意见》⑦，江苏省高院颁行的《关于开展人民法庭审判权运行机制改革试点工作的意见》⑧，广西壮族自治区高院颁行的《关于开展家事审判改革试点工作的指导意见》⑨。

当前最高人民法院发布的司法领域的试点方案和文件，以省级法院为试点的组织、协调及监督机构，在最高人民法院的具体安排和部署下，省

---

① 何娟：《广东法院启动首批小额速裁试点基层法院》，《人民法院报》2011年5月4日。
② 高远：《上海法院5月1日起开展小额速裁试点工作》，2011年4月29日，http://www.court. gov.cn/zixun - xiangqing - 10492.html，2017年4月14日。
③ 吴春萍：《海南分段集约执行改革试点成效显著》，《人民法院报》2011年3月7日。
④ 朱敏、王淳：《江苏法院启动环保案件集中审判试点》，2012年4月20日，http://www.court. gov.cn/zixun - xiangqing - 11585.html，2017年4月14日。
⑤ 《湖南高院开展专利纠纷行政调解协议司法确认试点工作》，2013年4月20日，http:// www.court.gov.cn/zixun - xiangqing - 11980.html，2017年4月14日。
⑥ 朱云峰：《陕西高院实行未成年人案件综合审判庭试点》，《人民法院报》2012年7月3日。
⑦ 胡娜：《海南高院出台环境资源民事公益诉讼试点意见》，《人民法院报》2011年8月2日。
⑧ 朱旻：《江苏法院人民法庭审判机制改革试点工作侧记》，《人民法院报》2017年1月13日。
⑨ 卢林峰：《自治区高院出台家事审判改革试点工作指导意见》，《广西法治日报》2015年9月23日。

级法院承担着试点法院的选择和呈报、试点工作机构的设立以及试点经验的总结等职责。在一些试点文件中，由高级法院成立试点机构的要求得到明确。诸如，2007 年《最高人民法院关于在西部地区部分基层人民法院开展法官助理制度试点、缓解法官短缺问题的意见》，在有关试点实施的部分，要求"西部各高级人民法院要成立法官助理制度试点工作领导小组"，其职责包括"负责法官助理制度试点的研究、指导和经验总结"，并在规定时间"向最高人民法院书面报告法官助理制度试点工作的运行情况"；在接下来的 2008 年的《最高人民法院政治部关于在西部地区部分基层人民法院开展法官助理制度试点的实施方案》中，仍然延续这一要求，并明确试点办事机构设立于法院政治部的法官管理部门。同时，最高人民法院政治部的这一试点文件，还明确了高级法院制定试点实施方案及操作意见的要求，规定了高级法院对法院试点的筹备及指导角色，即要"实事求是地制定本辖区的总体试点方案和具体的操作意见"，将方案及操作意见报最高人民法院审核同意后实施，同时还要"严格按照《意见》的规定，结合本地区的实际情况，统一部署，采用征求意见、加强宣传、实地考察等多种方式充分做好准备工作"。该试点文件还授权"各高级人民法院应就法官助理的培训、奖惩、考核等问题进行研究并作出相应规定"，使高级法院在最高人民法院试点具体政策承接者的地位进一步得到明确。

相关的试点文件不仅涉及高级法院在政策制定以及机构设置等方面的职权，而且涉及它们在试点组织实施过程中的检查、指导、监督等职权。2012 年《最高人民法院关于扩大诉讼与非诉讼相衔接的矛盾纠纷解决机制改革试点总体方案》即规定，各试点法院所在辖区的高级人民法院要对试点工作加强监督指导和督促检查，同时还要求高级法院注意总结及推广试点经验，对试点中遇到的问题和困难向最高人民法院有关部门及时报告。2013 年《最高人民法院、中国保险监督管理委员会关于在全国部分地区开展建立保险纠纷诉讼与调解对接机制试点工作的通知》也提出，试点地区所在的高级人民法院要"指导、督促、检查其辖区内的试点工作"。

在其他一些试点文件中，高级法院的这种对试点的指导和监督角色更加具体。2011 年《最高人民法院关于部分基层人民法院开展小额速裁试点工作的指导意见》要求高级法院在试点指导方面要落实到岗位和人员，即"各高级人民法院应当高度重视小额速裁工作，指定院内相关部门和人员对试点工作进行指导";这份意见还规定了更为明细的高级法院向最高人民法院的报告义务,高级法院在对试点法院进行业务指导和监督过程中,要"及时发现、总结试点工作的经验和问题,每三个月向最高人民法院报告一次"。

此外,高级法院在试点中的协调权、考评权在一些试点文件中均有体现。2013年《最高人民法院关于开展行政案件相对集中管辖试点工作的通知》中提出,高级法院要加强试点工作的组织领导,除做好指导、监督的常规工作外,还"要指导、监督集中管辖法院与其他法院的合理分工与配合,共同做好案件的受理、审理、执行和息诉稳控工作";2013年《最高人民法院关于审判权运行机制改革试点方案》提出高级法院对试点法院的考评要照顾到试点的实际情况,"各试点法院所在辖区的高级人民法院在考评时给予试点法院特别政策"。

近年来,作为最高人民法院的试点单位与作为各省法院的试点单位在试点管理体制下形成了区分,各省在组织实施相关司法试点方面能够行使一定自主权的地位得到进一步的肯定。2013年《最高人民法院关于审判权运行机制改革试点方案》确定上海市第二中级人民法院等多个法院为试点法院,同时,该方案在文末还允许"其他有条件的地方法院可以参照本方案制定本地方的改革方案"。也就是说,除了最高人民法院所确定的试点单位,各省可以视自身条件推行相关试点改革,并确定若干下级法院作为省级法院的试点单位。实践中,按照改革试点方案并未被纳入试点法院的省份,诸如江苏等,也启动了审判权运行机制相关内容的试点改革。2014年,江苏省高级人民法院出台了全省人民法庭审判权运行改革试点总体意见,确定了74个人民法庭为开展主审法官及合议庭负责制改革试点的单位。[1]此外,云南等省也采取审判权运行机制改革试点工作推进会等形式,确定本省若干人民法庭为改革试点单位。[2]

三　中级法院在试点中的角色及其活动

中级法院是我国法院层级体制中的构成部分,是当前政策性司法管理

[1] 张宽明:《建立"1+N+N"团队模式——江苏在74个人民法庭试点审判权运行机制改革》,《人民法院报》2014年10月20日。
[2] 茶莹:《云南试点人民法庭审判权运行机制改革:"1+1+1"团队模式推进主审法官办案责任制》,《人民法院报》2015年3月17日。

机制中的一环，它作为各省级法院之政策管理直接下级组织的角色自不待言，与此同时，它还在政策层面与最高人民法院的政策管理发生紧密的联系。在最高人民法院发布的与司法试点有关的政策文件中，最高人民法院直接面向各省法院展开政策布置及指导的内容自然普遍，而最高人民法院还通过政策文件规定，在更多的司法事务试点中，将中级法院与省级法院相并列提及，强调其对试点活动的组织领导、指导监督、经验调研及问题总结等方面的职能。在 2012 年有关诉讼与非诉讼衔接改革试点的政策文件，以及 2013 年有关行政案件相对集中管理改革试点的政策文件中，均对此予以明确地提出。在一些文件中，最高人民法院还对中级法院开展试点管理的细节予以明确，包括制定试点方案，以及成立试点工作指导小组等。

中级法院依托于其审判及管理活动，参与到高级别法院启动及规划的试点活动中，在自身被确定为试点单位的情况下，通过成立试点事务方面的工作机构，制定试点相关事务的指导文件等，开展具体的试点执行与实施工作。在量刑规范化改革试点[1]、诉讼与非诉讼衔接改革试点[2]等试点活动中，相关中级法院被列举到最高人民法院发布的试点名单之内。此后，中级法院还承接各省高级法院负责启动的司法试点事项，在减刑、假释案件开庭审理试点[3]、裁判文书网上公开试点[4]等试点事项中，被确定为省内试点单位，从而开展省域内具体筹划的改革试点活动。

---

[1] 中级法院开展量刑规范化试点的报道例子有杨晓梅：《广东省广州市量刑规范化试点工作成效显著》，《人民法院报》2010 年 5 月 26 日；湖南长沙两级法院量刑规范化试点初见成效》，2010 年 10 月 9 日，http://www.court.gov.cn/zixun - xiangqing - 9511.html，2017 年 4 月 15 日等。

[2] 见杨建文：《河南省许昌市委召开动员大会 部署全市诉讼与非诉讼相衔接的矛盾纠纷解决机制改革试点工作》，2012 年 12 月 27 日，http://www.court.gov.cn/shenpan - xiangqing - 4897.html，2017 年 4 月 15 日。

[3] 中级法院开展减刑、假释案件试点的例子就有诸如广西的实践。见黄星航：《广西启动减刑假释案件开庭审理试点工作》，2010 年 9 月 29 日，http://www.court.gov.cn/zixun - xiangqing - 9492.html，2017 年 4 月 15 日；《广西钦州中院制定〈关于开展减刑、假释案件开庭审理试点工作方案〉》，《人民法院报》2010 年 11 月 10 日等。

[4] 中级法院开展裁判文书上网试点的例子有崔志平、张婧：《河北衡水中院试点裁判文书网上公开》，2010 年 6 月 9 日，http://www.court.gov.cn/zixun - xiangqing - 8938.html，2017 年 4 月 15 日。

四 基层法院在试点中的角色及其活动

在改革开放以来各地方改革探索的历史进程中，地方法院也被纳入地方改革试点格局内，在各地方改革政策的主导下，推行了一些带有自下而上性质的改革试点活动。各地方基层法院亦成为以政策为改革试点主要推动的场域，承载着经济社会变革带来的变化和冲击。作为对"包产到户"等一系列"草根"改革试点精神的弘扬，一些县域地方，以县域政府政策制定权为平台，通过对法院在地方经济社会发展中参与者、支持者及保障者的角色设定，推动法院司法介入农村及县域地方改革试点进程中。基层法院也由此站到了规则改进的前沿，在一些发端于市场及民间领域的改革活动中，为适应市场活动实际展开规则创制。诸如，在 20 世纪 90 年代初，浙江乐清市一些居民与银行间便开始了农房抵押借贷活动。随着农房交易的活跃，以及由此纠纷及其执行难的产生，促使相关纠纷处理规则的形成。[1] 2005 年 4 月 5 日，乐清市人民法院和国土资源局联合颁行了《关于土地行政案件执行及司法协助等问题的协调会议纪要》，允许土地使用权与房产权在房屋被法院拍卖后一并转移，并由国土局办理集体土地使用权变更手续。[2]

但以地方法院以及地方政府机构等部门化参与形成的试点推动和制度探索，与长距离法律和政策管制的鸿沟及冲突越来越明显，传统立法等级体系与规范和现实性之间的内在张力日益凸显。诸如，2008 年 3 月住建部所颁布的《房屋登记办法》，其中相关规定对民间农房交易需求及活动的限制，便是这种冲突和张力的体现。依靠地方化的政策实施系统，以及相对失灵的立法层级效力监管体系，民间市场自发活动在地方规则与长距管制规制之间的罅隙中得到保存。作为对这种地方规则与中央规则之间不一致的协调，经过较长时间的信息传递和反馈，由此启动了长距管制规则与现实情况的互动并相符化的阶段。这种协调经历了自下而上，后又自上而下，并通过地市、省及中央相互间的信息拓展和政策确认，逐步形成当前以政

---

[1] 范晓东：《深度开展乐清市农房抵押贷款调研》，2016 年 12 月 23 日，http://www.rmlt.com.cn/2016/1223/453679.shtml? winzoom = 1，2017 年 4 月 16 日。

[2] 杨中旭：《农地入市乐清样本》，《领导决策信息》2015 年第 4 期。

策认可为先导、以法律调适为追认、以试点为办法的规则间的协调进程。农村房产的金融抵押活动，在 2009 年获得了《乐清市委〔2009〕4 号文件》的确认。此后，经过党的十七届三中全会《关于推进农村改革发展若干重大问题的决定》对农村改革的规划和部署，又经过 2010 年农业部《关于加强新形势下农村改革试验区工作的意见》以及 2012 年《中共浙江省委、浙江省人民政府关于深入推进统筹城乡综合配套改革积极开展农村改革试验的若干意见》，改革政策指导与改革探索的协调以自上而下试点的方式得以展开。

2011 年的中央"一号文件"提出了农村改革试验区的工作设想，此后，由农业部牵头，并围绕十七届三中全会就农村改革所提出的稳定和完善农村基本经营制度、健全严格规范的农村土地管理制度等六点意见，并经过农业部会同其他 19 家村改革试验区工作联席会议成员单位的共同批复，最终确定了 24 个农村改革试验区和试验项目。这其中，浙江温州市的试验区承担了农村产权制度改革试验任务。① 在此之后，乐清市委、乐清市政府于 2015 年又印发了《乐清市加强农户宅基地用益物权保障和住房财产权抵押转让试验方案》，其中包括《乐清市农村宅基地确权登记规定》《乐清市集体土地范围内的房屋登记办法》《乐清市抵押农房司法处置暂行规定》《乐清市农房产权流转税收征收管理规定》四个配套文件，进一步推行与农房抵押相关的制度设计。

自此，改革的地方实践与中央指导在试点上得到汇集。但这种改革实践始终面临着政策与法律相互间的冲突。为了解决这种冲突，2014 年以来的试点合法化行动，在试点形式合法性的衔接上作出努力，农村土地改革涉及的法律体系协同性的问题也在较为密集的授权立法活动中得到体现。在 2015 年 8 月 10 日国务院颁发《关于开展农村承包土地的经营权和农民住房财产权抵押贷款试点的指导意见》之后，2015 年 12 月 27 日第十二届全国人大常委会第十八次会议通过《全国人民代表大会常务委员会关于授权国务院在北京市大兴区等 232 个试点县（市、区）、天津市蓟县等 59 个试点县（市、区）行政区域分别暂时调整实施有关法律规定的决定》，对《物权法》《担保法》中有关集体所有的耕地使用权以及宅基地使用权不得抵押

---

① 王烨捷：《农业部确立新一批农村改革试验区》，《中国青年报》2012 年 1 月 13 日。

的规定予以变更适用。

农房抵押在一些地方的探索和实践，起源于民间市场活动，相关规则最初因解决纠纷而促动。起初法院在规则创制上部门化的规则创制方式，先是逐步演变及发展为所在地党政部门联合作出综合性的政策确认，而后高等级政策管理机构加以政策吸收，呈现出由县域向地市，以及由中央宏观指导向省级政策指导，相互间加以阶梯交互式传递的特征。由此在一些改革议题探索中形成由地方到中央，再由中央到地方的信息及政策循环。

在一些传统上属于司法领域事务的改革试点中，保留了系统内运行的特征。一些试点在司法改革总体的自上而下进行的格局内，表现出自下而上，再由上而下的试点推行模式。诸如在量刑改革事务上，江苏省姜堰市作为当地的县级市，在 2003 年初便开始了量刑改革的探索，同年 3 月 7 日该院通过了《规范量刑指导意见》，2004 年 4 月和 5 月，该市所在的泰州市中院及江苏省高院分别制定了适用于本辖区的量刑指导规范。此后，经过省内及全国范围内的交流，2007 年 8 月，姜堰市法院连同北京市海淀区、上海市浦东区等六家基层法院共同被确定为最高人民法院启动的量刑规范化试点单位。2008 年 6 月，最高人民法院在东、中、西部地区指定 12 家中、基层法院，扩大在量刑规范化问题上的试点；2009 年 6 月，原有的试点进一步扩大到全国 120 家法院；直到 2010 年 10 月，全国中、基层法院全面试行量刑规范化改革；最高人民法院更在 2013 年 12 月 23 日颁发了《关于常见犯罪的量刑指导意见》，在全国范围内确立了在量刑事务上的指导规则。

第四节　我国司法领域试点改革的流程分析

将试点放到试点启动、试点地区及单位的选择、试点的实施以及试点的评估等流程中加以观察，当前司法领域的试点无疑处在统筹指导及顶层设计得到新的加强与变化的新阶段，试点在领域范围、内容构成等方面更多地纳入顶层关注及审议，司法领域试点的顶层关切及正式性程度得到强化和提升；在试点的地区及单位的选择上，实行自上而下、集中管理的试点模式，虽然存在各地方单位自主性的增进，以及跨等级性组织间的直接联系，但一直以来的等级制组织构造及其次第信息传递的特征，仍然主导着当前司法领域的试点改革及实践。就司法试点的实施，我国也形成了期限管理、中期评估管理、政策性总结及推广管理相结合的实施方式，试点期限逐步固定为两到三年，试点评估也形成了法院系统自上而下的内部评估，以及由一些地方政法委及基层法院推行的第三方评估等试点评估方法，同时，就试点后的效果认定，也存在着以可复制及可推广为目标的定位，以及以宣传动员为方式的处理。

一　司法领域试点的启动

2013 年以来，我国改革试点实践工作的顶层设计得到不断加强，随着十八届三中全会及其以后多次全会对改革议题的关注，以及中央全面深化改革领导小组的成立，政治、经济、社会等各领域改革依照总体设计、统筹协调、整体推进、督促落实的方针，对党建、财税、国企、医疗等多领域具体改革事项制定颁行了一系列的改革方案、意见及实施办法。这其中，司法领域的改革试点也纳入其中，受到重点关注和推进。中央全面深化改革领导小组成立以来，设立了民主法制领域的专门小组，围绕执法司法领域颁行了 11 份文件，围绕司法人员管理领域颁行了 11 份文件，包括《关于深化司法体制和社会体制改革的意见及贯彻实施分工方案》《关于贯彻落实党的十八届四中全会决定进一步深化司法体制和社会体制改革的实施方案》《关于司法体制改革试点若干问题的框架意见》等。①

新时期中央全面深化改革领导小组的成立，是中央运用矩阵性组织展开国家建设及改革探索的传统方法的延续。到 2015 年，中央共成立各类领导小组 22 个，涉及组织人事、宣传文教、政治法律等国家建设的各个领域，其中一些小组已经成立了近 60 年。② 这些小组都有一定程度的多部门参与的特征，尤其是新近成立的中央全面深化改革领导小组、中央网络安全和信息化领导小组、中央财经领导小组，相较于原来的专门小组机构，综合性及协调性大为增强，囊括了全国人大常委会、最高人民检察院、最高人民法院等，至少 30 个中央部门、国务院组成部门及其直属机构相关领导人

---

① 《深改组 1000 天　看看这些改革成绩单》，2016 年 9 月 25 日，http://www.guancha.cn/politics/2016_09_25_375359.shtml，2017 年 4 月 20 日。

② 王姝：《中央领导小组逾 22 个　习近平任 4 小组组长》，《新京报》2015 年 7 月 31 日。

员的参与。① 新成立的中央全面深化改革领导小组便成为新时期改革顶层设计及统筹协调加强的重要标志。

2013 年以来的改革试点行动，在某种程度上改变了以往部门主导的试点启动及改革实施模式，中央新成立的矩阵型机构在改革试点的规划部署及统筹实施方面发挥着更为积极的作用。以人民陪审员的改革试点为例，这一改革过程中，最高人民法院继续在党的中央会议部署指导下，发挥司法部门总结经验、调研论证的传统角色功能，同时，又根据新时期中央顶层设计的要求，经过就改革方案寻求人大、最高检、公安部、司法部、财政部等单位的一致性意见，最终将人民陪审员制度改革方案提交至中央全面深化改革领导小组第 11 次会议审议，而后又经过全国人大常委会的授权决定，最高人民法院配合此前提交的《人民陪审员制度改革试点方案》，制定了《人民陪审员制度改革试点工作实施办法》。

从审议的多达百份以上的文件来看，中央全面深化改革领导小组这一致力于深化改革的综合性机构，为各个领域改革工作进行了较为周密而全面的部署。审议通过的文件，包括意见、指导意见，以及改革方案和相关规定办法。在事关未来改革方向的众多指导型文件之中，直接提及试点的文件近三十份。其中，意见型的文件中，便有涉及整体试点实践的指导意见，诸如对改革试点加以专门指导的《关于加强和规范改革试点工作的意见》，也有对某一具体领域试点加以指导的意见，诸如《关于中国（上海）自由贸易试验区工作进展和可复制改革试点经验的推广意见》《关于农村土地征收、集体经营性建设用地入市、宅基地制度改革试点工作的意见》《关于省以下环保机构监测监察执法垂直管理制度改革试点工作的指导意见》等。

中央全面深化改革领导小组又通过审议相关部门报送的试点方案，对部分区域、部分事务以及部门工作进行指导、规划和部署。相关试点方案文件按照区域相关、事务相关、部门相关进行分类。其中，区域相关的试点文件便有《关于在部分区域系统推进全面创新改革试验的总体方案》《上海市司法改革试点工作方案》《上海市群团改革试点方案》《重庆市群团改革试点方案》《中国三江源国家公园体制试点方案》《宁夏回族自治区空间

---

① 赵婧姝：《媒体盘点最高规格"领导小组"涉及部门至少 30 个》，《北京青年报》2016 年 5 月 3 日。

规划（多规合一）试点方案》；事务相关的试点方案文件有《积极发展农民股份合作赋予集体资产股份权能改革试点方案》《关于开展领导干部自然资源资产离任审计的试点方案》《探索实行耕地轮作休耕制度试点方案》《贫困地区水电矿产资源开发资产收益扶贫改革试点方案》；部门相关的试点方案文件还有《中国科协所属学会有序承接政府转移职能扩大试点工作实施方案》《全国总工会改革试点方案》《国家高端智库建设试点工作方案》《国务院部门权力和责任清单编制试点方案》《公安机关执法勤务警员职务序列改革试点方案》《公安机关警务技术职务序列改革试点方案》。在中央全面深化改革领导小组审议通过的以试点方案为题的文件中，司法领域的试点受到最多的关注，其中的试点方案文件有七项，包括《最高人民法院设立巡回法庭试点方案》《设立跨行政区划人民法院、人民检察院试点方案》《人民陪审员制度改革试点方案》《检察机关提起公益诉讼改革试点方案》《法官、检察官单独职务序列改革试点方案》《法官、检察官工资制度改革试点方案》《关于认罪认罚从宽制度改革试点方案》。

从以上分析来看，改革开放以来司法领域的改革试点在 2014 年以后经历了中央指导、部门主导向中央顶层设计加强的转变，以综合性、统筹性集中协调的方法推进全面深化改革的意愿在改革动员、组织机构、工作流程上均有所体现。这其中，司法领域改革试点呈现受关注度高、内容筹划密集的特点。经过这些改变，司法改革试点在部分司法事项上得到较大力度的推进，诸如员额制及法官遴选委员会的改革在较短时间内由试点步入推广阶段。

二　司法领域试点的选择

通过最高人民法院政策制定所推行的试点，在试点文件中就试点单位的选择形成了多种模式。一种模式是最高人民法院在试点文件中直接确定及列举试点法院。就法官助理的试点，2007 年《最高人民法院关于在西部地区部分基层人民法院开展法官助理制度试点、缓解法官短缺问题的意见》中，专门以第二部分"西部基层人民法院开展法官助理制度试点的范围"，直接列举了实行法官助理试点的重庆、四川、贵州、云南等十二个省、自治区、直辖市，并将试点范围确定在这些地方的县级法院。2004 年《最高人民法院关于在部分地方人民法院开展法官助理试点工作的意见》，2012 年

《最高人民法院关于扩大诉讼与非诉讼相衔接的矛盾纠纷解决机制改革试点总体方案》，以及 2016 年《最高人民法院、中国证券监督管理委员会关于在全国部分地区开展证券期货纠纷多元化解机制试点工作的通知》等文件，就试点工作采取文后列举的方式，在文件之后直接列出实行试点的地区及单位名单。这其中，在法官助理的试点文件中采取了依照高级法院、中级法院、基层法院分别列举试点单位的方法，在诉讼与非诉讼衔接试点文件中采取了列举各省区与列举其辖区内试点单位相结合的方法，在证券期货多元化解机制试点文件中，采取试点城市列举与试点组织列举相结合的方法。

　　另外一种方式就是最高人民法院在试点文件中，将试点单位的选择交由高级法院来进行。最高人民法院则仅通过试点文件对开展试点的高级法院的范围，或者对开展试点法院的条件提出要求。2010 年《最高人民法院关于开展行政诉讼简易程序试点工作的通知》允许"各高级人民法院可以选择法治环境较好、行政审判力量较强和行政案件数量较多的基层人民法院开展行政诉讼简易程序试点"，各高院确定的试点名单报最高人民法院备案；2011 年《最高人民法院关于部分基层人民法院开展小额速裁工作的指导意见》中，关于"试点法院的确定"，该文件规定由北京、天津、上海等十三个省、直辖市的高院在本辖区内指定两个基层法院，确定为最高人民法院的试点单位；2013 年《最高人民法院关于开展行政案件相对集中管辖试点工作的通知》中，关于"试点法院的遴选工作"，要求"各高级人民法院应当结合本地实际，确定 1－2 个中级人民法院进行试点"；2016 年《最高人民法院关于开展家事审判方式和工作机制改革试点工作的意见》对试点法院的选择明确了两种办法，一种是依靠各省、自治区、直辖市高级法院的推荐，"确定 100 个左右基层人民法院和中级人民法院开展家事审判方式和工作机制改革试点工作"；另一种则是由各高级法院自行决定本辖区内再增加试点单位的选择工作。

　　在以上这些以授权方式进行的试点单位选择方法中，最高人民法院并未在试点文件中直接列举出要试点的法院单位，而是通过设定遴选宏观条件、向下授权及采取总量控制等方式明确试点单位的选择。此外，从趋向上看，文件中所选择的试点单位的数量从最初的一到两家，到近年来试点基数及规模不断扩大。最高人民法院在试点文件中，还对本院的试点单位与省级法院的试点单位作出了区分。2011 年《最高人民法院关于部分基层人民法院开展小额速裁试点工作的指导意见》中，要求一定范围的高级法院择定两所最高人民法院的试点单位，而该范围内的高级法院还可以选定两个基层法院作为高级法院的试点单位。

在其他一些试点中，最高人民法院在试点文件中直接确定试点地区或试点单位后，规定由试点地区相关单位再行明确其下属试点单位。2013 年《最高人民法院关于审判权运行机制改革试点方案》在其第二十二项中直接明确了上海市第二中级人民法院、重庆市第四中级人民法院等单位为试点法院，同时，试点方案还规定，纳入试点法院的中级法院还可以指定若干基层法院作为试点法院。2016 年《最高人民法院、中国证券监督管理委员会关于在全国部分地区开展证券期货纠纷多元化解机制试点工作的通知》在附件中直接列举了开展该项试点的地区及试点调解组织名单，对于具体的试点法院，试点文件要求"各省、区、市高级人民法院和中国证券监督管理委员会各派出机构共同商定辖区内开展试点工作的中级人民法院和基层人民法院名单后各自层报"。

在以上确定试点单位的方法情形之外，最高人民法院通过建立系统的联系点制度，以司法改革联系点为平台，展开相关司法改革项目的试点和试验。2008 年 12 月由最高人民法院发布的《关于建立司法改革联系点的通知》，明确了该制度的主要目的在于落实中央及最高人民法院部署的司法改革任务、开展司法改革实证调研以及加强司法改革重点项目试验。2008 年最高人民法院以文件确定的，包括了天津市高级人民法院等 9 个高级人民法院、山西省太原市中级人民法院等 9 个中级人民法院、北京市海淀区人民法院等 12 个基层人民法院在内的多个司法改革联系点法院，启动了最高人民法院直接面向中基层法院的司法改革联系点运行机制。[①]

司法改革联系点制度是我国党政联系点制度的拓展和延伸。作为党的群众路线的具体反映和表现，联系点制度一直是国家机关接近基层、贴近群众及了解实际的重要方法。联系点制度尤其体现了国家机构多层级的跨度，展现了高层国家机关直接面向基层建立工作联系的要求。作为了解基

---

① 最高人民法院：《最高人民法院进一步规范管理司法改革联系点法院工作》，2012 年 9 月 28 日，http://www.court.gov.cn/shenpan - xiangqing - 4527. html，2017 年 4 月 21 日。

层情况及贯彻高层改革意图的纽带，联系点制度在某种程度上也展现了政策管理扁平化的要求，中央与基层直接接触的方式无疑有利于压缩政策信息传递和实施的多重环节。最高人民法院针对司法改革事务开展的联系点制度，带有鲜明的面向基层和改革探索的性质，同时也带有自上而下统筹管理的性质。一方面，最高人民法院对司法改革事项强调注重发挥基层的首创精神，要求自上而下的改革部署和自下而上的改革创新相结合；另一方面，最高人民法院通过司法改革项目实施的审批机制，强化对基层自主性改革项目的指导。2011 年《最高人民法院关于进一步规范司法改革联系点工作机制若干意见》在第一条第一项中便提出，"开展司法改革工作应在最高人民法院确定的司法改革项目范围内进行；对于不属于最高人民法院安排的改革项目，应当按照本意见第四项'信息交流与上报'逐级上报，经最高人民法院批准后方可实施"。

在个别司法试点活动中，联系点法院也成为当然的试点法院。诸如，2010 年《最高人民法院关于开展行政诉讼简易程序试点工作的通知》第八条便提出"最高人民法院确定的行政审判联系点法院（不包括中级人民法院）可以开展行政诉讼简易程序试点"。但是，在更多的以最高人民法院政策文件推动的司法试点活动中，最高人民法院采取了直接确定一批试点法院，或者交由省级法院推荐一批试点法院的方式来确定相关试点单位。相较而言，司法改革联系点制度在实践中更侧重于其他方面的内容。诸如，2014 年 3 月最高人民法院与全国十三个省的基层法院建立了党的群众路线教育实践联系点；[1] 2015 年 9 月，最高人民法院在江西省弋阳县人民法院设立最高人民法院党组织基层法院联系点；[2] 此外，最高人民法院行政庭党组织在福建龙岩市永定区法院建立基层党建联系点；[3] 最高人民法院办公厅党组织在安徽桐城市法院建立党建联系点。[4]

---

① 张先明：《最高法院领导"点对点"联系十三个基层法院》，《人民法院报》2014 年 3 月 31 日。

② 弋阳法院办公室、上饶中院研究室：《最高人民法院机关党组织基层法院联系点落户江西弋阳县法院》，2015 年 9 月 21 日，http://srzy. chinacourt. org/article/detail/2015/09/id/1710701. shtml，2017 年 4 月 21 日。

③ 张丽华：《最高法院行政庭党组织基层法院联系点落户永定法院》，2015 年 7 月 13 日，http://lyydfy. chinacourt. org/article/detail/2015/07/id/1665491. shtml，2017 年 4 月 21 日。

④ 吴问银：《让工作更接"地气"　为发展架起"天线"——安徽省桐城市人民法院与最高人民法院办公厅党建结对共建活动纪实》，《中国审判》2015 年第 24 期。

在传统的政策主导性试点活动之外，近年来，我国在授权立法试点阶段出现的，就刑事速裁、人民陪审员、公益诉讼、刑事认罪从宽展开的试点，四份试点决定中的试点单位选择，遵循部门推荐、中央决策、人大认定的模式。从当前公开的授权试点决策文件来看，最高人民法院及最高人民检察院两个司法部门对试点单位的选择发挥着实际的决定作用。在一系列"两高"院长及检察长对人大常委会所做的草案说明中，诸如，最高检检察长曹建明 2015 年 6 月 24 日在十二届全国人大常委会第十五次会议上所作《对〈关于授权最高人民检察院在部分地区开展公益诉讼改革试点工作的决定（草案）〉的说明》等，对试点地区的选择均体现了部门推荐、人大确认的模式，各部门作出的试点地区选择均得到了人大常委会的沿用。

授权试点决定对试点地区的列举，依照部门推荐而来的试点方案，形成了列举若干城市、列举若干省份以及列举省份与具体授权相结合三种方式。全国人大常委会在关于刑事案件速裁程序试点以及刑事案件认罪从宽试点的决定中，均采取了列举城市的方法，对试点地区予以明确。但全国人大常委会在关于人民陪审员试点的决定中，则采取明确试点所在省份，并结合以授权最高人民法院选择具体试点法院的方法，对试点单位加以确定。全国人大常委会在关于公益诉讼试点的决定中，将试点地区确定为北京、内蒙古、吉林等十三个省、自治区、直辖市，其试点地区的范围较之其他试点更为广大。

有关试点地区的选择理由，在试点相关决策文件中还不够明晰，一些文件的个别词句对此予以涉及。最高人民法院院长周强 2014 年 6 月在十二届全国人大常委会九次会议上所作的《对〈关于授权在部分地区开展刑事案件速裁程序试点工作的决定（草案）〉的说明》中，对选择北京、天津、上海、重庆等 18 个城市作为试点地区的理由，提出"上述地区案件基数大、类型多，具有典型性、代表性，有利于检验试点效果"。但在之后的授权立法试点中，关于试点地区的选择原因，相关草案说明及决定内容均未作出说明。

从现行司法领域试点单位选择的现状来看，依托于司法等级体系所形成的司法试点单位的确定及试点的实施，在试点单位选择中占据着主流。而相对照来看，由中央直接面向基层的联系点制度在试点中的位置及作用并不凸显。由此也反映出当前试点更为依赖集中统筹、分级分层、多级管理的架构。在新时期的授权立法试点阶段，在全国人大常委会与最高人民法院及最高人民检察院的关系架构内，司法部门传统上在试点启动之外就试点贯彻及试点实施方面的主导性地位仍然得到维护，它们在有关试点方案、试点内容等方面的作用继续得到发挥，在有关试点地区的选择等方面，人大机构的审查及决定仍然是形式性的。

三 司法领域试点的实施

我国司法领域试点活动的实施在初期依靠政策性的调控加以流程管理，在 2013 年进入授权立法试点阶段以后，试点的实施管理出现一些明显的转变，包括试点期间的设定、中期报告制度以及实行必要的法律修订的处理等，表明了司法试点管理正式性以及法律调控要求的增长。早期试点，无论实体规则的提前试行，还是程序规则的试验，多以上级法院指导监督、试点法院及时报告、试点经验的总结及推广等为内容，不仅试点相关流程管理内容，而且试点是否继续及扩大，都要依托于上级法院尤其是最高人民法院对试点情况上报后的裁量与决策。试点受关注度、试点受推广度均带有政策裁量性，取决于政策决策系统的认知与反应，如这一系统对某些试点的关注度、认知度较高，则该试点在流程中的推进以及试点向外部的扩大就越快。

晚近实施的四份授权立法决定中内容相同的地方在于，均明确了最高人民法院及最高人民检察院在试点中的组织指导和监督检查的地位，均规定了"两高"制定相关试点办法及报全国人大常委会备案，同时，还规定了中期报告制度以及试点期满后的法律调整制度。人大常委会的这些授权决定同时还与司法系统的政策性规则制定相衔接，构成人大体制及司法层级制下的规则创制系统。2015 年 5 月 20 日最高人民法院、司法部联合颁发了《人民陪审员制度改革试点工作实施办法》，作为对全国人大常委会授权决定中"试点具体办法由最高人民法院会同有关部门研究制定"规定的实施。《人民陪审员制度改革试点工作实施办法》第 31 条进一步规定试点法院会同同级司法行政机关，制定具体工作方案和相关制度规定的内容。依托传统的政策管理权，一些试点所在地的省级法院制定并颁行了实施方案。诸如，2015 年 8 月，河南省高级人民法院和河南省司法厅联合颁布了《河南省人民陪审员制度改革试点工作实施方案》。[①]

　　早期的政策性试点调控已经逐渐具有一定的期限管理的特征，近年来试点实施中的期间设定及管理与之具有传承性。在试点管理演进的初期，最高人民法院在一些试点文件中规定试点以六个月为周期，相关的期限管理涉及试点筹备、试点实施及报告等方面。2008 年 1 月 3 日发布的《最高人民法院政治部关于在西部地区部分基层人民法院开展法官助理制度试点的实施方案》规定该项事务试点工作在 2008 年 6 月底正式启动，6 个月以后也即 2008 年 12 月底由最高人民法院听取各高级法院关于试点情况的汇报。在一些试点文件中，最高人民法院还对试点管理中的报告频次及期间也作出了要求。2011 年《最高人民法院关于部分基层人民法院开展小额速裁试点工作的指导意见》中，要求试点各省的高级法院要每 3 个月报告一次试点管理中发现的问题及总结的经验。

　　2012 年 4 月 10 日发布的《最高人民法院关于扩大诉讼与非诉讼相衔接的矛盾纠纷解决机制改革试点总体方案》，推行了为期一年半的试点周期管理，它成为之后两年性司法试点期限管理的过渡。2012 年的这份文件规定相关试点开始时间为 2012 年 5 月，对试点进行初期评估的时间是 2012 年 12 月底，而到 2013 年底，即一年时间后，最高人民法院对试点进行阶段性总结，并对成功的试点经验面向全国加以推广。

　　到 2013 年，明确的试点期限管理已经浮出水面，试点期限、试点中期评估、试点总结等流程已然成型。2013 年《最高人民法院关于审判权运行机制改革试点方案》提出"从 2013 年 12 月全面开始正式试点，为期两年"，一年以后，即 2014 年 12 月对试点工作进行评估，再一年以后，即 2015 年 12 月，最高人民法院对试点进行总结，并推广成功的试点经验。

　　在此之后，试点期限为两年的明确表达方式也传递到 2014 年以来有关司法领域试点的授权立法中。从 2014 年刑事速裁试点的授权立法以来，四份有关司法试点的授权决定均明确提出"试点期限为二年"，这一期限内容

---

① 赵红旗：《河南省人民陪审员制度改革试点工作全面推进　重点解决"驻庭陪审"和"陪而不审"》，《法制日报》2015 年 8 月 21 日。

与全国人大常委会面向国务院的授权期限大致类似。[1] 但在试点期限的具体表达方面，司法试点授权决定中的表达与全国人大常委会在面向国务院的一些试点决定中的表达有所不同。2015 年 2 月 27 日十二届全国人大常委会第十三次会议通过的《全国人民代表大会常务委员会关于授权国务院在北京市大兴区等三十三个试点县（市、区）行政区域暂行调整实施有关法律规定的决定》，以及 2015 年 12 月 27 日十二届全国人大常委会第十八次会议通过的《全国人民代表大会常务委员会关于授权国务院在北京市大兴区等232 个试点县（市、区）、天津市蓟县等 59 个试点县（市、区）行政区域分别暂时调整实施有关法律规定的决定》中，关于试点期限的规定均为"上述调整在 2017 年 12 月 31 日前试行"。这两份授权立法决定与 2014 年12 月 2 日中央全面深化改革领导小组审议通过的《关于农村土地征收、集体经营性建设用地入市、宅基地制度改革试点工作的意见》中"试点工作在 2017 年底完成"的有关规定，在期限设定的表达方式上保持着一致。

但是，当前两年为常规的试点期限设定，也出现了一些松动。2017 年 4月 25 日，《关于延长人民陪审员制度改革试点期限的决定草案》被提请至十二届全国人大常委会第二十七次会议审议。[2] 新的呼吁提出对 2017 年 5月即将到期的人民陪审员改革试点工作再延长一年时间。

四　司法领域试点的评估

当前的试点管理流程将试点评估作为重要环节，分别形成了初期评估、中级评估、阶段性总结评估等评估方式，同时各地方还开展了会议评估、专项评估、第三方评估等活动。2012 年最高人民法院就诉讼与非诉讼相衔接的矛盾纠纷解决机制所发布的试点文件中，明确了半年开展初期评估以及试点终期开展阶段性总结的管理办法；2013 年，在较为成形的两年试点期间管理模式内，最高人民法院所发布的关于审判权运行机制改革试点方案等文件明确了在一年期开展中期评估、两年期开展全面总结的管理办法。

---

[1]　例外的是，2016 年《全国人民代表大会常务委员会关于在北京市、山西省、浙江省开展国家监察体制改革试点工作的决定》并未对试点期限或中期报告等作出规定；因人大代表在审议中提出试点期限较短的意见，2015 年《全国人大常委会关于授权国务院在部分地方开展药品上市许可持有人制度试点和有关问题的决定》中规定授权试点期限为三年。

[2]　朱宁宁：《人民陪审员制度改革试点有望延长一年》，《法制日报》2017 年 4 月 25 日。

这一办法更贯彻到 2014 年之后的司法试点授权立法阶段，四份授权立法决定均要求最高人民法院就试点情况向全国人大常委会作出中期报告，同时，决定所规定的试点期满后立法层面上的调适，还包含着并未言明的在试点期满前对试点实施效果的评估。

多年来，在司法改革试点进程中，依托自上而下的司法政策性的管理体制，最高人民法院在试点评估中处于最终裁量者和决策者的地位，各省高级法院也明确其自身在司法试点评估中的主导作用。实践中，最高人民法院以召开座谈会、论证会的方式，对多项司法改革试点议题进行中期评估。2013 年 1 月 10 日到 20 日，最高人民法院在 42 家试点法院中挑选了广东、福建、江西等省的 9 个试点法院，召集这些法院及其所在省的高级法院的负责人员，在广东佛山就多元纠纷解决机制改革试点议题举行中期评估座谈会；最高人民法院司改办在此次评估中设计、实施了"分类分项表格式"的评估模式，平台建设、工作机制、保障机制等试点内容被分解为 30 个小项，并划分 A、B、C、D 四档评分标准，围绕这些标准，各试点法院在评估会议前先提出试点实施的自我评估，而后各参加评估会议的法院就试点情况展开互评，最高人民法院司改办在自评和互评的基础上进行总评，并做出最终评估结果。①

当前的司法领域试点，无论司法内部政策性推动的试点，还是人大常委会授权立法实施的试点，都实行着以司法部门为主导的、针对试点施行实效的评估机制。最高人民法院在其推行的多项试点活动中，采取评分的方法对期满的司法试点加以验收评估。诸如，最高人民法院在制定、颁行有关诉讼与非诉讼相衔接的矛盾纠纷解决机制的试点方案的基础上，发布了《多元纠纷解决机制改革示范法院标准》，并据此标准对全国四十二家试点法院进行评分。最高人民法院针对"诉非衔接"还召开了终期评估会议，通过由专门的评估组听取各试点法院的汇报，对试点涉及的平台建设、机制建设、工作保障三大项二十个小项作出评估；最高人民法院就终期评估结果向中央司改办作出专题报告，并着手筹备进一步深化试点及全面推广

---

① 《细化评估标准 加快改革步伐——最高法院进行多元纠纷解决机制改革试点中期评估》，2013 年 2 月 20 日，http://www.court.gov.cn/shenpan-xiangqing-5077.html，2017 年 4 月 23 日。

试点经验的方案；评估会议中还提出，在进行试点的法院中，确定一批"诉非衔接"示范法院，发挥试点先进法院的示范引领作用。[1] 最高人民法院还运用座谈会的方式，对多元纠纷解决机制改革试点工作进行终期评估。[2] 对一些被鉴定为优秀试点法院的单位，最高人民法院专门成立的终期验收工作组提出将相关经验做法向全国法院推广。[3]

在政策性评估方法之外，对于属于全国人大常委会授权立法的事项，最高人民法院又实施了有针对性的中期评估方法。针对 2014 年 6 月 27 日通过的刑事速裁程序试点的立法授权决定所要求的中期报告制度，最高人民法院在 2015 年 8 月 26 日召开了有中央政法委、全国人大常委会法工委、最高人民法院、最高人民检察院、公安部、司法部等单位的相关部门负责同志，以及部分试点地方法院的负责同志，同时还有部分刑事法学领域的专家和最高人民法院特约监督员参加的刑事案件速裁程序试点中期评估论证会。[4] 最高人民法院除召开会议的评估方式之外，还通过评估检查、视察等方法开展相关的试点评估。最高人民法院司改办为开展试点评估专门成立了评估组，并在实际评估活动中采取了听取汇报、实地视察等方法。[5]

最高人民法院在试点文件中明确了各省高级法院的试点监督指导和检查督促的地位，各省级法院运用其政策制定和指导监督权力推行相应的司法试点评估活动。一些省的高级法院组建调研组，对司法改革试点实施效果进行调研和评估。[6] 一些省的高级法院的工作部门组成考核组，对司法试点工作进行考核验收。[7]

① 《最高法院"诉非衔接"终期评估会议在眉召开》，2014 年 4 月 15 日，http://www.ms.gov.cn/info/2375/100321.htm，2017 年 4 月 23 日。
② 柏松、姜红：《最高法院在清镇对多元纠纷解决机制改革试点工作进行终期评估》，《人民日报》2014 年 4 月 10 日。
③ 罗方荣：《田林法院：为全国"诉非衔接"鸣锣开道》，《广西法治日报》2015 年 6 月 11 日。
④ 袁定波：《最高人民法院召开论证会　评估刑案速裁程序试点中期成果》，《中国审判》2015 年第 17 期。
⑤ 刘爱玲：《最高人民法院莅临立山法院评估检查多元纠纷解决机制试点工作》，2014 年 4 月 28 日，http://aslsfy.chinacourt.org/public/detail.php?id=238，2017 年 4 月 23 日。
⑥ 《省高院完成全省法院首轮司法改革效果评估》，《特区法坛》2016 年第 5 期。
⑦ 马智尧、赵正云、张智民：《法院司法体制改革试点接受评估验收》，《西海都市报》2016 年 3 月 4 日。

同时，有关司法工作应当由第三方进行评估的呼吁和实践一直存在。① 政法委系统开展了一系列与司法改革相关的第三方评估工作。诸如，中央政法委委托中国政法大学司法文明协同创新中心开展的司法改革调研和评估工作;② 江苏省政法委委托中国法治现代化研究院开展的司法改革试点工作的第三方评估。③ 一些地方的中级法院也开展了第三方评估的实践。诸如上海一中院委托上海社会科学院法学研究所对该院 2015 年司法公信力建设开展第三方评估，上海二中院委托华东理工大学法律社会学研究中心对该院法官工作作风、职业道德开展第三方评估，上海知识产权法院委托同济大学法学院对该院司法公信力工作进行第三方评估。④

在省级层面，各省就司法改革试点工作加以常规性的管理，并开展了一些试点评估工作。包括专门就司法改革试点工作成立领导小组，并召开有关的会议，对试点情况予以研究部署;⑤ 召开试点工作的评估研讨会，就司法改革试点展开研讨交流;⑥ 由司法体制改革领导小组成立专门的调研评估组，采取听取汇报、分类座谈、问卷调查、评阅卷宗等方式，对该省司法体制改革试点工作开展中期调研评估;⑦ 以及成立督导组，对司法改革试点工作开展督导检查。⑧

---

① 舒锐:《法院评估不能以自身评价为主》,《法治周末》2015 年 1 月 27 日。
② 彭信琼、李启佑:《司法文明协同创新中心评估我州司改试点工作》,《恩施日报》2016 年 4 月 19 日。
③ 张亚玲、家松:《江苏省司法体制改革试点工作第三方评估法院干警座谈会在清河法院召开》, 2016 年 6 月 20 日, http://jsnews2. jschina. com. cn/system/2016/06/20/028969592. shtml, 2017 年 4 月 24 日。
④ 《上海法院为何频做第三方评估:一中院二中院知产法院陆续发布报告, 专家建议对照报告"补短板"》,《解放日报》2016 年 5 月 22 日。
⑤ 齐静:《省司法体制改革试点工作推进领导小组第四次会议召开 张江汀主持会议并讲话》,《大众日报》2016 年 2 月 26 日。
⑥ 粘青:《省司法体制改革试点工作评估研讨会在长召开》, 2016 年 1 月 17 日, http://news. 163. com/16/0117/22/BDIIR5PJ00014SEH. html, 2017 年 4 月 24 日。
⑦ 李启佑:《省首批司法体制改革调研评估组来我州调研》,《恩施日报》2016 年 3 月 30 日。
⑧ 王博、喜莉、罗承岚:《省司法体制改革工作督导组到我市检查督导》,《普洱日报》2015 年 4 月 30 日。

第二章　跨行政区划法院试点
改革的时代背景

设立跨行政区划司法机构是党的十八大就全面推进依法治国战略提出的重要议题。围绕十八大提出的建设有中国特色社会主义司法制度的战略目标，十八届三中、四中全会作出进一步深化改革的行动部署，对司法改革的推进予以全面规划和统筹，使设置跨行政区划司法机构的思路和实施举措不断得以展现和明晰。作为十八届三中全会决议的《中共中央关于全面深化改革若干重大问题的决定》，明确了深化司法领域改革的方向、步骤和战略举措，其中，为确保依法独立公正行使审判权、检察权，以及为保证国家法律统一正确实施，提出探索建立与行政区划适当分离的司法管辖制度，并且在司法管理体制、司法人员管理制度、司法人员执业保障制度等方面推出了相应的一系列配套改革措施。跨行政区划司法管辖的提出作为前奏，为接下来设立跨行政区划司法机构相关改革决策的作出进行了准备和铺垫。

十八届四中全会发布的《中共中央关于全面推进依法治国若干重大问题的决定》将司法体制改革、司法机构设置以及司法制度完善，纳入优化司法职权配置的主线，明确提出了"最高人民法院设立巡回法庭""探索设立跨行政区划的人民法院和人民检察院"等改革主张。从着手于司法管辖等具体制度环节，到设立跨行政区划司法机构，新的概念及倡议的浮出水面，意味着我国司法体制改革顶层设计及整体设计的逐渐成熟。此后，这些改革规划逐渐付诸实践。2014年11月6日，我国首个知识产权法院——北京知识产权法院正式成立；2014年12月，由原来的铁路运输法院转变而来的上海市第三中级人民法院和北京市第四中级人民法院先后挂牌成立；2015年1月，最高人民法院第一巡回法庭、第二巡回法庭先后成立。2015年2月4日，最高人民法院颁发《关于全面深化人民法院改革的意见——人民法院第四个五年改革纲要（2014—2018）》，结合对十八届四中全会精神的落实，不仅提出要按照维护国家法治统一、体现司法公正的要求，探索完善能够保证依法独立公正行使审判权的司法管辖体系，还专门提出以科学、精简、高效和有利于实现司法公正为原则，探索设立跨行政区划的人民法院，这一改革的内容便包括了原有的铁路法院的改革转型，原有的海事、林业、农垦等专门法院的改革转型，以及新的知识产权法院的设立等改革部署。中央顶层设计及改革部署的启动，表明设立跨行政区划法院的议题已经被纳入新时期国家治理改革探索的正式议程。此后，设立跨行政区划法院的改革渐次展开，并不断深入。2016 年多省份开展了铁路运输法院对行政案件及环境资源案件实行跨行政区划集中管辖的实践，当年 12 月，最高人民法院在南京、郑州、重庆等地增设新的巡回法庭，完成了其覆盖全国的布局。这些都表明，我国设立跨行政区划法院的改革进程正依托于改革规划及试点实践而不断迈向深入。

第一节　长久以来司法地方化的问题归结

对司法地方保护问题的关注，从我国 1982 年宪法确立现行司法框架以来，便已经开始并不断形成聚焦。司法地方化的提法与司法行政化相并列，共同成为理论界及实务界对司法改革症结的集中性归结。这一点，从学术界及司法实务界对"司法地方化"问题予以关注和研究的众多成果上，可以得到体现。[1] 对司法地方化议题的聚焦热度一直未减，对此发出的改革呼吁始终比较强烈并不断呈交到国家决策层面。[2] 应对司法地方保护，确保法律在全国范围内的统一实施，自始便成为决策部门关注的重心。[3]

一　国内司法地方化议题研究综述及阶段划分

对设立跨行政区划司法机构的呼吁，与一直以来国内司法改革的议题讨论紧密相关，并展现于对司法地方保护现象及症结的批判和应对。围绕

---

① 从知网上以"司法地方保护"以及"审判地方保护"为搜索词，查询到的直接相关的文章，发表时间从 20 世纪 80 年代末开始至今，总量规模达到五百余篇。
② 屠少萌：《跨区划法院：司法去地方化迈出坚实步伐》，《人民法院报》2016 年 3 月 12 日。
③ 李少平：《为什么要设立跨行政区划人民法院？》，《求是》2015 年第 14 期。

司法地方保护的具体表现、成因以及改革对策，形成了以防范司法地方保护为切入的研究思路，并且在对策上经历了从改进管辖，到提出司法区设置以及设立跨行政区划司法机构的逐步过渡。从 20 世纪 80 年代至今，关于"司法地方化"议题的研究，大概经历了三个阶段。

（一）问题的提出阶段

这一阶段从改革开放之初到 20 世纪 90 年代中期。在这一阶段，审判的地方保护问题已经开始获得关注和重视，有关审判地方保护的现象得到初步总结。在现有数据库中能够查到的最早的一篇文献，是李昌麒等人发表在《现代法学》1988 年第四期上的《经济审判工作中的地方保护主义倾向必须制止》一文，该文对当时经济审判中案件受理倾向性、非法干预、滥用调解等地方保护的具体表现进行了分析。当时的研究对地方保护的关注点多落在经济审判领域；① 研究视野及研究概念还大多局限于"审判"。② 这一阶段对审判地方保护成因进行探索，从经济体制及地方经济利益增长、地方法院隶属地方政权等方面予以归结，并提出改进块状体制结构，推行条式垂直结构，设立固定及巡视性的监督机构等改革举措。③

（二）问题的初步分析阶段

这一阶段从 20 世纪 90 年代末到新世纪初。在这一阶段，研究的基础概念及话语从审判及经济审判向司法权及司法地方保护转变，行政区与司法区相区分的概念及制度设计获得提出，司法地方化的问题以及司法中央化的观点得到初步的论证。研究者开始从司法独立的意义及层面，阐述地方保护主义在司法中的影响及其对司法的危害。④ 有研究者也提出司法权力地

---

① 表现在相关文章的题目和内容上（见众言：《谈谈经济审判工作中的地方保护主义问题》，《当代法学》1990 年第 2 期；陈法贤：《论经济审判中的地方保护主义》，《政法学刊》1990 年第 4 期；李新军：《试析经济审判中的地方保护及治理对策》，《政法论丛》1995 年第 4 期）。

② 文章论题使用了"审判"的概念（见楼戬：《地方保护主义在法院审判工作中的具体表现》，《中外法学》1990 年第 6 期；史有勇：《审判中地方保护主义的成因及对策》，《法学》1989 年第 6 期；曾凡玉：《浅谈法院审判工作中的地方保护主义》，《人大建设》1996 年第 7 期）。

③ 陈法贤：《论经济审判中的地方保护主义》，《政法学刊》1990 年第 4 期。

④ 吕晓东：《地方保护主义和司法独立》，《社会科学》1998 年第 7 期。

方化的现状，指出司法权力地方化尽管有利于结合地方实际，吸收地方民情，利用司法人力资源，但也暴露出诸多与时代发展不相适应的地方，包括破坏统一大市场的建立、干扰法律的统一实施、削弱了法律的权威等。① 一些研究者认为，司法的地方保护折射出司法国家性与司法地方性之间的矛盾，克服这种司法地方保护，要从体制上区分司法辖区与行政辖区，改变行政辖区对司法辖区的统辖关系。② 进一步地，使司法区与行政区相分离的观点初步呈现，其中就有主张将全国划分为若干个大的司法区、在地方上则实行司法区与行政区的分离；③ 以及借鉴中华人民共和国成立初期实行的大区制，划分相应的司法区，以此改进司法辖区的设置。④

（三）问题的进一步分析阶段

这一阶段覆盖了新世纪以来的十年时间。这一阶段的相关研究进一步围绕司法地方化的表现及其解决展开分析。有的将司法地方化界定为司法的地方保护主义。⑤ 也有文章认为司法地方化其实质仍然是行政化，包括宏观权力结构的行政化、内部组织体系的行政化，以及司法主体、司法行为、司法目标等方面的行政化；破解司法的地方化及其背后的行政化，就要推行司法的全方位的规范化。⑥ 有的认为地方权力的诸侯化造成司法地方性，司法的地方化必然带来法治的碎片化。此外，也有文章在知识产权领域开展了关于司法地方保护的实证研究。⑦ 研究者进而提出了推动司法区与行政区的适当分离，设置跨区域性的法院或巡回法院。⑧ 随着全面深化改革工作的启动，以及中央改革战略的实际部署，这一阶段出现了与设置跨行政区

① 蒋惠岭：《司法权力地方化之利弊与改革》，《人民司法》1998 年第 2 期。
② 吴良根、张智灵：《透析司法中的地方保护主义》，公丕祥主编《法制现代化研究》，南京师范大学出版社，2001，第 338~350 页。
③ 章武生、吴泽勇：《司法独立与法院组织机构的调整（上）》，《中国法学》2000 年第 2 期。
④ 关毅：《法院设置与结构改革研究》，《法律适用》2003 年第 8 期。
⑤ 李文霞：《论司法地方化及其障碍排除》，《河南省政法管理干部学院学报》2005 年第 2 期。
⑥ 周永坤：《司法的地方化、行政化、规范化——论司法改革的整体规范化理路》，《苏州大学学报》2014 年第 6 期。
⑦ 龙小宁、王俊：《中国司法地方保护主义：基于知识产权案例的研究》，《中国经济问题》2014 年第 3 期；秦前红：《司法去地方化的难点》，《检察风云》2013 年第 24 期。
⑧ 满先进、吴俊明：《司法改革视阈下司法地方化问题的消解》，《鄂州大学学报》2015 年第 9 期。

划司法机构相关的文章，其中一些以司法区划分作为论题切入；① 另一些则探讨了司法区与行政区的适度分离以及跨行政区划司法机关的具体制度设计。②

二　对司法地方保护表现的总结

改革开放以来，我国经济体制逐渐从原有的高度集中的计划体制向对地方放权、激发地方板块经济竞争的市场体制转变，地方在经济决策方面的自主性提高，这一变化与对司法机关地方化的管理措施相结合，造成了司法地方保护的诸多乱象。对审判中出现的地方保护现象，法学研究者在较早时期便予以总结和概括，包括有利于本地当事人的管辖争抢、排斥外地当事人的拒绝管辖、诉讼保全的偏袒和滥用、调查取证中的不公正、设立追索本地债权的讨债公司等种种方式。③ 此后，不断有研究者对司法地方保护的实际表现进行观察和总结，其中就有不依法行使案件管辖权、不依法适用诉讼保全措施、不依法执行案件等多种表现；④ 也有擅自立案、抢先立案等情形，以及证据认定、法律适用等方面的偏袒等情形。⑤ 司法地方保护的怪象也引起了法院系统领导的关注。原湖南省高级人民法院院长詹顺初就指出：司法地方保护呈现与各层级行政区划相附随，呈现"耸然林立、圈中套圈"的态势，在益阳县一地，当年法院执行难情况的案件有 253 件，受到地方保护不当影响的就有 103 件，占 40.72%。⑥

在司法纳入地方经济增长评价以及参与到由此而来的预算竞争的情况下，来自地方区域、地方政府以及法院自身的，在预算以及绩效等方面的本位利益，便会对司法裁判行为产生不良的影响。实践中，地方政府通过

① 胡贤焕：《我国审级制度之重构》，《法治研究》2008 年第 6 期；赵兴洪、邹兵：《关于中国司法区划分改革的思考》，《云南社会科学》2013 年第 2 期；吴志刚：《我国司法区划调整问题研究——以跨行政区划设置法院为视角的分析》，《北方法学》2014 年第 3 期。

② 天津市东丽区人民检察院课题组：《司法区与行政区适度分离的司法体制改革问题研究》，《天津法学》2014 年第 4 期；金鑫：《跨行政区划司法机关设置的改革：缘起、经验与实现》，《武汉大学学报》2015 年第 5 期。

③ 史有勇：《审判中地方保护主义的成因及对策》，《法学》1989 年第 6 期。

④ 陈法贤：《论经济审判中的地方保护主义》，《甘肃政法学院学报》1990 年第 4 期。

⑤ 楼戬：《地方保护主义在法院审判工作中的具体表现》，《中外法学》1990 年第 6 期。

⑥ 詹顺初：《坚决纠正地方保护主义　捍卫法律的统一和尊严——关于地方保护主义的调查》，《法学评论》1991 年第 1 期。

党政系统的管理权力,贯彻对地方经济权重的考量,使得司法部门在涉及政府及企业的诉讼中,无法维持正常的裁判立场和地位。一些专门的调查表明,涉及基层政府及有关企业的案件,执行常常久拖不决,占据了执行不畅案件中一半以上的比例。① 进入新世纪,司法地方保护依然带来一系列的立案难、审理难、执行难等难题。一些地方政府成为涉及自身案件的保护伞,地方政府的干预问题成为行政审判的最大障碍;② 与此同时,地方保护也加大了执行阻力,导致一些案件拖延多年得不到执行;③ 因为地方保护的原因,执行时常因暴力抗法而中断。④

各方在对地方保护现象给予批判的同时,也对产生这些现象的原因进行了反思和剖析。法院与地方政府相关联的体制,被认为是产生司法地方保护的主要原因。有研究者认为,法院在体制上隶属于地方政府,以及法院经费对地方企业的依赖,必然导致法院难以站稳立场。⑤ 这一点在制度上表现为宪法和法律确定的司法独立原则没有得到落实,法院人、财、物受制于地方破坏了这种独立性。⑥ 对司法地方保护的危害,研究者也从经济、法制以及国家长远发展等角度进行了分析。司法地方保护尤其破坏了统一开放市场体系的构建,恶化了经济发展的法治环境;⑦ 地方保护导致恶性循环,导致各法院连锁应对、互相钳制。⑧ 有研究者还从实证的角度,论证了司法地方保护对企业创新构成妨害,企业创新投入动机受到抑制。⑨

三 对司法权性质的争论

关于司法地方化的研究,引出了司法权属性的讨论,一些研究者提出

---

① 赵东辉、刘红灿:《清除"法治割据"顽疾》,《瞭望新闻周刊》2003 年第 24 期。
② 《打破地方非法干预行政案件的保护伞》,《人民法院报》2010 年 4 月 6 日。
③ 刘文葆、公丕国:《法院判决与地方保护的一场顽强较量》,《山东法制报》2006 年 7 月 18 日。
④ 吴兢:《法院执行遭遇地方保护主义》,《人民日报》2002 年 5 月 15 日。
⑤ 滨州地区中级人民法院:《只有坚持公正执法 才能维护法制——对当前法院执法中地方保护主义问题和部门保护主义问题的调查与分析》,《山东审判》1996 年第 7 期。
⑥ 邹梅清:《解决地方保护主义问题应从法院自身做起》,《法制与社会发展》1997 年第 4 期。
⑦ 黄爱教:《地方保护主义的克服与司法体制改革》,《广西大学学报》(哲学社会科学版) 2001 年第 6 期。
⑧ 曾凡玉:《浅谈法院审判工作中的地方保护主义》,《人大建设》1996 年第 7 期。
⑨ 潘越、潘健平、戴亦一:《公司诉讼风险、司法地方保护主义与企业创新》,《经济研究》2015 年第 3 期。

了司法权的国家性及中央性的观点，主张推动司法权的中央化。王旭从单一制国家的结构形式出发，论证司法权力所具有的中央属性，认为法院机构设置及司法管辖与行政区域划分的重合，是长久以来司法地方化及司法地方保护现象产生的制度上的根源。作者提出：去除法院名称中地方词汇；最高、高级法院法官由全国人大任免，而中级、基层法院法官由最高人民法院任免。[①] 刘作翔着力论证了司法权的国家专有权和专属权的性质，明确提出地方司法及授权司法违反了司法法治的原则，认为应当移除司法地方化的制度因素，并推行司法权国家化的改革思路。[②] 袁超认为当前我国地方政府间的共谋关系强化了地方保护主义，而司法的中央化则旨在以司法集权的方式推动经济性分权，以达到规制地方共谋、遏制地方保护的目的。[③]

　　针对司法中央化的主张，一些研究者也提出了质疑甚至反对的意见，与中央化相对立的司法地方性的观点也得到了论证。李小萍提出要区分地方性、地方化和地方保护主义三个概念，认为法院的地方性是司法空间布局的具体表现，是法院作为司法机构的本来属性；地方间的权属关系决定了我国法院的地方性，当前地方保护的真正成因并非司法的地方化，而是司法被地方行政化，而要防范司法的地方保护，就要从根本上解决地方权力系统干预及控制司法的弊端。[④] 李少文主张从概念上将司法地方性和司法的地方保护主义区分开来，认为司法的地方性蕴含于司法规律之中，司法中央化对树立司法权威很难发挥实质性的影响；当前改革举措试图通过司法的中央化延长地方控制的利益链条，但面临动力结构上的缺陷；此外，司法中央化还遭到当前政治结构的制约，还有可能加剧司法的行政化，恶化司法资源的不足。[⑤]

　　还有一些研究者站在中央与地方关系的立场上，从央地关系法治化的视角出发，探讨央地关系中的司法角色及其功能。张千帆指出，既要肯定地方自治意义，又要注意容易出现的地方保护的问题，在当代中国，立法、

---

① 王旭：《论司法权的中央化》，《战略与管理》2001 年第 5 期。
② 刘作翔：《中国司法地方保护主义之批判——兼论"司法权国家化"的司法改革思路》，《法学研究》2003 年第 1 期。
③ 袁超：《司法中央化与经济性分权——规制地方政府间"共谋"关系的制度改革逻辑》，《探索与争鸣》2014 年第 4 期。
④ 李小萍：《论法院的地方性》，《法学评论》2013 年第 3 期。
⑤ 李少文：《论司法中央化改革的困境》，《探索与争鸣》2014 年第 7 期。

执法、司法领域的地方保护仍然较为普遍；在地方自治与地方保护之间，应当确立一定标准予以判定；对美国的相关司法判例的梳理及总结也证明：对于地方事务的外溢，即治理行为涉及地方之外个体及组织的情况，便不再属于地方自治的范围。[①] 熊文钊指出，司法公正方面出现的诸多问题，在发生诱因上都指向司法区域与行政区域高度重合的现实状况；央地关系法治化，应当奉行司法区域与行政区域相分离的原则；作为司法区域与行政区域相分离的实践举措，海事法院体制对于防范外部干预，增进法院依法独立行使裁判权，已经产生了明显的效果，司法改革应当借鉴这一模式，以此促进央地关系的良性和谐。[②]

第二节　跨行政区划法院试点的直接触发

旨在化解司法地方保护症结的改革努力及制度设想与我国专门司法机构系统的转型耦合起来，共同促成了设立跨行政区划法院举措在改革规划层面的凸显。2015 年《关于全面深化人民法院改革的意见》当中，将专门法院系统的改革以及设立跨行政区划的法院列为今后五年人民法院改革的首要任务，围绕与行政区划适当分离这一主题，形成了改造铁路运输法院、设立知识产权法院、理顺海事审判体制、推动环境资源审判机构建设、加快林业及农垦法院纳入司法体系、改革完善军事审判制度等一系列指向专门法院系统改革的举措。应该说，当前和今后一个时期，设立跨行政区划法院的改革进程与专门法院机构的转型有着紧密的联系。探讨设立跨行政区划法院的相关改革问题，便不得不对专门法院系统所处的形势及面临的改革转型要求予以分析。

一　专门法院系统转型的要求

中华人民共和国成立之后，在向苏联学习的大背景下，对铁路、矿山、农垦经济重要性的关注，以及它们在地理分布上连线、连片的特征，促成

---

① 张千帆：《国家主权与地方自治——中央与地方关系的法治化》，中国民主法制出版社，2012。
② 熊文钊：《大国地方——中央与地方关系法治化》，中国政法大学出版社，2012。

了专门法院的机构设置，并形成了行政部门或者企业管理法院的模式。但因中立性的先天不足，即在人、财、物等方面司企不分或司行不分，铁路运输法院自 1982 年恢复设立之日起，其立场及裁判活动的公正性便受到质疑。[①] 尤其是在针对铁路企业或其行业主管部门的诉讼中，人事任免、财政收支、设施配备均依赖于企业或主管部门的司法机构，难以做到立场中立及裁决公正。[②] 此外，诸多专门司法机构因时势的变迁经受着案件变动的冲击，一直面临着受案不足的困扰。同时，实务界、理论界以及民间针对专门司法机构中立性、履行职能的充分性的批评和质疑声音不断出现，与专门司法机构有关的改革及转型，在政策层面、试点实践层面均相继启动。

（一）中立性不足产生的转型要求

以往的铁路运输司法、林区司法、垦区司法、油田司法以及军事司法等专门司法机构，虽然在管辖上常常跨越传统县市行政区划，但在机构设置上与铁路局、林业局等行政管理机构高度重叠，而且在人事、财政等方面都受到来自这些机构的直接管理和控制，这些都使相关法院机构共同暴露出司法不够中立、不够独立以及相应的体制不顺等问题。专门法院机构本身的定位与设置存在司法与企业不分、司法与行政不分的弊端，随着改革的推进和形势的发展，这种部门或企业主导法院机构的人事录用、干部选任，法院机构的办案经费、资金筹措等方面都由部门或企业来承担的体制机制越来越与建设独立公正司法的要求和改革动向相违背。

铁路司法本身自产生之日起，便作为政、企、事高度合一的组织体而存在。铁路司法在人事、财政、管理上都从属于铁路企业，其人事任免权在铁路党政，财政支出由铁路部门调配，日常管理由铁路部门主导，铁路司法机构要向地方铁路局报告工作。1982 年 7 月 9 日最高人民法院、最高人民检察院、公安部、司法部、铁道部联合颁发《关于铁路运输法院、检察院办案中有关问题的联合通知》，明确了铁路党组（党委）对铁路法院审判人员的任免权限，规定了铁路司法工作人员享受与铁路职工相当的待遇。

---

① 马冰：《铁路法院经济审判的误区及其矫正》，《法学》1995 年第 6 期。
② 刘强：《铁路运输法院为什么还要继续存在?》，《社会观察》2008 年第 7 期。

一直以来，无论民间还是司法界，都有针对这一做法的批评。[①] 有研究者指出，铁路运输法院的弊端集中在企业行为与司法行为、企业干部与法官身份、企业管理与司法监督之间严重的混同；实践中出现了涉及铁路企业侵权、合同纠纷的当事人，主张铁路审判机构集体回避，并要求争诉移交给普通法院审理的案例。[②] 铁路运输法院自身也意识到问题所在及改革的必要，为了顺应建设现代司法体系的要求，法院自身也在积极地谋求转型。有铁路运输法院法官便提出，要利用铁路法院跨区域的特点，推行财政供给交由中央、人事选任交由各省的改革举措，并根据铁路法院的实际情况，将各铁路运输法院改造及转变为少年法院、交通运输法院、行政法院等类型的专门法院。[③]

森林法院自设立以来，也面临着身份上的错位。这种行政部门管理司法的方式，与企业管理司法的方式一样，都暴露出司法独立性不够、司法公正难以保证的问题。不仅林业法检机构中的人员列入林业编制而非政法编制，而且林区司法的负责人都由林业主管部门任免。曾任吉林省高级人民法院院长的张文显就提交议案，分析了森林法院所实行的由各地林业部门管理的体制，其中就着重指出：司法干部由林业部门指派和管理，法院及企业任职多有交叉，使得在涉及林业部门的案件中，森林法院的地位难以中立，审判公正缺乏基础。[④]

军事司法也处在司法体制与军事体制尚未理顺的阶段。尽管在《宪法》及《人民法院组织法》中均提及军事法院，但专门《军事法院组织法》的颁行却面临各种现实困难。军事法院的管理仍然主要执行军队领导体制。1957 年 6 月 17 日总政治部印发的《关于军事法院、军事检察院在军队内部

---

① 从 2005 年开始，针对铁路运输法院的批评出现在全国人大代表的提案中。其中包括：2005 年，江苏省高级人民法院院长公丕祥、湖南省人民检察院检察长何素斌等 104 名人大代表提出的，以立法禁止在行政机关、企业、事业单位设立法院、检察院的提案；2006 年，全国人大代表、河南省高院院长李道民和 32 名人大代表提交的取消铁路运输等专门法院的议案；2009 年，全国人大代表、吉林省高院院长张文显等人提出的将铁路、林业、农垦等法院与部门、企业彻底脱钩，并纳入国家统一司法体系的议案。
② 李敏：《专门法院的回归之路——访最高人民法院政治部相关负责人》，《中国审判》2012 年第 3 期。
③ 蔡珂伟：《铁路运输法院体制改革浅析——从全国法院体制改革试点的角度》，《法律适用》2008 年第 1 期。
④ 张文显：《应将林业农垦等法院纳入国家司法体系》，《法制日报》2009 年 3 月 5 日。

受政治部领导的通知》，强调了军事法院接受军队内部政治部领导的定位。1991 年修订的《中国人民解放军政治工作条例》将军事审判工作列入军队政治二十项主要工作之一，军队政治机关与军队审判机关的关系被确定为指导与被指导的关系。其中，第十七条将总政治部行使的指导全军军事审判工作的职责规定为：拟制军事审判及检察工作的法规，指导中国人民解放军军事法院审判职权范围内的各类案件和最高人民法院授权或指定审判的各类案件，指导下级军事法院的审判工作等。

20 世纪 50 年代，宪法及相关组织法对军事司法机构的定位较为清晰，军法处及军事法院在编制上实施单独序列，为军事司法机构独立行使职权提供了一定的制度保障。但现行的军队法院的人事任命遵照现役军官的管理模式，执行《中华人民共和国现役军官法》和《中国人民解放军军官军衔条例》等军队法律和条令，《人民法院组织法》以及《法官法》所规定的任免程序并不获得适用。军事法院在人事任免及管理上的现状就与现行法院组织及法官的基础法律规定产生了明显的冲突。有研究者就指出，新世纪以来，旨在强化军事司法管理的一些举措，淡化了军队司法机构代表国家在军队行使审判权、检察权的这一定性，造成军事司法体制的紊乱；军事法院过于迎合军队中心工作，冲击了司法机构的法定职能，直接针对审判工作而实施的军事指导体制也妨碍了军队司法机构独立行使职权。[①]

（二）受案量不足产生的转型要求

案件波动的冲击以及受案量不足、不均等问题在多个专门法院系统有着强烈的体现。铁路法院改革前，铁路法院受案量不足的问题便引起关注。有记者调查显示：同为中级法院，上海铁路中院的受案数量却不及上海市一中院、二中院的 1/10，上海铁路运输检察分院直接提起公诉的案件，一年内仅为个位数；究其原因，就在于社会情势的变迁带来受案量的萎缩，以往历史阶段出现的"车匪路霸"案件、"沿线扒车"盗窃案件、"黄牛"倒票以及制贩假票案件在现阶段均大幅缩减。[②] 作为对铁路法院"吃不饱"

---

① 张建田：《军事法院组织法出台难的症结与对策》，《人民法院报》2015 年 11 月 25 日。
② 杨金志、黄安琪：《铁路司法："前世今生"》，2015 年 5 月 26 日，http://news.xinhuanet.com/2015－05/26/c_1115416220.htm，2016 年 4 月 26 日。

问题的初步解决，2012 年 7 月 2 日，最高人民法院通过《关于铁路运输法院案件管辖范围的若干规定》的司法解释，明确以指定管辖方式为铁路法院增加受案来源。一些地方为落实这一司法解释也采取了相应的措施。诸如，上海市高级人民法院指定上海铁路运输法院受理上海市的轨道交通案件、高架道路案件，四川省高院指定成都铁路运输法院受理成都市的城市轨道交通运输、民用航空运输以及绕城高速的相关合同及侵权民事案件。管辖的调整适用，表明调配现有案件存量和资源的尝试及努力，但仅仅从管辖方面进行调整显然是不够的。专门法院改革还要立足于法院建设理念新的转型，而新时期设立跨行政区划法院改革的提出，正适时地为专门法院的转型提供了新的思路和出路。

作为我国最早设立的专门法院，海事法院也遭遇受案不足的困扰。有研究者统计了 1984 年到 2004 年十家海事法院的受案情况，发现全国海事法院每名法官年均办案不足 9.7 件。[①] 2014 年《上海海事法院海事审判白皮书》的数据显示，该院 30 年来年均审案量约为 900 件，这一数字远不及上海普通中级人民法院的审案规模。最高人民法院在调研后发现，专门法院不仅面临着身份不明确、管理机制不顺畅的问题，在受案方面也出现了一些问题，即"审理案件的类型单一、数量较少，法官的素质提高受限，大量司法资源被闲置"。[②] 这些问题的存在使得扩充海事法院受案的要求显得十分迫切。为此，最高人民法院在 2001 年《关于海事法院受理案件范围的若干规定》的基础上，于 2015 年 12 月 28 日又通过了《关于海事法院受理案件范围的规定》，对 2001 年规定的 63 项海事法院受案类型再次进行大幅度增加，海洋及通海可航水域开发利用与环境保护相关纠纷案件也被吸纳其中，海事法院受理案件类型由此扩大到 108 项。经过以往的管辖调整之后，新的跨行政区划法院设计的理念及制度设计，必将对海事法院的改革带来新的机遇和新的变化，使其在国家整体法院改革布局中展现出新的风貌。

---

① 付荣：《中国海事法院：问题与出路——兼论其他专门法院》，《河北法学》2009 年第 5 期。
② 李敏：《专门法院的回归之路——访最高人民法院政治部相关负责人》，《中国审判》2012 年第 3 期。

二 专门法院系统转型的动向

跨行政区划法院是新时期改革着力设计及打造的新型法院机构，这一改革规划的提出，表明我国法院改革的新的动向。传统以铁路运输等法院为代表的带有跨行政区划性质的法院机构，在新的改革规划下面临着调整和转型。改革所针对的便是以往那种法院与行政机关相复合的状态，使之在形式上脱离传统行政区划的设定，在管理上也脱离行政机关的人事和财政控制。一连串的改革举动，展现了从司企脱钩到移交地方管理，再到跨行政区划设计的改革轨迹。设立新型法院的改革使跨行政区划的意义超越了以往管辖变动及调整的范围，在形式上及实质上都深化了我国法院组织体系的内涵和外延。

（一）从司企脱钩到地方管理

铁路运输法院系统自恢复以来，它的企业管理的身份便受到各方质疑，为此，国家在政策层面也启动了对此类法院的改革。1999年，最高人民法院在第一个五年改革纲要中就提出，要逐步改变铁路运输等有关专门法院由行政主管部门或者企业领导、管理的现状。尽管明确了改革思路，但是实际的改革实践因为利益的牵制并未有大的进展。铁路法院的改革在一段时间里主要依靠铁道部内部来推动。2003年12月18日，铁道部出台《关于推进铁路主辅分离辅业改制和再就业工作的指导意见》的文件，提出在济南、兰州、上海三地的铁路局，试点公检法、医院和学校等社会性、事业性单位与铁路系统相剥离。此后，中央层面对铁路法院改革的直接介入不断强化，各部门间的改革协同日益加强。2009年7月8日，中央编办发布《关于铁路公检法管理体制改革和核定政法机关编制的通知》，提出法院与企业分离并一次性整体纳入国家司法体系的改革思路，要求将铁路司法机构一次性地移交给驻在地的省、自治区、直辖市党委和省高级人民法院、省级人民检察院。2010年12月8日，最高法、最高检、中央编办、财政部、人力资源和社会保障部、铁道部联合颁发《关于铁路法院检察院管理体制改革若干问题的意见》，内容即是铁路法院、检察院转型改制的框架性方案，涉及改革当中的干部管理、人事任免、业务管辖、资产移交、经费保障等事项。伴随铁路法院移交工作的实际启动，法院部门也做好相应的接收和管理方面的协调工作。2011 年 8 月 7 日最高人民法院《关于推进铁路法院管理体制改革工作的意见》对铁路法院移交地方后的编制、人员过渡、用地用房、办案业务装备、移交流程等问题予以明确。此后直到 2012 年 7 月底，铁路法院全部移交完成，全国 17 个铁路运输中级法院和 58 个铁路运输法院实现了从企业管理向地方管理的转变。[①]

　　地理特性跨行政区划法院中其他几类法院的改革，则经历着进度不一的改革过程。油田法院的改制历程启动较早，从企业所属到移交地方的转变也较早。成立于 1979 年的"胜利油田中级人民法院"和"胜利油田人民法院"，在 1985 年便分别更名为"东营市中级人民法院"和"东营区人民法院"。2004 年 3 月 10 日国务院颁行的《关于中央企业分离办社会职能试点工作有关问题的通知》，对中国石油天然气集团公司等三家企业实施职能分离，改变原先那种企业办社会的做法，将油田法院从企业中一次性全部剥离，并根据属地管辖的原则移交给地方管理。森林法院的改革也在逐步提上日程，并经历了多次政策层面上的调整。[②]《人民法院第四个五年改革纲要（2014—2018）》强调要继续推动法院管理体制改革，提出要改革林业法院那种部门管理法院的体制，将其统一纳入国家司法体系。对于农垦法院的改革，当前还处在从政策筹划向实际操作的过渡阶段。2015 年 11 月 27日，中共中央、国务院颁发《关于进一步推进农垦改革发展的意见》，就深化农垦管理体制和经营机制改革作出部署，提出用三年左右时间剥离国有农场承担的社会管理和公共服务职能，推进国有农场公检法职能一次性移交地方政府管理。

（二）从地方管理再到跨行政区划

　　随着跨行政区划法院改革举措的提出，我国在政策层面已经初步形成了将以往专门法院纳入跨行政区划法院体系中予以定位和管理的规划。最

---

① 张舟逸：《解读铁路司法系统改革》，《南方都市报》2012 年 8 月 7 日。

② 其中就有《国务院办公厅关于解决森林公安及林业检法编制和经费问题的通知》（国办发〔2005〕42 号）和《中央机构编制委员会办公室关于为森林公安和林业法检机构核定政法专项编制等事项的通知》（中央编办发〔2007〕19 号）等文件，以及 2009 年 4 月国家林业局、最高人民法院、最高人民检察院颁发的《关于印发〈林业审判、检察体制改革实施意见〉的通知》等。

高人民法院《人民法院第四个五年改革纲要（2014—2018）》将建立与行政区划适当分离的司法管辖制度确定为全面深化人民法院改革诸任务中的首项，该项改革便涵盖了最高人民法院巡回法庭、知识产权法院、海事法院、林区法院、农垦法院、军事法院等相关法院机构的改革问题，也涵盖了行政案件管辖制度、环境资源案件管辖制度、公益诉讼管辖制度等案件管辖制度的调整。由此呈现出的改革动向便是以与行政区划分离的思路统领法院组织体系的改革，彰显法院机构设置的跨行政区划属性。

《人民法院第四个五年改革纲要（2014—2018）》中一个重要的改革思路就是将铁路运输法院改造为跨行政区划法院。这一法院不仅受理原铁路运输法院受理的民事、刑事案件，还要受理跨行政区划、重大行政、环境资源保护、企业破产、食品药品安全等易受地方因素影响的案件，以及跨行政区划人民检察院提起公诉的各类案件。因此，关于铁路法院的转型，未来的方向是在将其从企业中剥离的基础上，对它实施进一步的改造，使之转变为既独立于企业又独立于地方的法院机构。在中央设立跨行政区划司法机构的改革部署下，2014 年 12 月 28 日，被媒体称为我国首家跨行政区划法院的上海市第三中级人民法院正式揭牌成立，该法院直接依托上海铁路运输中级法院而设立，在试点阶段主要审理以市级人民政府为被告的一审行政案件，市级行政机关为上诉人或被上诉人的二审行政案件以及上海市人民检察院第三分院提起公诉的案件。[①] 紧接着，同月 30 日，北京市第四中级人民法院挂牌成立。作为设立跨行政区划法院改革中跨步更大的举措，北京市第四中级人民法院在管辖范围上较上海市第三中级人民法院更为扩大，除包括以本市范围内区县人民政府为被告的行政案件外，还包括了按照级别管辖标准，应由本市中级人民法院管辖的金融借款合同纠纷案件、保险纠纷案件、涉外及涉港澳台的商事案件，跨地区的重大环境资源保护案件、重大食品药品安全案件。两个跨行政区划法院的设立，使政策层面对跨行政区划法院的规划变成了现实，铁路运输法院改革及转型的导向和思路也由此获得进一步的明确。

按照对原有的铁路运输法院加以改革转型的指导方针，甘肃、陕西、云南等省的高级法院先后出台了指定铁路运输法院对行政案件、环境资源

---

① 李万祥：《我国首家跨行政区划人民法院成立》，《经济日报》2014 年 12 月 29 日。

案件开展跨行政规划集中管辖的文件。这些规定明确了实施集中管辖的案件类型，包括铁路运输法院集中受理一些地区基层法院所受理的行政诉讼案件和环境资源案件，铁路运输中级法院集中受理一些地区中级法院所受理的行政诉讼案件和环境资源案件。跨行政区划集中管辖试点改革的另一重要突破，便是在实行行政案件以及环境资源案件集中管辖的法院，与原承担相关审判的法院之间，确立了对行政诉讼案件的并行管辖权。甘肃省、陕西省两地的指定集中管辖的方案，都赋予当事人选择管辖的权利，允许当事人既可向当地法院起诉，也可向原管辖法院提起诉讼。而随着跨行政区划理念及实践的推广，集中管辖的试点已经不限于铁路运输法院系统，而扩展到普通法院系统。2016 年 7 月 20 日发布的《云南省高级人民法院关于我省部分法院跨行政区划集中管辖行政案件试点工作公告》除在铁路运输法院试行行政案件集中管辖外，还在楚雄、曲靖、普洱等市的 29 个区县，实行指定地法院集中管辖行政案件。这些新近的改革都表明，由铁路运输法院转型所触发的跨行政区划改革已经呈现渐次铺开的态势。

铁路运输法院向跨行政区划法院的转型已经进入实践操作层面，海事法院等专门法院在跨行政区划案件审理方面的功能拓展，也开始为理论及实务界所关注。海事法院的改革呼吁，和环境司法专门化的思路相结合，推动海事法院在拓展受案进程中发展出新的定位。[1] 2006 年 11 月 9 日《最高人民法院关于海事审判工作发展的若干意见》中就提出：要调整、扩充海事法院的管辖范围，通过对陆源污染海域及通海可航水域案件行使管辖，发挥海事法院跨行政区域设置的优势，打破此类实行严格地域管辖的模式，加强对这部分案件的公正审理力度。此外，该意见还提出要研究探索海事法院审理海事行政案件的问题。对林区法院等传统的专门法院机构，研究者亦提出要将之改造成跨行政区划的环境法院，通过在受案范围、管辖区域方面进行调适，充分利用林区法院的跨行政区划的性质，改进对专业性较强的环境诉讼的案件审理。[2]

---

[1] 王显松：《论环境司法专门化在海事法院的实践路径——兼论海事法院专门法院功能的重新定位》，《中国海商法研究》2016 年第 3 期。

[2] 杨帆、黄斌：《试论我国林区法院的设置改革》，《法律适用》2011 年第 7 期。

第三章　跨行政区划法院试点 改革的国内实践

我国当前的法院建制及体制架构是我国司法传统延续及发展的表现和结果。从清末立宪改制以来，司法与行政形式分离的体制架构以及司法组织机构适应地方情况加以设置的做法，便在各历史阶段不断得到传承和发展，相关的历史溯源便成为观察近代中国法院体制不可缺少的背景。历史过往的革新探索和经验教训，无疑对我们探讨及研究当下中国跨行政区划法院的设置，具有重要的启示意义和借鉴价值。放到历史演变进程中，对新时期跨行政区划法院改革进行审视，便有助于明确相关改革突破传统路径演变的意义。尤其是在司法体制改革力度不断加大的今天，改革的推进要着力破除制度演进中的路径依赖，纠正传统改革中的循环往复，真正通过地方试点和实践探索，使变革不仅触及形式，而且切中实质，从而做到变有所得、变有所成，实现变中有进、变中取新。

第一节　跨行政区划法院试点改革的历史镜鉴

清末立宪改革开启了我国新式法院建设的历史征程，围绕法院体制及组织机构设置，相关的改革努力在传统环境及条件下走过了多个阶段的探索历程。这个过程中，以县知事兼理司法为内容的传统司法模式与清末立宪以来的新式法院模式相并行，互为消长，反映出传统沿袭、司法改革努力与客观环境限制之间的张力。清末预备立宪以来，初步确立了分院制的法院机构设置模式，这一模式在民国时期得到传承，并对中华人民共和国成立初期的法院体制产生影响，反映出在法院体制上传统及路径演进的历史影响。但以中国共产党早期的司法开拓为开端，对巡回审判的重视和大力推广，以及面向基层和乡村的人民法庭建设运动轰轰烈烈地展开，使我国的司法体制建设展现出新的发展及演变走向，我国的司法组织发展也由此表现出顶层规划与底层动员的复合特征。

一 清末的司法革新

我国对于现代化司法体系的探索开始于清末，清政府在内外交困中不得已走向预备立宪道路，组建新式司法机构便成为清末立宪改革的重要组成部分。清末新式司法不仅出现了司法与行政相分离的制度尝试，更以《法院编制法》及《司法区域分划暂行章程》（以下简称《分划章程》）的颁布为标志，直接提出了司法区域的设计及划分。[1] 改革经历了天津试点，而后各直省省城商埠试行，继而全国范围展开的步骤。[2] 创设审判庭的试点首先落在了天津，光绪三十二年（1906 年）十月，遵照《大理院奏审判权限厘定办法折》中对日本区裁判所等建制经验的参考，制成了《天津府属审判厅试办章程》。其中规定，在天津府城及其下的县城分别设立高等审判分厅和地方审判厅，而在县以下根据巡警区域设立乡谳局。参考《天津府属审判厅试办章程》及天津的这一试点实践，光绪三十三年（1907 年），法部制定实施了《各级审判厅试办章程》，明确了初级审判厅、地方审判厅、高等审判厅、大理院的审判组织架构，并规定各级审判厅的管辖区域暂时依照各巡警分厅所辖区域予以划定。

宣统元年（1909 年）颁行的《法院编制法》明确了司法区的分划及变更要遵循法定准则。《分划章程》也作为其附随的暂行章程之一，同时颁行。此时，因进一步运用司法区的概念，司法区域的划分被赋予专门的审视和设计，司法区设置表现出不附着于行政衙门而设定的、较大的灵活性，其独立性意义较为浓厚。此时，由初级审判厅、地方审判厅、高等审判厅、大理院构成的审判机构体系正式确立，这些机构按照全国、省辖境、直省府和直隶州、州县相对应的方法设立。《分划章程》另外所设计的大理分院、高等审判分厅、地方审判分厅等分支性的审判机构，其管辖区域的划分则并未遵循行政区划的定式。清廷《法院编制法》第四十条允许"各省因距京较远或交通不便，得于该省高等审判厅内设大理分院"，提出的理由

---

① 赵兴洪、何平：《清末司法区域划分实践及其启示》，《湖北社会科学》2015 年第 9 期。
② 李启成：《晚清各级审判厅研究》，北京大学出版社，2004，第 58 页。

就是通勤带来的困难。

大理分院的设计因革命的爆发而未得实施，但相关的立法努力为构筑现代化的、合理的现代司法体系进行了有益的探索。宣统三年（1911 年）的《大理院正卿定成等奏请提前筹议大理分院事宜折》就指出，对于边远省份案件，不区分情况全部提至京师审理，存在增加诉累、不利审判的问题，因此设立分院势在必行；该折于是建议："拟请于甘肃省设一分院，以陕西、新疆属之；四川省设一分院，而驻藏大臣辖境属之。此外云贵合设一分院，两广合设一分院，仍就总督辖境以为管辖，俟司法区域另行划分之后，再行随时酌量变更。"①

对于高等审判分厅，《法院编制法》同样有可依交通不便情形而设立的规定，而《分划章程》第二条第二项也规定"有总督、巡抚及边疆大员驻所并距省会辽远之繁盛商埠，得设高等审判分厅"，此种机构显然并不严格对应地方行政机构的设置。至于地方审判分厅的设置，也是不拘定格，较为务实。《分划章程》第五条规定，设置于顺天府各州、县及直省各厅、州、县的地方审判分厅，可根据案件数量的多少以及所在区域的位置，予以灵活的合并设置或缩减设置，即"其词讼简少者，得合邻近州、县共设一分厅；其距府、直隶州最近者，即由该府、直隶州地方审判厅或分厅管辖之，不另设地方审判分厅"。

最后，对初级审判厅的设置，初期规划拟在全国各州县实行四区制，即"取全国各县划分为四区，每区设一裁判所，名曰区裁判所"。② 但这一设计并未得到实际施行，之后则沿用了早期试点的经验，即在各州县地域里依照巡警区域设置。但也有例外，即《分划章程》第八条所规定的："顺天府及直省得酌择著名繁盛乡镇，设初级审判厅若干所。"

清末司法改革受时局所限，对传统体制并未产生实质改动，但在具体制度设计的诸多方面表现出较为务实及超前的闪光点，尤其是通过法律筹划司法区域的做法，展现了清末立宪人物对推动司法现代化进程的贡献。《分划章程》将司法区域作为专门事务加以提出并予以筹划，对司法区划展开灵活的设计，并对司法区划的确定提出了初步的处理流程，同时，对审

① 故宫博物院明清档案部：《清末筹备立宪档案史料（下）》，中华书局，1979，第889页。
② 故宫博物院明清档案部：《清末筹备立宪档案史料（下）》，中华书局，1979，第379页。

判机构分厅的设计，也彰显了贴近实际、不拘定式的思想理念。这些改革试行的足迹，作为先期的历史探索，给后来国民政府司法体系以及之后的司法制度传承都带来了深远的影响，成为近代以来我国法院体制演进的重要历史渊源。

二 民国时期的新式法院建设

南京临时政府的成立，开创了司法组织机构设置及司法制度发展的新阶段。但新的司法建设理念受制于当时的政治和社会环境，并未有足够的机会得到施行，军阀势力的发展及国内混战的局面，使相关法院机构的设置多停留在纸面上。尽管如此，在国内开明人士的推动下，法院组织法在形式上得到发展，新式法院的设置有所增加，《东省特别区域法院编制条例》的颁布，反映了当时对国外法院建设经验的汲取，这些都为法院组织设置进一步的法定化、系统化奠定了基础。到国民政府时期，司法立法的观念及实践不断强化，相关法规传承以往的做法，不断增进法院组织的体系化，针对租借、边疆等特殊区域，推行了带有适应性的法院组织机构设置。

（一） 南京临时政府时期的法院设置

辛亥革命掀开了中国历史的新篇章，之后的南京临时政府在短短的约三个月时间里，虽来不及对司法体系进行全面设计及改革，但在清末司法改革成果的基础上，设想并着手筹建三权分立的国家政治结构，并颁布了一些跟司法有关的法规。1912 年 1 月 30 日的《中华民国临时组织法草案》规定了法司作为法官审判机构，明确了若干组织原则，包括机构编制及法官资格法定原则、法官职业保障原则、民刑与行政法院系统分开原则、法司审判公开原则等。同年 4 月 26 日参议院通过的《司法部官职条例》，将法院设置、废止及相关管辖区域事项归为司法部承政厅掌理的事务范围。

关于审判机构的设置，1912 年 1 月 2 日公布的《修正中华民国临时政府组织大纲》在第六条中规定："临时大总统得参议院之同意，有设立临时中央审判所之权。" 3 月 11 日公布的《中华民国临时约法》延续并发展了《中华民国临时组织法草案》中 "法司以临时大总统任命之法官组织之" 的规定，在第四十八条中进一步加以改变："法院以临时大总统及司法总长分别任命之法官组织之，法官之任命及法官之资格，以法律定之。"为筹办中央司法机关，当时的司法部着手起草《临时中央裁判所官制令草案》，随着革命形势的变化，该案并未完成立法程序。[①] 关于地方司法机构建设，临时政府发布《司法部咨各都督调查裁判检察厅及监狱文》，要求各地方尽快仿照新制，设立及完善新式司法机构系统。

可以看出，南京临时政府力图按照新的政治方案推进司法系统建设，但在短时间内，司法改进无法全面推开。临时政府对司法系统的筹划，不仅重视审判与其他部门的分立，同时，法院设置及司法区划还能够作为一个独立的、专门的问题予以审视，展现了在司法机构建设上对司法独立的理念和立场的移植及贯彻。这些都使得清末立宪以来的司法革新成果得到一定程度的保存，并在新的政治基础上获得拓展。

（二）北洋军阀时期的新式法院建设

民国初期，新式法院获得较大发展，但随着袁世凯篡夺革命果实，新式法院建设遭遇较为严重的历史波折。1912 年 3 月 15 日，袁世凯政府公布《中华民国暂行法院编制法》，内容上延续了 1909 年的《法院编制法》，确立了包括初级审判厅、地方审判厅、高等审判厅、大理院在内的四级三审制的审判组织架构。尤其是就分院制规定，在边远地区或边远省份，设立大理分院作为最高审判机构的分支机构，分院设于当地高等审判厅，就地审理终审案件。高等审判厅基于地域广阔及其他原因，可设立高等审判分厅。除此之外，1914 年 9 月 24 日，司法部公布的《高等分庭暂行条例》，允许因路途远、交通不便等原因，在道署所在地设立高等审判分庭。次年 1 月 22 日公布的《高等分庭管辖权限暂行条例》规定高等分庭管辖区域与所在地道区域相同，高等分庭被赋予了几乎与"高等分厅"范围相同的案件审理的权力。袁世凯之后的北洋政府沿袭了之前的军政及司法制度，包括四级三审制，以及行政审判与普通审判事务分开等。但整个北洋政府时期，虽然法律对法院设置作出了较为系统的规定，但在实际执行中，法规所设定的法院体系多停留在纸面上。在法院设置过程中，往往大中城市才设有

[①] 欧阳湘：《近代中国法院普设研究——以广东为个案的历史考察》，知识产权出版社，2007，第 58 页。

地方审判庭，其他地方照行县知事等行政官员兼理司法。① 特别是随着集权统治的膨胀，民国初年以来的新式法院屡遭整顿裁撤。

新式法院与传统的封建集权多有抵牾，针对新式法院，也出现了各种攻击。对于这些，时任司法总长章宗祥予以驳斥，并提出审、检两厅改革办法六条，对新式法院设立予以坚持。其中就有"各省已设之高等审检分厅，除系距省较远，或诉讼较繁者，一律仍旧外，其有应行裁并者，由部随时办理，至重要地方，应设高等分厅，尚未成立者，仍应陆续筹设"。② 在梁启超、王宠惠等司法改革力量的争取下，新式法院尽管遭裁撤较多，但仍有一些获得保留。1912 年 12 月 15 日的第 3 号《司法公报》表明，已设立的高等审判分厅及地方审判分厅为十五所。③ 此后，分庭机构亦在形式上发生变动，并向地方扩展。1916 年 2 月修正的《法院编制法》又删除关于初级审判厅、初级检察厅的规定，改设地方分庭，用以管辖初级案件。④

袁世凯帝制野心失败之后，1916 年 11 月第二次全国司法会议中提出的"议请各省旧府治宜增设地方厅各县设地方分庭案"，试图延续 1916 年《法院编制法》的修正内容，即仿照日本地方裁判所支部的做法，在县市增设地方分厅。⑤ 但基于当时中国军阀四起的情势，加之财政匮乏，普设司法机构的努力并不如意，司法建设随之又回复到新式法院与县行政兼理司法并存的状态。1917 年 4 月 22 日公布实施的《暂行各县地方分庭组织法》，规定各县分庭的管辖区域与各县行政管辖区域相同，在未设立地方分庭的县，审判机构为县司法公署。1917 年 5 月 1 日颁行的《县司法公署组织章程》，规定司法公署设置于县行政公署，县知事负责检举、缉捕及执行等事项，对于因特殊情形无法设立司法公署的地方，仍由县知事兼理司法事务。

自清末以来，一直存在着争取收回领事裁判权的外交努力。到北洋政府时期，政府及民间为争回法权而要求推广设立新式法院的呼声日益强烈。当时的财政、司法两部拟定了添设法院新监并分年筹备表，其中第一期筹

① 徐矛：《中华民国政治制度史》，上海人民出版社，1992，第 132 页。
② 许国英：《民国十周纪事本末》，大东图书公司，1977，第 241 页。
③ 江照信：《民国司法志：解读先由数字始》，徐昕主编《司法》（第 7 辑），厦门大学出版社，2012，第 269 页。
④ 罗志渊：《近代中国法制演变研究》，"国立"政治大学出版社，1976，第 405~406 页。
⑤ 吴永明：《民国前期新式法院建设述略》，《民国档案》2004 年第 2 期。

划步骤就是在 1920～1924 年，筹设各省在旧道设立高等分厅，并在旧府设立地方审检厅。[①] 经过争取治外法权的努力，到 1926 年，各省新式法院得到一定程度的恢复和增长，其中，就包括设立高等分厅达二十七所，地方分庭达二十一所。[②]

世界形势的变化，也影响到当时中国的法院机构设置。俄国十月革命之后，苏俄宣布废止旧有的领事裁判权条约，1896 年以来中俄合同约定管理的中东铁路，及其设定的针对中东铁路沿线诉讼的管辖权也一并交还中国。围绕中东铁路沿线的司法受案，包括中俄居民间诉讼及俄人间的诉讼，当时的北京政府设立了东省特区司法系统予以专门处理。1920 年 10 月 31 日，北京政府公布的《东省特别区域法院编制条例》，依照东省铁路线分布划定特别司法区域；规定在哈尔滨设立高等审判厅及地方审判厅各一所，并设置地方分庭用以处理铁路沿线的诉讼，分庭设置地点由司法部令确定；而三类司法机构的管辖区域也由司法部令确定；地方分厅亦可设立简易庭，用于受理第一审案件，其管辖区域与地方分庭相同；"地方审判厅对于铁路沿线管辖之地方案件得用巡回裁判制度"，对于地方审判厅管辖的一审案件及二审案件，采取巡回的方式予以审理。当时所设置的六个分庭，管辖区域综合采用了警察片区、车站站点以及地理特征物等因素，而审判方式则采用巡回审判，与当时中国其他地区的审判不同。1921 年 2 月 3 日公布的司法部令进一步明确了东省特区法院的管辖对象，即该法院专门审理外国人之间以及外国人与华人之间的诉讼，而华人间诉讼仍归兼理司法的县知事官员受理。

（三）国民政府时期的法院设置

随着国民党党政及军事组织体系的确立及巩固，法院机构作为政治机构体系的重要环节也得到了重视和推广。这一时期，通过相关专门立法及实施条例，法院机构的法定性、正式性、系统性得到形式上的明确。同时，传统的跨省及跨县市的分院机构得到了制度上的传承，针对当时的租借地

---

① 司法部公报厅：《司法公报》第 23 册，国家图书馆出版社，2011，第 341 页。
② 调查治外法权委员会：附录四"中国新式法院地点及法官员缺一览表"，《英汉对照调查治外法权委员会报告书》，1926，第 271 页。

区，国民政府以法令的方式予以变通处理，创造了适用于特殊区域的新型法院组织形式，对边疆地区特殊情况的考量，也推动了分院制做法的延续，同时，与分院制组织设置相配合，还产生了巡回审判等新的应对方法。南京国民政府在整体上推动了法院组织的体系化发展，但是相关的司法组织建设并不均衡，在新式法院未普及的地方，县知事兼理司法的做法依然表明传统司法模式的沿袭和影响。

1. 广州和武汉国民政府时期的法院机构设置

出于对苏联制度的效仿，以及对"以党治国""以党建国"理念的贯彻，广州国民政府通过的《中华民国国民政府组织法》和《国民政府成立宣言》，确立了以国民党中央执行委员会为最高权力机构，由它派生立法、行政、司法等国家机构议行合一的政治架构。在这种政治观念之下，立法、行政、司法均非独立，并且不设分支机构，以此来避免国家权力的分散或分立。① 在司法党化和司法革命化观念的影响下，国民党中央政治会议于1926 年 9 月制定《改造司法说明书》，决定设立改造司法制度委员会，力图推进旧式司法向革命司法的转变，并致力于形成政党直接参与的司法组织和司法制度。

武汉国民政府继续推行司法的党化和革命化，先后颁行了《新司法制度》《改造司法法规审查委员会组织条例》《参审陪审条例》《新法制实施条例》等法规条例。《新司法制度》规定法官应至少具备国民党名誉党员身份，以此强化了国民党对司法的直接控制，构筑了党权指导及监督下司法与行政严格分开以及司法执行党令的体制。1927 年 3 月 25 日发布的《司法行政计划及政策》，进一步强化了实行党化、革命化司法的司法政策，要求司法权从军阀官僚及封建势力手中解放出来，成为维护工农利益的工具。

在革命化司法政策的主导下，广州和武汉国民政府在司法体制方面形成不同于以往的一些特点，包括正式启用法院的名称，以取代原来的审判厅名称；审级制改为二级二审制，最高法院、控诉法院属中央法院，其中，最高法院设立于国民政府所在地，并在一些省份酌设分院，控诉法院设立于各省省城；在县市设县市法院，在镇或乡村设人民法院，县市法院可结合诉讼发达情况，跨二、三县设置。当时的设计意在防范以往四级三审制

① 谢振民：《中华民国立法史》（上册），中国政法大学出版社，2000，第 210 页。

出现的诉讼拖延及案件积压，提高案件处理效率，设置于镇及乡村的人民法院，也旨在就近处理，减少诉累。① 在法律对地方法院的设计之外，一些省还就县域法院设置予以具体的规定。1926 年 10 月，湖北政务委员会颁布了《湖北临时县司法委员会组织条例》，在未能设立法院的县，采取设立司法委员会公署的办法，要求司法委员不受行政权力干涉，而独立行使审判权。此外，1927 年 3 月 25 日，国民党二届二中全会还通过了《湖北省审判土豪劣绅委员会暂行条例》，并在同年 4 月 24 号成立湖北省审判土豪劣绅委员会，该机构遂成为当时条件下特殊类型的司法机构。

革命形势的发展，应对租界及其周边诉讼案件的问题日益凸显。为应对公共租界外侨众多情况下的案件审理问题，1927 年 3 月 7 日，国民政府向国民党二届三中全会提出《特别区法院组织条例》。该条例规定在特别区及其邻近地方可设立特别区法院，并可视适当情况附带设立其上诉机构——特别区控诉法院。特别区法院管辖的范围包括了特别区内、原有租界内的涉外民事、刑事诉讼案件，也包括了以上两区域临近地方所属的市县法院及人民法院管辖的涉外案件，以及未设新法院的临近各县的涉外案件。两类特别区可视事务繁简，设立民、刑事审判庭；配备审判官三至六人，审判官的资质为富有法律知识和经验，曾在本国及外国法律专业毕业，以及精通一种外语；法院内设翻译员、司法警察、承发吏、法医若干人。

2. 南京国民政府时期的法院组织建设

从 1927 年 4 月南京国民政府成立，到 1928 年 10 月《中华民国国民政府组织法》颁行的这段时间，司法组织体系在主体上沿用了北洋时期的《暂行法院编制法》，同时也继承了广州、武汉政府时期的一些做法。随着 1928 年《中华民国国民政府组织法》及其后《中华民国训政时期约法》的实施，司法组织建设获得全面展开。此外，出于争取领事裁判权的目的，司法组织系统同时得到扩充和健全。

1928 年 10 月 3 日通过的《中华民国国民政府组织法》体现了孙中山的五权宪法思想，创制了以国民大会为最高权力机构，司法与立法、行政、考试、监察相并立，及司法作为一个独立系统进行运作的政治架构。1932 年 10 月 28 日，国民政府公布《法院组织法》，效仿法国的经验，确立了以

---

① 袁继成等主编《中华民国政治制度史》，湖北人民出版社，1991，第 183 页。

地方法院、高等法院及最高法院为构成的三级三审制的法院体制。1932 年
《法院组织法》明确了法院设置及其管辖区域划分的法定原则，即第七条所
定"法院之设立废止及管辖区域之割分或变更以法律定之"；而后，还规定
了较为灵活的法院设置办法，即对于高等法院及地方法院，可根据地域广
阔的情况设立分院机构，在县市地域狭小的地方，地方法院也可统辖多个
县市。此外，该法还规定了临时开庭办法，高等法院或地方法院认为必要
时，可在未设分院的地点临时开庭审理案件，其审理人员可以从本院指派，
也可从下级法院充任。南京国民政府 1932 年《法院组织法》所推行之高等
法院、地方法院及分院体制，并不遵循行政区的划分。诸如，南京国民政
府湖北省高等法院第六分院（1948 年改称湖北高等法院黄冈分院），管辖地
区为黄冈、麻城、罗田等县在内的鄂东地区，而黄冈地方法院也设置有浠
水分院、武穴分院。①

　　但是，在更为广阔的未设立新式法院的地方，自北洋政府时期便施行
的县司法处办理司法、县知事兼理司法的做法，得到较为普遍的继承。南
京国民政府按照先普及司法处、再普设法院的规划，于 1936 年颁行了《县
司法处组织条例》。县司法处虽有一定的独立性，但与县政府有诸多关联，
包括设置地点、司法经费、雇佣身份以及党政关系等方面，事实处于半司
法半行政的组织状态。② 除这种司法与行政混杂的机构类型外，国民政府还
存在军事与司法相混杂的机构类型。1929 年 9 月国民政府立法院通过的
《陆海空军审判条例》，以及 1938 年 5 月国民政府中央军事委员会通过的
《县长及地方行政长官兼理军法暂行办法》，分别成立了军事性的审判机构、
兼理军法性的司法机构等特殊类型的司法机构，前者允许在战争状态下赋
予军事长官对平民的刑事审判权和执行权，后者则允许县长及地方行政长
官审理部分军人犯罪，这些都反映出当时司法体制的混杂状态。

　　南京国民政府还设立了一些专门法院机构，其中一些由参考国外做法
而来。诸如，南京国民政府先后制定颁行了《海上捕获条例》及《捕获法
院条例》，着力规范在敌国作战期间商船所进行的临时搜索及违禁品查获行

---

① 付海晏：《南京国民政府时期县司法组织的制度变迁——以鄂东为个案的历史透视》，章开
　　沅、朱英编《近代史学刊》，华中师范大学出版社，2010，第 180 页。
② 张晋藩：《中国司法制度史》，人民法院出版社，2004，第 529 页。

动，根据这些法规，国民政府在沿海口岸及中央机构设立了地方捕获法院和高等捕获法院。① 另外一些则出于镇压及审理政治犯的需要，审判组织形式及审判程序常根据政治形势和政治需要而设。诸如，国民政府通过 1948 年 4 月的《特别刑事法庭组织条例》《特别刑事法庭审判条例》，在南京及司法行政部指定的其他地点设立高等特种刑事法庭，审理与国家安全有关的军事案件、政治案件及特别治安案件。这些法庭在审理期间、审理程序等方面均与普通法院不同。

总体而言，南京国民政府所采用分院制的审判机构设置，沿用了清末立宪改革中的司法建设举措，表现出近代以来司法体制及其司法理念的因袭。1932 年《法院组织法》与 1910 年颁行的《法院编制法》出于同样的理由，即因为地域辽阔、交通不便而设立分院式的机构。对于司法管辖区域，两项立法都予以专门的审视和规划，都明确了司法区域法定的原则。在司法区域的管理上，都赋予司法行政机构一定的管理权限，诸如，1910 年的《法院编制法》第一条、第九条便有相关司法区域管理流程方面的规定，1928 年《中华民国国民政府组织法》亦授予司法院四个厅分别行使与审判相关的司法管理事务权，其中第四厅负责法院组织之筹划调整。

3. 边疆法院体制的特殊设计

自清末立宪以来，边疆地区一直都是司法组织建设的特殊适用区域。南京国民政府成立之初，出现了为应对边疆情况而筹划设立最高法院分院的声音。蔡元培于 1928 年夏提出《提议最高法院酌设分院案》，认为在幅员广袤的国土条件下，距离首都较远及交通不便利的省区，应当设置最高法院分院，以避免出现北京政府时期大理院审案大量积压，以致每两三年需专门清理的现象，最终达到减轻百姓诉累，消除审理延迟的目的。蔡元培主张在北京以大理院旧址为基础建造分院新址，在边疆地区则根据财力分期陆续筹设相应分院机构，提案中对此进行设计："拟于北平设最高法院第一分院，甘肃省治设最高法院第二分院，四川省治设最高法院第三分院，云南省治设最高法院第四分院。"② 但此后，分院制在法律上却又经裁撤，1932 年 10 月公布的《法院组织法》，删除了分院制的规定。在之后的 1935

---

① 徐矛：《中华民国政治制度史》，上海人民出版社，1992，第 261～262 页。
② 蔡元培：《蔡元培政治论著选》，河北人民出版社，1985，第 317～318 页。

年国民政府全国司法会议上，青海高院院长曹文焕等人又提出简置最高法院西北分庭的办法，来受理西北各省诉讼之终审案件。①

国民政府时期，西方司法组织建设的做法，诸如巡回审判方法，获得进一步的了解和借鉴，并被用于边疆地区的司法机构设置。"彼外国之巡回审判制，虽难通行于我国，然此际自无妨略师其意。"② 这种借鉴并非只停留在设想层面，一些地方已开始实际试行巡回审判。例如，1928 年 6 月 2 日，当时的司法部以第 1720 号指令颁行《甘肃试办巡回审判章程》，作为在甘肃地区试行巡回审判的基础法规。1930 年，国民政府蒙古会议通过《改进蒙古司法办法大纲》，其中第八条即规定在蒙古游牧地方可视情形采用巡回审判制度。

到抗战爆发，国民政府辖区大量失陷，再加上财力拮据，边疆地区司法机构更难以保全。当时政府适应于战争环境国土沦陷的情况，制定了《战区巡回审判办法》等文件，在湖北、广东等九省先后实施。抗战结束后，虽相关条例被废止，但设置巡回法院的主张得到一定程度的保留，并适用于边疆司法组织建设。1947 年司法行政检讨会议上就有代表提出，要在边远省份设置巡回法院。会议对此予以提点："请制定边省或交通不便之地方富有弹性之巡回审判法规。"③

因受时局及财政的严重制约，国民政府针对蒙藏等边疆地区的司法组织建设，大多还停留在法规制定及政策规划层面，相关设想实际并未得到真正实施。但是，针对边疆地区的法院组织的相关设想及努力促成了对清末以来司法革新做法的传承和沿袭，同时还激发了向西方借鉴及学习的尝试，助推了新式法院组织在中国的试验及推广。

三　中国共产党早期的司法开拓

中国共产党在施政的早期便确立了议行合一的政治组织架构，司法机构作为该架构的重要组成部分而受到重视。早期革命战争时期的司法建制

① 李光和：《南京国民政府时期边疆地区的司法改革及特殊政策论析》，《中国边疆史地研究》2012 年第 1 期。
② 立法院秘书处：《修正法院组织法原则》，《立法专刊》第 7 辑，民智书局，1932，第 2 页。
③ 司法行政部：《边远省份拟请推行巡回审判制度以便利诉讼当事人案》，《全国司法行政检讨会议汇编》，1947，第 346 页。

遂成为后来我国社会主义法制体系的来源。在司法组织设计及推行之初，中国共产党便强调及推行了巡回法庭的设置，使之作为便利群众诉讼及开展政治动员的主要形式。此后，在陕甘宁边区时期，随着对马锡五审判方式及经验的推广，巡回审判的工作方式在边区及各根据地得到广泛应用。法庭建设运动随后也广泛应用到解放区时期各地开展的土地改革运动中，人民法庭成为贯彻经济及社会改造方针的重要组织手段。中国共产党早期的司法建设更加注重农村及基层的法庭建设，并且形成了巡回法庭的建制传统，这一传统一直发展及延续至今。

（一）中华苏维埃时期的司法组织建设

中华苏维埃共和国确立了"议行合一"的司法体制，即在中央人民委员会设立司法人民委员会部，掌管司法机关设置、司法人员任命以及法制宣传等任务。而最高司法机构也隶属于中央执行委员会，即《中华苏维埃共和国中央苏维埃组织法》所规定的"为保障中华苏维埃共和国革命法律的效力，在中央执行委员会之下，设立最高法院"。苏维埃司法的探索，遂成为之后社会主义法制的源头。①

1931 年 12 月 13 日中央执行委员会非常会议通过了《处理反革命案件和建立司法机关的暂行程序》。这一训令提出建立革命秩序的目标，明确要求一切反革命案件的审理权都归司法机关；要求苏维埃司法机关切实保障革命群众的生命权利和法律上应有的权利；对地方司法机关建设，提出在未设立司法机关之前，在省县区三级设立裁判部，作为审理民刑事案件及反革命案件的临时司法机构。1932 年 2 月 1 日中央执行委员会第 3 号命令颁布的《中华苏维埃共和国军事裁判所暂行组织条例》，明确了初级军事裁判所、阵地初级军事裁判所、高级军事裁判所、最高军事裁判会议四种类型的军事裁判组织体系，初级军事裁判所和阵地初级军事裁判所设置于红军军事师部或指挥部内，高级军事裁判所设在中央革命军事委员会内，最高军事裁判会议设在最高法院内。《中华苏维埃共和国军事裁判所暂行组织条例》第二十三条也就审理地点作出灵活规定："审判的时候，不一定在军

---

① 杨才丹：《中华苏维埃法制的形成及其特点》，《江西大学学报》（社会科学版）1982 年第 3 期。

事裁判所的所在地审判，可到军队所在地及犯法者的工作地点去审判。"

1932 年 6 月 9 日颁布的《裁判部的暂行组织及裁判条例》①，明确裁判部为法院未设立之前的临时司法机关，要求在城市、区、县、省等各级政府内设置裁判部和裁判科作为裁判组织机构。下级裁判部隶属于上级裁判部，并受同级政府主席团指导，审判方面受临时最高法庭节制，司法行政方面则接受中央司法人民委员会部的指导。除规定按照省市区的建制设置裁判部机构外，允许在各级裁判部内组织民事及刑事法庭，以及根据实际情况设置巡回法庭。其中涉及组织巡回法庭的规定为第十二条："各级裁判部可以组织巡回法庭，到出事地点去审判比较有重要意义的案件以吸收广大的群众来参加旁听。"巡回法庭的设置意在方便群众诉讼，以及通过吸收群众听审，起到教育群众的效果。② 从实践效果来看，巡回法庭起到了打破审判秘密化，加强司法同群众的联系，以及进一步推进司法公开的作用。③

1934 年 4 月 8 日《中华苏维埃共和国司法程序》颁布，授予肃反委员会审讯及判决权力，而裁判体制变为两级终审。这一时期的司法组织建设适应于国内战争环境及反革命斗争形势，呈现出鲜明的革命时期色彩。司法组织具有一定程度的军事组织的性质，集合了捉拿、审讯及执行的权力。随着军事斗争的迫切性增强，审判组织也依照地域管理向地方基层机构扩大，司法权能也跟随军事斗争需要而进行相应的变化。新法规废除了区不经上级同意不得抓人的规定，使审判及执行权扩展到肃反委员会机构，赋予地方保卫局对敌方侦探、反革命的豪绅地主可不经审判直接处置的权力，规定紧急情况得剥夺上诉权等。

（二）陕甘宁时期的法院组织建设

1937 年 3 月，按照抗日民族统一战线的方针，陕甘宁苏区改为陕甘宁特区（之后不久改为陕甘宁边区），边区体制从形式上接受国民政府领导。

---

① 厦门大学法律系：《中华苏维埃共和国法律文件选编》，江西人民出版社，1984，第 389～394 页。
② 张友南、罗志坚：《独具特色的中华苏维埃共和国司法机关》，《党史文苑》2010 年第 9 期。
③ 李宜霞、杨昂：《梁柏台与中华苏维埃共和国司法制度之建设》，《中共中央党校学报》2004 年第 3 期。

边区司法体制一方面按照统一战线的方针，在政权构成及其制度形式的某些方面与国民政府相衔接；另一方面，继承和发展了中华苏维埃司法体制当中"议行合一"的原则和内容，形成了特殊时期边区法院设置上的"政治上合一、业务上独立"的状态。1943 年 4 月颁行的《陕甘宁边区政纪总则草案》确立了各级参议会为最高权力机关，参议会闭会期间边区政府为最高权力机关的政制架构模式。边区法院便成为在国民政府最高法院形式管辖之下，由边区参议院赋权，并受边区政府领导的司法机构。1939 年 4 月 4 日颁布的《陕甘宁边区高等法院组织条例》对边区高等法院的定位是"受中央最高法院之管辖，边区参议会之监督，边区政府之领导"，但"边区高等法院独立行使其司法职权"。

边区政府通过相应法院组织法规的制定，在高等法院及其分庭机构的设置上，体现与国民政府的司法体制的对接。1943 年 3 月 30 日，陕甘宁边区政府政务会议通过并公布了《陕甘宁边区高等法院分庭组织条例草案》。该草案规定"为便利诉讼人民上诉起见"，在边区政府所辖各分区设置相应的高等法院分庭，分庭设置于各分区之专员公署所在地，管辖区域与专员公署所辖行政区域相同。分庭作为第二审机构，代表高等法院受理对分区所辖地方法院或司法处做出的第一审民刑事判决不服的上诉。分庭由庭长一人、推事一人、书记员一人或两人组成，可根据事务的繁简予以调整。分庭之庭长、推事，由高等法院呈请边区政府任命。从实践看，边区政府先后设立了绥德、关中、陇东、三边、延属以及黄龙等六个分庭。在其他边区，分庭建制也得到一定范围的运用。诸如，1943 年 2 月 12 日《晋察冀边区行政委员会关于边区司法机关改制之决定》，取消各区司法处，而设立高等法院法庭，名称以"第几法庭"命名，负责县司法处判决的复判。

在地方上，县、市的司法处行使着对一审民刑事案件的审理职权。《陕甘宁边区司法处组织条例草案》采取了县长兼任司法处处长的做法，司法处的审判员则承担协助职责。原来的苏维埃体制中的委员会裁判制度，改变为县政府委员会或县政务委员会制度，该委员会行使对重要案件的讨论及判决职权。在其他边区，诸如晋冀鲁豫、晋绥等边区，设在专署内的司法科或区公所也被赋予一定的司法职权，承担着二审裁判的角色。

设立巡回法庭的规定在边区司法中得到了延续。1937 年 2 月 13 日，苏维埃政权在陕北发布的《中央司法部训令（第一号）》中就提出"裁判部组织巡回法院，在某地方有意义的案子，提到那里公审"。① 1939 年的《陕甘宁边区高等法院组织条例》第十条进一步明确规定"高等法院得设立巡回法庭"。边区巡回法庭的设置，显然吸收及继承了苏维埃时期巡回审判的经验。② 作为中国共产党在边区推行群众路线的具体表现，巡回法庭意在通过将巡回审理与就地审理结合起来，起到方便群众、接近实际的作用。马锡五本人也将巡回法庭界定为"为了便利人民诉讼或因案情复杂，将案件带到当地，深入对证，进行处理的一种审判方式"。③ 在正式的组织机构上，高等法院及其分庭机构之内并未设立专门的巡回法庭组织，依托于作为高等法院及其分庭组成的民刑事法庭，以到案件发生地就地审理案件的方式，巡回审理得到确立及推广。

1944 年，随着对马锡五审判经验的总结和推广，巡回法庭制度也得到进一步的贯彻。作为巡回审判制度化的成果，1942 年 3 月 1 日公布的《晋西北巡回审判办法》，要求本着方便民众诉讼的宗旨，定期委派推事及裁判员，巡回审理民刑事案件。规定中明确了公开巡回审判的做法，即事前要在巡回地张贴公告，向群众告知巡回审判各项事宜。另外，1944 年 3 月 1 日公布实施的《晋冀鲁豫边区太岳区暂行司法制度》，在确立县政府、专员公署、行署分别组织相应的抗日民主政府法庭的同时，明确了可以组织公审法庭及组织临时流动法庭等审判机构，其中，流动法庭由行政首长委任司法科长或司法处长担任庭长。专署流动法庭有代表专署处理上诉案件的职权，但案件判决得汇报专员及同县长讨论决定；行署流动法庭也有代表行署处理再上诉案件的职权，但案件的判决需要向本部门负责人汇报及向行署首长讨论决定。

（三）解放区内的法院组织建设

1945 年到 1948 年期间的解放区司法制度，主要沿用了抗日根据地时期的制度。1948 年以后，随着解放区面积的扩大，成立了大区政府，不少地

---

① 延安市中级人民法院审判志编纂委员会：《延安地区审判志》，陕西人民出版社，2002，第 311 页。
② 贾宇：《陕甘宁边区巡回法庭制度的运行及其启示》，《法商研究》2015 年第 6 期。
③ 马锡五：《新民主主义革命阶段中陕甘宁边区的人民司法工作》，《政法研究》1955 年第 1 期。

方的解放区政权不断建立，司法制度也产生一定的变化。其中，伴随中国共产党土地政策等重大政策的推行，法院组织机构建设配合经济领域改造的动向日益增强。1947 年 9 月，中国共产党全国土地会议通过并颁行了《中国土地法大纲》，其中第十三条成为组织土地改革人民法庭机构的直接依据，即"对于一切违抗或破坏本法的罪犯，应组织人民法庭予以审判及处分"。

土地改革时期的农村审判法庭成为中国共产党在县域范围内开展基层政治动员及社会动员的重要手段。人民法庭被赋予执行土地改革任务、保障土地改革目标的使命，对于违反土地改革法令、破坏土地改革成果的行为，法庭有权判处赔偿、罚款、劳役、褫夺公权、监禁和死刑的刑罚。在具体构成上，《中国土地法大纲》及其他配套法规明确了当时设立的人民法庭是一种以贫雇农为骨干并邀请政府代表参与的群众性临时审判组织。在实践中，各地出现的司法机构，典型的有东北解放区的村、区级人民法庭。这些人民法庭的审判委员由村民选举产生及区、县政府委派产生；此外，还有晋察冀边区，这一地区人民法庭主要设置于县，同时，在县内划分多个区域，分别设立审判组织，审判方式上既有就地审判，也有巡回审判。另外，一些地方还实行了特派员驻区审判员制。①

除了土地改革法庭之外，这一时期，解放区还出现了一些特别审判法庭。各解放区大多在军队内设军事法庭或特别法庭，华中苏皖边区及苏中边区还设立地方政府领导的专门委员会，用于审判战犯和汉奸叛国人员；一些新解放的大中城市在军事管制委员会之下设立特别法庭，专门用以审理反革命案件。此外，解放区也对原先国民党的司法机关进行接管和改编，按照抗战时期边区的体制，创设人民法院作为解放区审判机关。伴随华北人民政府的成立，根据《华北人民政府组织大纲》和《为统一各行署原有司法机关名称恢复各县原有组织及审级的规定》，建立了大区、行署、县的三级法院体制；东北解放区也建立了东北高级人民法院、各级人民法院、各县人民法院组成的三级司法体制。

---

① 张晋藩：《中国司法制度史》，人民法院出版社，2004，第 605 页。

四　中华人民共和国成立初期的司法探索

中华人民共和国成立初期大区行政体制及法院机构的设置，反映了对边区司法体制的传承和继受。但随着政治情势及政治理念的变化，中央层面分院制的做法被撤除。另一方面，面向乡村、基层及各单位的人民法庭建设运动在轰轰烈烈地展开，在中华人民共和国成立以后历次重要的政治和社会改造运动，诸如土改运动、镇压反革命运动以及"三反"和"五反"运动中，人民法庭作为一种法权理念及组织形式得到深入及普遍的贯彻。

（一）大区制法院的设立

随着国内革命形势的进展，1949 年 3 月 8 日，陕甘宁边区高等法院在名称上改为陕甘宁边区人民法院，管辖陕甘宁、晋南、晋西北行政区的审判与司法行政工作。1950 年 2 月 15 日，陕甘宁边区人民法院改为中央人民政府最高人民法院西北分院，统辖西北五省的审判工作。至此，原有的边区司法体制正式转变为人民法院及其分院体制。

人民法院及其分院制的直接法律依据是，1949 年 12 月 16 日中央人民政府政务院通过《大行政区人民政府委员会组织通则》，其中第九条规定"最高人民法院得在各大行政区设置分院"。紧接着，1949 年 12 月 20 日《最高人民法院试行组织条例》对设立分院及分庭的做法予以明确，即其中第十四条所规定的"最高人民法院于必要时，得呈请中央人民政府委员会设立分院或分庭，并得呈请变更或撤销之"。当时的沈钧儒院长在给毛泽东的信件中，认为成立分院不仅是合理分配审判任务的需要，也是减轻最高法院审理案件负担、使其更好地行使领导及监督全国法院职权的需要，各地区案件总量的状况也要求在这些地区建立上诉终审机构，以消化不断增长的案件量。[①] 而在此后几年的实践中，法院体制实行的，便是在中央以最高人民法院为全国最高审判机关，同时根据划定的大的行政区分别设立最高人民法院的分院机构。到 1952 年 4 月，最高人民法院已经在沈阳、西安、北京、武汉、重庆、上海等地先后设立了东北、西北、华北、中南、西南、华东六个分院。

---

① 何帆：《最高人民法院大区分院设立与撤销原委考》，《北京日报》2015 年 9 月 28 日。

1951 年 9 月 3 日中央人民政府委员会通过了《人民法院暂行组织条例》，从法律上明确了最高人民法院及其分院、省级人民法院及其分院或分庭、县级人民法院所构成的法院组织体系，确立了人民法院受上级法院及同级人民政府双重领导的体制。最高人民法院在各大行政区或其他区域设立分院或分庭机构，各分院、分庭在其所辖区域内履行等同于最高人民法院的职责。最高人民法院分院在组成上包括院长，副院长，刑事及民事审判庭庭长及副庭长，以及审判员等人员。省级人民法院视需要设立分院或分庭，分院及分庭接受省级人民法院领导和监督，分院及分庭在其所辖区域内领导及监督各县人民法院工作。这一时期，上下级法院的定位被明确为领导和监督关系，而包括人民法院分院、分庭在内的法院组织机构同时亦是同级人民政府的组成部分，接受同级人民政府政务委员会的领导和监督，设置在省内各区的省人民法院分院、分庭则要受所在区专员的指导。《人民法院暂行组织条例》同时明确了巡回审判的方法，即在第七条规定："人民法院审判案件，除在院内审判外，应视案件需要，实行就地调查、就地审判和巡回审判。"

通过中华人民共和国成立之后一段时间的实践，大行政区制被认为存在较为严重的问题。1954 年 6 月 19 日，中央人民政府委员会通过《中央人民政府关于撤销大区一级行政机构和合并若干省、市建制的决定》，正式撤销了大行政区的建制，最高人民法院设在各大行政区的分院也随之陆续撤销。随着 1954 年《宪法》及《人民法院组织法》的颁布，分院制的提法在中央层面亦随之消失。实践中，西藏分院的保留是唯一的例外。1958 年 6 月 5 日，全国人民代表大会常务委员会第九十七次会议通过《全国人民代表大会常务委员会关于批准设立最高人民法院西藏分院和最高人民检察院西藏分院的决议》，批准最高人民法院在西藏设立最高人民法院西藏分院。但这一分院的提法在之后也被变更，在 1965 年 9 月西藏自治区一届人大一次会议上，以往的西藏分院正式变更为西藏自治区高级人民法院。

（二）人民法庭建设运动

中华人民共和国成立初期，轰轰烈烈的人民法庭组建活动引人注目。作为解放区时期土地改革动员方式的延续和发展，新的法庭建设继续贯彻在全国范围内推行土地改革的政策，同时又向其他政治及社会运动领域延伸，人民法庭遂成为中国共产党在中华人民共和国成立初期推行其法权理念的有力工具。1950 年 7 月 14 日政务院通过的《人民法庭组织通则》授权省及省以上人民政府，根据情况的需要，以命令成立或批准成立的方式，以县市为单位设置人民法庭。《人民法庭组织通则》也明确了人民法庭的刑事性质、特别性质和临时性质，即它的设置旨在惩治危害人民与国家利益、阴谋暴乱、破坏社会治安的恶霸、土匪、特务、反革命分子及违抗土地改革法令的罪犯，它是县（市）人民法院之民事庭、刑事庭以外的特别法庭，它因土改任务而设，也在任务完成时随之撤销。《人民法庭组织通则》允许实行分庭的组织形式，分庭以区为单位或联合两个区以上设立。县（市）人民法庭及其分庭接受双重领导，既直接受县（市）人民政府的领导，又作为县（市）人民法院的组成部分，受县（市）人民法院的领导和监督。人民法庭及其分庭在组织机构上实行审判委员会制，审判委员会由审判长一人、副审判长一人、审判员若干人组成。审判委员会成员的产生分为遴选方式和选举方式两种，人民法庭及其分庭的正副审判长及半数审判员由县（市）人民政府遴选，人民法庭其余半数的审判员，由县（市）各界人民代表会议或人民团体选举。《人民法庭组织通则》同时还明确了人民法庭及其分庭可以实施的刑罚种类，包括有权逮捕、拘禁并判决被告死刑、徒刑、没收财产、劳役、当众悔过。对于不足五年的徒刑及宣告无罪之判决，要经过县人民政府的批准，对于死刑、没收财产及五年以上徒刑的判决，要经过省人民政府主席或省人民政府特令指定之专员的批准，其中，死刑要由省人民政府主席或省人民政府特令指定之专员下达命令加以执行。除了对匪特反革命分子的死刑判决，以及土地改革中划分阶级成分的争执案件，其他案件的被告或原告对判决不服的，可申请县（市）人民政府指令县（市）人民法庭复审，对复审不服的，仍可提出上诉。

人民法庭在中华人民共和国成立初期一系列政治和社会运动中担负着专门保障的任务。同样作为执行这些任务的角色而出现的，还有"三反"法庭和"五反"法庭。为适应在国家机关、部队和国营企业内部开展反贪污、反浪费、反官僚主义的"三反"运动，以及在全国私营工商业中进行的反行贿、反偷税漏税、反盗骗国家财产、反偷工减料、反盗窃国家经济情报的"五反"运动的需要，中央人民政府政务院在 1952 年 3 月，以《关于"三反"运动中成立人民法庭的规定》和《关于"五反"运动中成立人民法庭的规定》等文件的形式，设立"五反"法庭和"三反"法庭。

新的政治任务又催生出行使新的司法职能的人民法庭组织设置。随着1953 年全国性的普选工作的实施，为了保障全国及地方各级人民代表大会选举工作的顺利进行，1953 年 4 月 25 日的第二届全国司法会议决议针对选举当中的违法行为，提出"应由县、市人民法院派出人民法庭专门受理有关选举的诉讼案件"。选举法庭的设置以县市为主体，各县市可根据本地实际情况，以便利人民诉讼为原则，在每个区设置人民法庭，也可以两三个区为单位设置跨区法庭。人民法庭的组成人员，可以从法院内抽调，也可以从省市县各级人民政府中称职的干部中抽取。《第二届全国司法会议决议》还推行了在全国各县普设巡回法庭的司法政策，明确提出各县都要派出巡回法庭，以便克服衙门作风、切实贴近群众、减少群众诉累，又对选举法庭在选举活动完成之后的角色予以明确，即"在选举工作完成后，即可以此人民法庭为基础，有计划地建立与健全县的巡回法庭"。

全国性的法庭建设运动亦成为日后专门法院建设的先导，法庭机构日益与中央启动实施的经济建设运动和企业生产运动结合起来，表现出鲜明的时代印记。第二届全国司法会议决议还提出要逐步建立健全工矿区专门法庭，以及铁路和水运沿线专门法庭，专门法庭专门处理与工矿、铁路、水运有关的案件，包括反革命破坏案件，贪污和盗窃案件以及消极怠工和玩忽职守责任事故案件。专门法庭的审判员，由政治上可靠并具有相当专门知识的干部担任。审理案件时，应有陪审员参加，陪审员分别由工矿、铁路、水运系统的职工群众选举产生。此后，依照这一方针，国务院批准设立了铁路运输法院、派出庭，以及水上运输法院、分院和派出庭，省市法院也设立了经济建设保护庭（组）。①

此外，法庭建设运动亦用于保障国营企业的生产和经营秩序。针对国营工矿企业中发生的有关劳动、生产纪律的案件，轻微的责任事故和盗窃案件，以及职工群众间的纠纷案件，第二次司法会议决议提出试点建设同志审判会，工矿企业全体职工或其代表以选举方式产生同志审判会的主席和委员，他们在所在工矿企业工会和所在地法院的指导下开展工作。

① 韩延龙主编《中华人民共和国法制通史 1949—1995》（上），中共中央党校出版社，1998，第 228 页。

解放区时期及中华人民共和国成立初期的人民法庭建设，是新政权贯彻权力下沉及着力向基层乡村延伸的主要举措。这一时期的法庭建设运动是陕甘宁边区大众动员型司法的延续和扩大。① 中国共产党运用这一司法工具，在传统政权势力薄弱的乡村，推进社会及经济改造的使命，实现对乡村社会的广泛动员。尤其是巡回法庭建设，表明了通过巡回活动清扫基层政治动员空白及盲区的努力，全覆盖的巡回方式力图实现从中央到最基层直接的政治发动和社会发动。以 1949 年 2 月 22 日中共中央《关于废除国民党〈六法全书〉和确定解放区司法原则的指示》的发布为标志，到 1954 年初，全国各地设立巡回法庭的数量达到 3795 个。② 法庭组织机构贯彻到中华人民共和国成立初期一系列以司法为重要政策工具的政治和社会运动中，包括土地改革运动、镇压反革命运动、"三反""五反"运动、全国普选运动等。大规模的司法重建与运动的推行方式相结合，进一步凸显了当时条件下司法的革命性和工具性的特征。③

第二节　跨行政区划法院试点改革的当代实践

1954 年 9 月 21 日，第一届全国人大第一次会议通过了《人民法院组织法》。该法作为中华人民共和国成立之后就司法组织建设所进行的重要标志性立法，塑造了此后我国法院组织机构的轮廓。该法确立了包括基层人民法院、中级人民法院、高级人民法院和最高人民法院在内的法院组织构成。1954 年《人民法院组织法》的主要框架也在 1979 年得到重新恢复，这些内容成为调整新时期我国法院机构建设的主要准据。

1979 年 7 月 1 日第五届全国人大第二次会议通过了新的《人民法院组织法》。新法在主体内容上沿用了 1954 年的同名法律，但在人民法院的设置及管理等方面作出了一些改动。1954 年《人民法院组织法》第二条确立了由司法行政部门提请上级机关批准的法院设置模式，即高级人民法院和专门人民法院的设置，由司法部报请国务院批准；中级人民法院和基层人

---

① 陈文琼：《论我国的大众动员型人民司法——一个"法律与文学"的视角》，《广西师范大学学报》（哲学社会科学版）2009 年第 4 期。

② 张晋藩：《中国司法制度史》，人民法院出版社，2004，第 618~619 页。

③ 张溪：《建国初期国家管理和治理政策司法化探析》，《政法学刊》2014 年第 3 期。

民法院的设置，由省、自治区、直辖市的司法行政机关报请省、直辖市人民委员会或者自治区自治机关批准。司法行政部门也行使着划定司法区域的权力，《中央人民政府司法部试行组织条例》明确了司法部的职责之一就是会同最高人民法院和地方大行政区的人民政府或者省（市）人民政府，办理有关地方审判机关的设置、废止或合并，以及其管辖区域的划分和变更等事项。新的《人民法院组织法》删除了司法行政部门的这一管理权力，其中就包括删除司法行政部门提请开展法院设置的规定，以及删除司法行政机构管理人民法院人员编制和机构设置的规定。

从 1954 年《人民法院组织法》颁行以来，我国的法院建设便实行了中央法院、地方法院、专门法院的分类，法院机构系统被分级为基层人民法院、中级人民法院、高级人民法院和最高人民法院四级构成形态，这些机构分别按照县、地级市、省、中央的行政区划进行设置。在诸如沿海、铁路沿线、林区、矿区、垦区等地方，我国分别设立了海事、铁路运输、林区、矿区、垦区法院机构，它们并不遵循严格的行政区划限制。针对专门事务，我国还形成了军事、知识产权等专门司法机构，它们也具有跨行政区划进行设置的特征。此外，在新疆这一特殊省份，设立有兵团法院机构，各直辖市以及我国的汉江、东莞、中山等地，又开展了司法机构设置的改革，这些地方司法组织机构及管辖区域上的变动和调整，构成与地方情况相适应的司法机构的特殊类型。

一　带有跨行政区划性质法院的类型分析

中华人民共和国成立以来，我国司法机构在法律和政策的统一规制下，其设置体现了与各地方地理、受案等实际情况的适应性，运用特殊情况特殊对待的方法，展现出一定的灵活性。这其中既有适应地理区域连线、连片、整块的状况所进行的铁路运输法院、海事法院、林区法院等专门法院的设置，也有对带有特殊性的专门事务予以专门化处理的情况，诸如军事法院，以及新近成立的知识产权法院。此外，出于一些地方特殊情况的考虑，以及司法体制改革中开展地方试点试验的需要，我国对司法机构设置予以变通适用，使之适应于国家整体的战略布局和改革导向。诸如我国在新疆实行的带有特殊性的司法机构设置，以及在直辖市、省直管县、基层司法区等方面推行的试验性的改革举措。值得关注的是，我国的巡回法庭自中国共产党早期的司法建设阶段便受到重视，以后的各个时期也都获得不断的提倡和加强。巡回法庭已经成为我国司法传统的重要组成部分，利用其较为突出的跨行政区划性质，最高人民法院适时推行了派出巡回法庭的举措，这一改革进一步彰显了此种类型机构对于我国当前司法改革的重大意义。

（一）地理特性类型的跨行政区划法院

该类型的法院机构依据铁路、航运、农垦、矿产所具备的地理区域特性而设立，这些区域因交通通行的地理贯穿性或者自然地理条件团块分布的特性，而形成跨越多个行政区划的现状。铁路法院适应的是铁路的线状及联网式的分布，海事法院适应的是沿海地理水域以及可通航水域的分布，林区、垦区、油区法院展现的是森林、耕地、矿产自身的联结成片的分布特性，这些法院均因地理条件特征而在司法机构设置上具有内在的类同性，可以作为同等类型做共同的分析。

1. 铁路运输法院

作为我国专门法院系统中的主要代表，铁路运输法院在中华人民共和国成立之后便经历了设立、撤销、恢复、改制的过程。在学习苏联的背景下，铁路运输法院得以设立，一段时间后又被撤销，直到 70 年代末才重新开始筹建。① 1980 年 7 月 25 日司法部、铁道部联合发出的《关于筹建各级铁路法院有关编制的通知》，确立了铁路运输高级法院、铁路运输中级法院和铁路运输法院的三级法院体制，其中铁路运输中级法院设立在铁路局所在地，铁路运输法院设立在铁路分局所在地。1987 年 4 月 15 日最高人民法院、最高人民检察院联合颁发了《关于撤销铁路运输高级法院和全国铁路运输检察院有关问题的通知》，铁路运输法院体制发生改变，以往的铁路运输高级法院被撤销，代之以在最高人民法院设立交通运输审判庭，所在省、自治区、直辖市高级人民法院对铁路运输中级法院加以监督。经过这些变动以后，我国确立了铁路运输中级法院和铁路运输基层法院构成的铁路运输法院组织体系，铁路运输法院与各省高级法院为业务监督指导关系，法

---

① 1954 年，我国设立了"铁路沿线专门法院"；1955 年 3 月，此类法院更名为"铁路运输法院"；1957 年，三级铁路法院被撤销。

院在人、财、物等方面则实行由所在企业进行管理。

铁路运输法院是典型的因地理区域特性而设置的司法机构，其管辖区域由铁路线、铁路段、铁路站来界定，这种地理性质上的"线""点""段"特征，与依照行政区划所圈定的"面"是不同的。以大同铁路运输法院为例，该院管辖范围跨越了晋、冀、京、津四省市，其管辖范围在"线"方面为大秦线、京包线（大张段）、北同蒲线（大宁段）、迁曹线四条干线和口支线、宁岢线、平朔专用线、神朔线、云支线五条支线以及十四条联络线，总长度超过了1798公里，在"站"和"段"方面则为大同地区、湖东地区、朔州地区、茶坞地区与秦皇岛地区十五个铁路站、段、公司。

2. 海事法院

我国的海事法院根据1984年11月14日第六届全国人大常委会第八次会议通过的《全国人民代表大会常务委员会关于在沿海港口城市设立海事法院的决定》而设立。按照这一决定，最高人民法院先后在大连、天津、青岛、上海、广州、武汉、海口、厦门、宁波和北海十个沿海城市设立了海事法院。海事法院设立的现实依据就是海域及可通航水域的地理特性，这使得其管辖区域天然地跨越了行政区域。已经设立的海事法院及其派出法庭也以海域、水域及港口为管辖范围。诸如，2002年12月10日《最高人民法院关于调整大连、武汉、北海海事法院管辖区域和案件范围的通知》中，将大连海事法院的管辖区域界定为南自辽宁省与河北省的交界处、东至鸭绿江口的延伸海域和鸭绿江水域，其中包括了黄海一部分、渤海一部分、海上岛屿，以及黑龙江省的黑龙江、松花江、乌苏里江等与海相通可航水域、港口。这一管辖范围囊括了2920公里长的海岸线及500多个岛屿，区域内海运港口主要包括大连港、大窑湾港、大连新港、营口港、鲅鱼圈港、丹东大东港、锦州港、葫芦岛港等；渔业港口280个，包括大连湾渔港、鲅鱼圈渔港、羊头洼渔港、大长山渔港、浪头渔港等。

3. 森林法院

森林法院是在成片的森林地区设立的专职审理森林案件的法院机构。1980年12月1日，林业部、司法部、公安部以及最高人民检察院联合颁布了《关于在重点林区建立与健全林业公安、检察、法院组织机构的通知》，对大面积国有林区以及林业资源较多的地方公检法机构的设立作出部署，确立了森林法院、森林中级法院、高级法院林业庭所构成的森林法院架构。通知中指明森林资源破坏严重的现状，分析了当前林区内反内潜外逃和加强治安管理的形势任务，提出要运用法律武器强化对林区犯罪的打击和惩治。其中，对于法院机构的设置，将以往实行的向林区派驻法庭，改变为设立专门的林区法院系统。森林法院遵循成片区域设置的原则，在分布有大面积国有林区的146个国营林业局、木材水运局所在地普及建立。对于森林资源较多但未达足够面积的19个省（自治区）内的121个地区（州、盟、市）和433个县（旗），采取在省（自治区）、地（州、盟、市）、县（旗）三级法院机构内，视实际需要增设林业庭及增配一定数量干部。根据这一通知精神，我国有六个省即吉林、黑龙江、福建、湖南、四川、甘肃，设立了林区中级人民法院、林区人民法院以及林业审判厅等组织机构。

此后，森林法院在名称上几经更迭。1983年《人民法院组织法》修订，删除了"森林法院"的字句。之后，各级森林法院的名称也做了改动，基层森林法院改称林区基层法院，中级森林法院改称中级人民法院分院，后又更名为林区中级法院。举例来讲，1981年4月，甘肃省白龙江森林中级人民法院组建成立，1984年2月，经最高人民法院批准更名为甘肃省武都地区中级人民法院分院，此后，一直使用分院的称号。直到2012年9月，经最高人民法院批复，该院又被更名为甘肃省林区中级法院。

林区法院的设置因森林的分布而呈现跨行政区划性。以甘肃省林区中级法院所下辖的卓尼林区基层法院为例，该法院管辖区域覆盖了下巴沟、车巴、卡车、大峪、羊沙、冶力关六个林场和大峪、冶力关两个国家森林公园，跨越了甘南藏族自治州的卓尼、临潭、迭部、合作四县，以及临夏回族自治州的康乐一市，总管辖区域面积为487111公顷。

4. 垦区法院

我国的垦区是在中华人民共和国成立初粮食耕种战略的指导下，以复员军人成建制、成片区、大规模开垦荒地为开端，融合了农工商一体化经营以及科教文化等公共服务职能所形成的区域性、经济性、社会性实体。垦区法院依托于农垦区而设，依照农垦区管理局及其下辖管理局机构，形成农垦中级法院及农垦基层法院的组织建制，此外，在垦区内的大中型农场或牧场，一般设有派驻法庭。以全国最大的黑龙江省垦区为例，设立有黑龙江农垦总局及其下的9个管理局，辖113个国营农、牧场及632个管理区。在垦区相应地设立有黑龙江省农垦中级法院，管辖跨黑龙江省内 48 个市县、总面积为 5.54 万平方公里的区域，同时在垦区又设立宝泉岭等 8 个农垦基层法院，在大中型农、牧场设置 84 个人民法庭，并在中小型农、牧场派驻 13 个办案组。

5. 油田法院

在国家开发的多个大型油田，曾经出现过油田法院。油田法院依照油田覆盖区域确定司法管辖区域。油田法院的建制为：在油田设中级人民法院，其下辖单位设基层人民法院。诸如成立于 1979 年 10 月的"胜利油田中级人民法院"和"胜利油田人民法院"，以及成立于 1984 年 8 月的"辽河油田中级人民法院"和"辽河油田人民法院"。随着 2004 年 3 月 10 日国务院《关于中央企业分离办社会职能试点工作有关问题的通知》的颁行，油田法院与中国石油天然气集团公司等三家企业实施职能分离，油田法院逐步移交给地方管理并予以更名。油田法院改制后在管辖区域仍然具有原先油田法院的特征。诸如"辽河油田中级人民法院"和"辽河油田人民法院"虽于 2007 年分别更名为辽河中级人民法院和辽河人民法院，但其管辖范围仍然包括了辽河油田的生产区、管理区和生活区，涉及辽宁和内蒙古的 13 个地市、32 个县（旗、区）。

（二）专门事务类型的跨行政区划法院

该类型法院的设立，起因于相关事务的专门性和特殊性，这些特性要求在司法机构建制上予以专门处理。设置专门法院是世界各国法院体制通行的做法。正是借鉴了国外相关专门法院设置的经验，我国在近年来也尝试设立了知识产权法院，使之作为处理知识产权纠纷的专门法院机构。设立其他类型专门司法机构的呼吁在理论及实务界也一直存在。有研究者建议扩充专门法院系统，建立包括宪法法院、行政法院、知识产权法院及少年法院等在内的多类型专门法院体系。[1] 也有研究者对各专门类型法院的设立进行论证。其中，呼吁借鉴大陆法系国家经验设立行政法院的主张较

---

[1] 管育鹰：《试论我国专门法院设置改革》，《人民司法》2004 年第 8 期。

多;① 此外，也有关于设立青少年法院②以及设立家事法院的主张③。

1. 军事法院

我国军事法院系统的前身为军队的军法处，根据 1954 年《法院组织法》中关于专门法院的条款，国防部在 1955 年正式启用了军事法院系统。之后的军事法院按照军队建制级别设立，兵团和军级单位军事法院为初等级别军事法院，军区级单位军事法院为中等级别军事法院，中国人民解放军军事法院则为军队系统内最高级别。近年来，随着军队架构由以往的军区制向战区制转变，军事司法机构的设置也发生了改变。2016 年 2 月，原来的以区域性中心城市命名的七大军区，被重新调整为东部、南部、西部、北部、中部等五大战区，在各战区设立了战区军事法院，在战区所辖各省的省会城市设立基层军事法院，诸如解放军南部战区军事法院的辖区包括了湖南、广东、广西、海南、云南、贵州六省区，在各省的省会城市也都

---

① 建立行政法院的主张最早在 20 世纪 90 年代中期便已经出现（见陈有西：《我国行政法院设置及相关问题探讨》，《中国法学》1995 年第 1 期；杜萌昆：《在我国建立税务法院或行政法院的探讨》，《涉外税务》1996 年第 7 期）。近年来，有关设立行政法院的研究密集涌现（见江必新：《中国行政审判体制改革研究——兼论我国行政法院体系构建的基础、依据及构想》，《行政法学研究》2013 年第 4 期；马怀德：《行政审判体制改革的目标：设立行政法院》，《法律适用》2013 年第 7 期；解志勇：《行政法院：行政诉讼困境的破局之策》，《政法论坛》2014 年第 1 期；王诚：《我国行政法院设置的模式选择和制度设计》，《江西社会科学》2014 年第 1 期；程琥：《国家治理现代化与我国行政法院设置问题研究》，《法律适用》2015 年第 2 期）。但也有人对这一热点问题提出了质疑（见汪厚冬、黄学贤：《设立行政法院热的冷思考》，《中州学刊》2015 年第 2 期；刘海蓉：《我国建立行政法院体制的观点质疑》，《理论与改革》2015 年第 4 期）。

② 有研究者提出，为了促进未成年人审判法律适用的协调，更好地履行对未成年人违法犯罪的惩治及教育改造的使命，建议在县区设立未成年人一审法院，省内设级法院的未成年人分院（见赵星：《设立未成年人法院的必要性、可行性及其方法》，《法学论坛》2008 年第 5 期）。多篇文章也提出类似观点（见孟媛媛、付福临：《厦门创设青少年法院的积极探索》，《法制博览》2016 年第 24 期；高英东：《美国少年法院的变革与青少年犯罪控制》，《河北法学》2014 年第 12 期；王志亮：《美国未成年人法院的现状》，《上海政法学院学报》2011 年第 6 期；陈京春：《论青少年恢复性刑事司法——我国建立少年法院的配套改革》，《青少年犯罪问题》2007 年第 2 期）。

③ 有研究者指出，家事纠纷总量增长且日益复杂化，纠纷的特殊性对审判程序提出要求，因此要设立专门化的司法机构，对家事纠纷予以特殊关注，加强社会参与及其联动，造就专门审判人才（见陈爱武：《论家事审判机构之专门化——以家事法院（庭）为中心的比较分析》，《法律科学》2012 年第 1 期）。其他文章也有此类观点（见齐玎：《论家事审判体制的专业化及其改革路径——以美国纽约州家事法院为参照》，《河南财经政法大学学报》2016 年第 4 期；张晓茹：《日本家事法院及其对我国的启示》，《比较法研究》2008 年第 3 期）。

成立了基层军事法院。①

2. 知识产权法院

2014 年 8 月 31 日，十二届全国人大常委会第十次会议审议通过了《关于在北京、上海、广州设立知识产权法院的决定》，决定在北京、上海、广州设立知识产权法院。对于有关专利、植物新品种、集成电路布图设计、技术秘密等专业技术性较强的知识产权民事和行政案件，知识产权法院按照跨区域管辖的原则，实施第一审管辖。根据该决定的精神，知识产权法院不仅可以在省内跨地市及跨县域进行设置，而且还可以跨省域加以设置。鉴于知识产权法院设立的试点的性质，立法建议知识产权法院首先在省域范围实施跨行政区划管辖，并为此规定了三年的先行试点期。2017 年 1 月 19 日，南京、苏州知识产权法庭正式挂牌成立。② 两个法庭由两地中院原知识产权庭转变而来，分别以独立机构的身份开展省内知识产权类型案件的跨区域集中管辖及审理。其中，南京知识产权法庭的管辖区为南京、镇江、扬州、泰州、盐城、淮安、宿迁、徐州、连云港，苏州知识产权法庭的管辖区为苏州、无锡、常州、南通，两个法庭审理辖区内的专利等技术类一审知识产权民事案件，并审理辖区内诉讼标的额为 300 万元以上的一审普通知识产权民事案件，以及审理辖区内一审知识产权行政案件。

（三）特殊建制类型的跨行政区划法院

新疆生产建设兵团法院属于特殊类型的司法机构。它的前身是 20 世纪 50 年代设立的新疆军区生产建设兵团军事法院，中间经历了 1975 年被撤销、1984 年恢复重建的历史过程。1998 年 12 月 7 日最高人民法院、最高人民检察院向全国人大常委会所提出的《关于确定新疆生产建设兵团法院、检察院法律地位》议案里，介绍了当时新疆生产建设兵团法院的存在状况。兵团法院分三级设置，包括新疆维吾尔自治区高级人民法院生产建设兵团分院，设于十个农业师的中级人民法院，以及设立于农牧团场较集中的二十五个垦区的基层人民法院。

---

① 广西壮族自治区高级人民法院：《解放军战区一级设军事法院　南部战区院长曝光》，2016 年 5 月 25 日，http://mil.sohu.com/20160525/n451288474.shtml，2016 年 6 月 7 日。
② 王伟健：《南京苏州成立知识产权法庭》，《人民日报》2017 年 1 月 20 日。

1998 年 12 月 29 日，第九届全国人大常委会第六次会议通过《全国人民代表大会常务委员会关于新疆维吾尔自治区生产建设兵团设置人民法院和人民检察院的决定》，确定了新疆生产建设兵团法院的法律地位。该决定第一条明确了自治区高级人民法院生产建设兵团分院为自治区高级人民法院的派出机构，同时，又规定在新疆生产建设兵团设立若干中级人民法院，以及在生产建设兵团农牧团场比较集中的垦区设立基层人民法院。自此，新疆生产建设兵团法院设置的法律依据问题以专门立法的方式得以解决。

（四）试验变通类型的跨行政区划法院

基于改革及地方探索的需要，适应于国家管理体制架构的调整，我国在诸如省直管县等改革过程中，探索实施了相应的法院机构改革。这些探索和改革贯彻了改革所承载的新的指导思想，在法院机构设置上打破陈规，彰显出改革探索的灵活性。省直管县的改革以湖北、河南以及海南为代表，省域范围内新的法院机构的设置，为法院机构管理的省级统筹积累了试点经验。而直辖市中级法院机构在近年来经历多次调整和改革，跨行政区划法院改革的推行，赋予改革以新的特点和动向。此外，在一些地级市，适应于地方的实际情况，法院机构也予以灵活变通的处理。以上相关改革突破便证明，基于深化改革的实际需要，我国的法院机构设置可以被赋予足够的弹性，以便探索及发展更具适应性及地域特色的司法机构及司法制度。

1. 省直管县的中院司法模式

省直管县是在行政管理扁平化思想指导下，以省级政府直接管理县级政府为内容，旨在削减行政层级、提升行政效能的改革举措。省直管县的改革不断受到中央政策层面的重视，湖北、河南以及海南等省已经采取了先行的试点行动。相关省份的省直管县实践并不局限于行政架构，还牵动了司法机构设置和司法管理体制。湖北省汉江中级人民法院、河南省济源中级人民法院均伴随省直管县的改革而设立，二者更成为省直管县司法模式的典型代表。

湖北汉江中级人民法院的设立，起因于湖北省在 20 世纪 90 年代启动的省直管县改革，改革将仙桃、天门、潜江、随州四个县级市纳入省直管。县级市的直管，随之而来的是要对相应的司法审级组织予以补缺。1999 年10 月 18 日，最高人民法院批复成立汉江中级人民法院，法院设在仙桃市，履行对仙桃、天门、潜江、随州和神农架林区五个直管市（区）的二审职能。2000 年 8 月，距离仙桃市较远的神农架林区就近划归宜昌市中级人民法院代管，汉江中级人民法院现今的管辖区域最终得到确立。汉江中级人民法院是司法机构灵活变通设置的产物，它的设立并不对应于相应的行政区划。这一设计亦成为该省继续推进司法改革的起点，以这一机构的跨行政区划特性为基础，进一步衍生了开展司法机构创新的尝试。2015 年 1 月 29 日，湖北省高级人民法院颁发《关于全省法院环境资源审判模式与管辖设置方案的通知》，授权汉江中院审理发生于湖北省内的，由大气、土地、湖泊、水库、森林、湿地、自然保护区、风景名胜区的环境污染、生态破坏所引发的公益诉讼案件。省直管县司法机构跨行政区划优势的发挥，催生了与新兴类型案件相适应的司法机构设置和司法审判机制。

河南省第一中级人民法院、第二中级人民法院的筹划也形成于省直管县的改革举动。2013 年 11 月 26 日，河南省委、省政府印发《河南省深化省直管县体制改革实施意见》，省直管县在河南正式进入实施阶段。意见决定对巩义市、兰考县、汝州市等十个县市实行由省直接管理县的体制，并根据省直管县的改革精神对党委、人大、政协、法院、检察院和群团体制予以相应的调整，司法体制的调整就是其中的重点内容。河南省第一中级人民法院、第二中级人民法院，就是此次改革在司法方面的新举措。新机构作为省高级人民法院的派出机构，分别对巩义市、汝州市、邓州市、永城市、固始县、鹿邑县、新蔡县等省直管县域和济源市、兰考县、滑县、长垣县等省直管县域，行使中级人民法院的审判和管理职权。

海南省第一中级人民法院、第二中级人民法院的设立亦具有省直管县的背景。海南在建省之初，便实行对各县市直管。为了优化司法管辖格局，海南省对原来的司法机构进行改革，将原海南省海南中级法院改为海南省第一中级法院，管辖海南东部区域的琼海市、万宁市、五指山市、文昌市、定安县、屯昌县、澄迈县、陵水黎族自治县、保亭黎族苗族自治县、琼中黎族苗族自治县等十县市，将原海南省洋浦经济开发区中级法院改为海南省第二中级法院，办公地点移至海南省儋州市，履行对西部区域儋州市、洋浦经济开发区、临高县、乐东黎族自治县、东方市、昌江黎族自治县和白沙黎族自治县等七个县市区的司法管辖。这种具有海南特点的司法机构设置，为观察省域范围内跨行政区划司法机构的设立提供了另一种样本。

2. 直辖市的中院司法模式

新一轮的司法改革中,原有的直辖市内形成的三级司法机构建制,在机构职能、机构格局等方面经历了深刻的调整。事实上,早在1995年,为了推动司法管辖区域与司法受案的实际情况相适应,北京、上海等直辖市就实行了"撤一建二"的改革,即撤销原来的中级人民法院,设立第一及第二中级人民法院。随着司法改革的深入,直辖市内中院的司法管辖区域历经变化与调整,跨行政区划司法改革方案的提出,以及《最高人民法院关于北京、上海跨行政区划人民法院组建工作指导意见》的颁行,原来的铁路运输法院改革转型并入了直辖市的中院司法模式之内,这些都为直辖市的司法机构改革注入了新的动力和因素,使得直辖市的中院司法建制呈现新的特点。

北京市现行的四个中院机构,以多个区为管辖区域的情况是:第一中级人民法院管辖海淀、石景山、昌平、门头沟、延庆五区,第二中级人民法院管辖东城、西城、丰台、大兴、房山五区,第三中级人民法院管辖朝阳、通州、顺义、怀柔、平谷、密云六区。北京市第四中级人民法院的设立则是新一轮司法改革中探索设立跨行政区划人民法院的产物,按照中央《设立跨行政区划人民法院、人民检察院试点方案》的设计,该院将承担以市内区人民政府为被告的行政案件,以及跨地区的重大环境资源保护案件、重大食品药品安全案件。除此之外,北京市第二中级人民法院在现行管辖区划内,也开展了细分审判区的实践,将管辖区域划分为三个审判区。其中,第一审判区设置于丰台区方庄,驻有立案庭、刑事审判第一庭、刑事审判第二庭、未成年人案件综合审判庭、民事审判第四庭、劳动争议案件办公室等审判机构;第二审判区设置于朝阳区小红门乡,驻有执行局、民事审判第一庭、民事审判第五庭、行政审判庭、审判监督庭、国家赔偿办公室等机构;第三审判区设置于东城区广渠门,驻有民事审判第二庭、民事审判第三庭、民事审判第六庭、申诉审查庭等机构。

上海市现有的三所中级人民法院,第一中级人民法院管辖浦东新区、徐汇区、长宁区、闵行区、松江区、金山区、奉贤区等七区,第二中级人民法院管辖杨浦、虹口、黄浦、静安、普陀、宝山、嘉定、青浦、崇明等九区。上海市第三中级人民法院于2014年12月28日揭牌,新设立的这一机构既承接了原上海铁路运输中级法院的职能,又兼容了上海知识产权法院的审判任务，属于"三块牌子一个机构"。依照跨行政区划司法机构的职能设计，上海三中院受理及审判以市级人民政府为被告的一审行政案件，以及除知识产权行政案件之外的市级行政机关为上诉人或被上诉人的二审行政案件等案件类型。

重庆市五个中院机构主要系重庆直辖以后，由原市区法院更名而成。2006 年，为了纠正重庆市第一中级人民法院与其他中院之间在管辖范围、受案数量等方面的不均衡，重庆市第五中级人民法院从重庆市第一中级人民法院中分出。第一中级人民法院的管辖区域为江北、沙坪坝、北碚、渝北、长寿、合川、大足、铜梁、璧山、潼南等十区，第五中级人民法院的管辖区域为渝中、大渡口、九龙坡、南岸、巴南、江津、永川、綦江、荣昌等九区。

3. 东莞、中山等地的基层法院模式

东莞、中山两市是我国大陆不设区级政权地级市的典型代表。在基层法院机构设置问题上，这些城市采取了较为灵活的方式。2007 年最高人民法院《关于同意在东莞市、中山市撤销、设立基层人民法院的批复》中，同意撤销东莞市人民法院、中山市人民法院，分别设立东莞市第一人民法院、第二人民法院、第三人民法院，以及中山市第一人民法院、第二人民法院。两市中级法院之下设立的多个法院并不对应于行政区划，各法院分别管辖一定数量的镇区。同样予以灵活处理的，还有三亚市中级人民法院所辖的三亚市城郊人民法院，作为三亚市跨区类型的基层法院机构，该法院并不对应于地级市范围内区级政府的行政区划。

（五）巡回流动类型跨行政区划法院

巡回审判方式经历了中国共产党革命早期的开拓、新民主主义革命时期的发展以及中华人民共和国成立初期的法庭建设运动，伴随人民司法建设的深入而得到不断的延续和传承。在 1979 年《人民法院组织法》颁布之后的新阶段，巡回法庭始终为中国共产党的司法政策所重视，从党中央的大政方针到最高人民法院的指导性意见，都对巡回审判工作予以明确和强调。在司法改革的新阶段，巡回法庭组织在改革中的重要角色更加凸显，尤其是以最高人民法院巡回法庭的设置为标志，巡回法庭在法院各层级均获得大力推动，围绕巡回审判的组织设置也在经历新的拓展和变革。

1. 新时期巡回法庭制度建设及发展动向的总结

我国巡回法庭在新时期的坚持和发展，以政策层面进行的进一步规范化、制度化努力为表现。最高人民法院通过制定及发布一系列的指导意见，对新时期巡回法庭的任务定位、工作方式以及问题矫正予以指导。新世纪初对消费、旅游巡回法庭的提倡，反映出运用巡回法庭服务于经济社会发展热点问题的取向，此后，巡回法庭服务于新农村、和谐社会以及司法便民的定位不断得到明晰。就巡回法庭的工作方式，政策层面逐渐开始明确定点巡回的设计，并且对巡回法庭的法庭布局、案件选择、物质设施建设以及外部资源的协调等问题开展分析，提出着力于保障巡回法庭建设科学化、效率化和制度化的发展取向。

（1）巡回法庭积极服务于经济社会发展

新世纪以来，巡回审判的政策指导立足于实现为基层经济社会发展服务的目标，更加注重与基层经济社会发展的形势相结合，着力于基层地区纠纷密集领域以及社会热点问题的处置。2003 年 12 月 2 日，最高人民法院发布《关于落实 23 项司法为民具体措施的指导意见》，其中第八项就提出建设消费、旅游巡回法庭的举措，即基层人民法庭在旅游风景区、集贸市场等纠纷易发地点，实施定期或不定期的巡回流动办案，审理涉及消费者、旅游者权益的案件；2005 年 4 月 1 日最高人民法院所颁发的《关于增强司法能力提高司法水平的若干意见》对巡回法庭建设亦有涉及。之后，最高人民法院于 2006 年 8 月 21 日颁发的《关于人民法院为建设社会主义新农村提供司法保障的意见》以及 2007 年 1 月 15 日颁发的《关于为构建社会主义和谐社会提供司法保障的若干意见》中，将巡回法庭作为开展司法便民服务的重要载体，对其重要意义给予进一步的肯定和强调。2010 年 12 月 22 日最高人民法院颁发的《关于大力推广巡回审判方便人民群众诉讼的意见》就指出，巡回审判要与当地经济发展水平相适应，在西部边远地区、少数民族地区以及其他群众诉讼不便地区，要逐步确立以巡回审判为主的工作机制。

（2）巡回法庭活动向定点巡回转变的动向

2005 年 9 月 23 日，最高人民法院发布的《关于全面加强人民法庭工作的决定》提出为巡回法庭配备固定巡回点，推动原先不设定点、四处流动的巡回审判方式转变为固定巡回审判点的审判方式。该决定对巡回审判点的设置、受案、办公条件等予以初步明确，其中，不仅提出了基层人民法院可根据需要设立巡回审判点，对案件实行随立随审，而且还要求巡回审判点配置必要的办案设施，提供适应巡回审判工作需要的专用车辆、便携式法庭设备和其他业务专用设备。2007年6月4日，最高人民法院颁发《关于加强人民法院审判公开工作的若干意见》，从加强审判公开的角度，要求庭审活动在审判法庭进行，提出巡回审判活动应当定点固定化，进一步明确了定点巡回审判的要求和任务。

（3）加强巡回法庭质效及制度化建设

巡回审判机构设置的科学性、成本的效率性、为民服务的便捷性在制度层面获得认知及重视。巡回审判的具体实践以司法资源的优化配置为原则，以真正方便当事人诉讼为指向，切实降低人民法庭巡回审判运作的诉讼成本，更为强调贴近实际情况而达成因地制宜。针对一些基层人民法庭当中存在"一人庭"甚至"无人庭"的情况，以及一些巡回审判点设置科学性和效率性不足的问题，最高人民法院《关于进一步做好2008年人民法庭工作的通知》中，提出要按照面向农村、面向基层、面向群众的"三个面向"的要求，以及便利当事人诉讼和便利人民法院审判案件的"两便"原则，科学谋划、合理布局人民法庭和巡回审判点的设置；文件中指出，要结合受案量等实际情况，对基层人民法院及巡回审判点进行必要的整合，对那些没有发挥实际功效的法庭及巡回审判点该撤销的要尽快撤销，以切实纠正布局过疏、受案不够集约的问题。

最高人民法院于2010年12月22日颁发的《关于大力推广巡回审判方便人民群众诉讼的意见》，强调要提高巡回审判的工作质效，增强巡回审判便民服务的针对性，推进巡回审判的制度化、规范化。意见提出，要使巡回审判的纠纷化解活动更有针对性，通过完善与人民调解组织、村民自治组织、基层司法所等基层单位的联系，做好巡回审理的受案选择，推动基层司法资源的集约、高效使用；对巡回审判点的选择，要有利于消除当事人对抗心理和充分实现巡回审判功能；要采取多种举措，加大巡回审判工作的物质装备保障，包括配备能够满足巡回审判活动要求的特种车辆、活动板房（帐篷）、移动办公设备和通信工具，以及具有信息共享功能的网络系统和必要的网络终端工具，诸如电子签章等；此外，还要将车辆、设施的养护和维修，相关设施的折旧、报废，以及巡回审判人员的补助等费用纳入法院预算，加强对巡回审判实施的经费保障。

2. 对改革开放以来巡回法庭建设的整体性观察

改革开放以来，我国巡回法庭建设延续了以往面向农村、深入边远地区的司法传统，派往农村解决农民纠纷仍然成为基层巡回法庭活动的重要功能。乡村巡回法庭的活动在彰显便民立场和宗旨的同时，在具体运行中也产生了一些问题，引起研究者对其运行成效的关注。此外，与政府部门结合设立的巡回法庭，也一直是我国巡回法庭建设的重要指向。这一法庭设置在一段时间内集中涌现，并延续到现在，运用到诸如城市管理问题的解决等。① 此外，以最高人民法院巡回法庭的设置为标志，新的改革无疑使我国的巡回法庭建设在形式及内容上迈入了新的阶段。

(1) 对面向乡村的巡回法庭活动的观察

我国的巡回法庭建设在设立之初便有面向广大乡村拓展司法触角的意义。作为乡村动员及发展战略的组成部分，新时期的巡回法庭建设依然坚持这一导向，彰显出这一组织照顾偏远、扶危济困的价值立场。当前，各基层法院推行的巡回审判活动，有很大一部分是在农村举行的，巡回法庭多选择在纠纷发生地的村内，或者在纠纷当事人一方的农民家中开庭，法官着重使用调解的方法对矛盾予以调处。② 但是，对于这些推行于乡村场域的巡回审判活动，研究者从多个角度对存在的问题进行了分析。有的对巡回审判在实践中出现的表演化、剧场化现象予以关注，认为巡回审理依赖于事先大量的布置和安排，具体的巡回审理带有形式性和表演性。③ 还有的研究者对巡回法庭深入农村、发现案件的方式提出了质疑，认为主动介入

---

① 2014 年 10 月 29 日，在银川市城管委办公室和银川市中级人民法院的协商下，两部门决定正式成立银川市城管巡回法庭，并向全市推广（见郭元鹏：《"城管巡回法庭"唱的是哪一出？》，《新消息报》2014 年 9 月 10 日）。

② 根据网络公开的报道显示，在一起触电侵权纠纷中，原告在野外钓鱼，挥杆时线触高压电被烧伤，遂起诉电力公司要求赔偿，法官考虑原告伤情较重且住处较远，决定在原告家中进行巡回审判（见《裕安区法院：新安法庭巡回审判进农家》，2015 年 5 月 4 日，http://www.lafy.gov.cn/main.php? id =1821，2016 年 5 月 12 日）。在涉及某地某村的一起赡养纠纷案件中，考虑到雨水较多、道路泥泞，法院决定到牧户家中开庭，对双方进行了调解（见《刚察县法院巡回法庭进村入户促和谐》，2016 年 6 月 4 日，http://qhhbzy.chinacourt.org/article/detail/2016/06/id/1893323.shtml，2016 年 5 月 12 日）。

③ 刘方勇、廖永安：《回归价值本源：巡回审判制度的考证与思索》，《湘潭大学学报》（哲学社会科学版）2013 年第 2 期。

纠纷的做法与司法受理案件的方式，以及与司法的超脱性相违背，法官私自会见当事人的做法都不适当。① 作为正式制度的巡回法庭审判与作为非正式制度的农村本土纠纷解决方式的潜在冲突也受到关注。有研究者主张，巡回审判主动深入群众的解决纠纷方式，对传统的乡村自主性纠纷解决方式构成冲击，使非纠纷解决方式丧失了以往的过滤、分流功能，增加了审判的负重，不利于多元纠纷解决格局的构筑。② 在具体巡回审判活动环节，也出现了一些值得注意的问题。司法实务工作者便指出：巡回审判的准备、协调环节花费较大的经济和时间成本；巡回审判选择在村落及一方当事人家中进行也不恰当，容易激化双方矛盾，并使得庭审秩序难以维持；巡回审判的信息公开工作不到位，群众缺乏获取信息的渠道。③

（2）与政府部门联合设立之巡回法庭活动的观察

文献资料表明，1994 年到 1995 年，基层地方出现了一股巡回法庭建设热潮，各地涌现了土地巡回法庭、运政巡回法庭、公路巡回法庭等多种类型的巡回法庭组织。对这一时期出现的现象进行观察和总结，有助于了解改革开放以来我国基层巡回法庭建设的实际情况。①土地巡回法庭。与各土地行政部门结合起来的巡回法庭机构，在一些省份获得较为广泛的推行。山东省高院及山东省土地局于 1993 年 5 月 10 日联合颁发了《关于人民法院向全省各级土地管理机关派出专门机构的通知》，力图在全省范围内推行土地法庭的模式。山东各地此类法庭人员多为三到七人，巡回法庭又称"一间房法庭"，即办公室设在土地局，采取每周、每月定期碰头解决问题的方式办案。诸如，定陶县人民法院驻土地管理局巡回法庭由土地局二人、法院三人组建。④②水路运政巡回法庭。此类法庭着眼于提高行政执法的效率，实行法庭执行人员与行政部门工作人员联合办公的模式。诸如，1994年 4 月，襄阳县人民政府决定在该县航务管理所设立襄阳县人民法院水路运政巡回执行庭，开展港区船舶规费稽查相关的起诉和强制执行工作，有针

---

① 杨高范等：《巡回审判制度的法理与司法实践问题探析》，《前沿》2010 年第 24 期。

② 王宗冉：《当前我国基层法院巡回审判存在的几个问题》，《法律适用》2010 年第 8 期。

③ 陈毅清：《基层法院巡回审判工作存在的问题及建议》，《人民法院报》2015 年 4 月 8 日。

④ 马文晓、王占山：《万影皆因月 千声各为秋——山东十县市土地巡回法庭调查记述》，《中国土地》1994 年第 2 期。

对性地解决砂场经营户港务费、货附费征收难问题。① ③公路巡回法庭。为即时解决公路执法中的强制执行问题而设立。设立公路巡回法庭或执行室，受理公路行政诉讼案件及公路管理部门申请的强制执行案件。巡回法庭设立在地（市）级公路管理部门以上单位，法院行政庭所派人员与上级公路主管部门或本级管理部门指派人员组成固定的接访人员，采取每周召开会议的方式，研究解决一周路政及规费问题。② ④渔政巡回法庭。1994 年 4 月如东县渔政站将原来与县法院行政庭共建的合议庭，升格为渔政巡回法庭，作为县法院派出的临时审判组织，同时履行渔政领域相关纠纷的审判职能及发挥服务功能。巡回法庭由县法院行政审判庭、民事审判庭和渔政机构的人员组成。陪审员由县渔政站正副站长担任。该庭报送的统计资料显示，在两个月时间里，强制执行渔政处罚案件四十余件，执行处罚款额达三万余元。③ ⑤水利巡回法庭。在一些地方，诸如河北省沙河市，成立了水利巡回法庭，同年，河南省内黄县也成立了水利行政执行室，作为县人民法院派驻到县水利局的派出机构。④ ⑥种子巡回法庭。山东省有十二家单位成立了"人民法院种子管理巡回法庭"，其职责为受理有关种子行政管理方面的诉讼案件，化解有关种子的经济合同纠纷或民事纠纷。巡回法庭人员由同级人民法院行政审判庭派出，同时又根据工作需要聘请所驻机关即农业局或种子站中有一定能力的人员，担任行政司法联络员。⑤ ⑦统计巡回法庭。1994 年 6 月成立了吕梁地区中级人民法院驻吕梁行署统计局巡回法庭，用于受理与统计法有关的行政诉讼案件，以及统计机关做出行政处罚决定的强制执行案件。⑥ 这一时期，还有相关研究提出要成立专门的审计巡回法庭，采取人民法院派员、在审计机关办公的模式，人员由法院与审计机关的人员联合组成，法庭负责审理对拒不执行审计决定的被审单位进行强制

① 襄樊市航务管理局：《依法治航新举措——襄阳市设立水路运政巡回执行庭》，《中国水运》1995 年第 1 期。
② 王振清、张鹏：《关于建立公路巡回法庭的建议》，《公路》1995 年第 1 期。
③ 黄兵、张继林：《渔政管理走出困境的新路子——江苏省如东县成立渔政巡回法庭》，《中国水产》1994 年第 9 期。
④ 黄秋生：《河北省沙河市人民法院水利巡回法庭成立》，《海河水利》1994 年第 4 期。
⑤ 邓荫金：《强化管理的新举措——种子管理巡回法庭成立》，《种子世界》1994 年第 5 期。
⑥ 刘文斌：《山西省首家统计巡回法庭在吕梁成立》，《山西统计》1994 年第 7 期。

执行的案件。^① 有研究者提出在银行内部设立农金巡回法庭，由法院、农行两方面组建。农行选派掌握法律知识及熟悉农行业务的人员，由法院发放临时证件，担任巡回法庭的助理审判员及书记员的职务。同时在法院设立派驻农行经济巡回法庭，主要审理涉及行、社借贷纠纷和经济案件，实行两块牌子、一套人马、双重身份、双线管理。^②

这一时期巡回法庭建设具有典型性，能够代表基层开展巡回法庭活动的方法和实践。这些巡回法庭组织呈现出某些共同的特征：一是着力于压缩实地执法与司法介入的距离，凸显两部门联合的效率性。这些巡回法庭组织的主要职能之一便是随着行政执法处罚的实施，即时启动处罚的强制执行。二是大多属于定点巡回的模式，普遍派驻到行政执法部门一线。巡回法庭主要依托行政执法部门的办公场所挂牌设置。三是巡回法庭组织的结合性特征，法庭多由法庭派员及行政执法部门选派人员组成。这样做多少带有法庭审判与部门知识相结合的意图。

巡回法庭的扎堆涌现反映了基层执法对效率的追求，通过尽量缩减执法及司法的流程和距离，努力达到及时执行行政执法决定以及增强行政执法权威性的效果。但是，这样做也带来一系列的问题，对效率的考虑明显偏重于行政执法一面，忽视对行政执法予以司法审查以及对公民权利提供救济的方面；巡回法庭的联合性立场，与行政执法部门过于接近的制度设置，有违司法的独立性和中立性；行政执法部门直接派员参与巡回法庭，与审判人员一道开展审判活动，更是违背了人民法庭的组织及运行规范，破坏了巡回法庭公正裁决的基础。

（3）对最高人民法院巡回法庭建设的观察

在新的历史时期，巡回法庭及其审判也经历了深层次的改革与调整。随着中央司法为民、司法便民等政策实施力度的持续加大，巡回法庭建设的意义始终未减，巡回审判已经成为中国共产党群众路线及国家政权人民性的重要表征。新的历史阶段对巡回审判意义的强调和弘扬，催生了设立跨行政区划法院的新的实践。2014 年《中共中央关于全面推进依法治国若干重大问题的决定》中所提出的"最高人民法院设立巡回法庭，审理跨行

① 韩建柱：《应该成立审计巡回法庭》，《审计理论与实践》1996 年第 2 期。
② 王军：《农行组建农金巡回法庭的设想》，《陕西金融》1995 年第 1 期。

政区域重大行政和民商事案件"的改革举措，表明巡回法庭建设突破了一直以来主要局限于基层范围内的状况，相关制度设计及实践被提升到了最高人民法院的层面来展开。

在此之后，落实最高人民法院设立巡回法庭改革规划的步伐不断加快，经过中央公布方案、党组织设立、人大人事任命的步骤，第一巡回法庭、第二巡回法庭分别于 2015 年 1 月 28 日、1 月 31 日正式挂牌成立。① 2015 年 1 月 5 日，最高人民法院审判委员会第 1640 次会议通过了《最高人民法院关于巡回法庭审理案件若干问题的规定》，明确两个巡回法庭的设立地点分别为广东省深圳市和辽宁省沈阳市，巡回区分别为广东、广西、海南三省区及辽宁、吉林、黑龙江三省。2016 年 12 月 19 日，最高人民法院审判委员会第 1704 次会议通过《最高人民法院关于修改〈最高人民法院关于巡回法庭审理案件若干问题的规定〉的决定》，对原有规定第一条第一款进行修改，增设四个巡回法庭及其巡回区，同时又对原有的第一巡回区范围予以扩充，将湖南省编入第一巡回法庭巡回区。由此，修改后的巡回法庭及巡回区除第一巡回法庭及第二巡回法庭的设置外，新增设的法庭情况为：第三巡回法庭设在江苏省南京市，巡回区为江苏、上海、浙江、福建、江西五省市；第四巡回法庭设在河南省郑州市，巡回区为河南、山西、湖北、安徽四省；第五巡回法庭设在重庆市，巡回区为重庆、四川、贵州、云南、西藏五省区市；第六巡回法庭设在陕西省西安市，巡回区为陕西、甘肃、青海、宁夏、新疆五省区。全国范围内，巡回区之外的北京、天津、河北、山东、内蒙古五省区市有关案件由最高人民法院本部直接受理。至此，最高人民法院巡回法庭的设置得到全面铺开，并实现了对全国各省区市的全覆盖。

长期以来，我国的巡回法庭多集中在中级法院和基层法院，在省级法院及最高人民法院层面的巡回法庭实践稀少，带来巡回法庭活动的不均衡

---

① 巡回试点首先在中央层面公布试点方案，即 2014 年 12 月 2 日，中央全面深化改革领导小组第七次会议审议通过的《最高人民法院设立巡回法庭试点方案》；党组织机构率先成立，2014 年 12 月 15 日，两个巡回法庭的党组获得中组部批准成立；人大常委会又依照法院组织法对巡回机构的有关人员予以任命，即 2014 年 12 月 28 日，十二届全国人大常委会第十二次会议审议任命了最高人民法院第一、第二巡回法庭首任庭长、副庭长（见刘贵祥：《巡回法庭改革的理念与实践》，《法律适用》2015 年第 7 期）。

状况。一些研究者也发现了这一问题，提出巡回审理仅强调设置在基层的不妥。① 新近设立的最高人民法院巡回法庭在一定程度上改变了以往偏重基层的状况，很多地方的中级人民法院响应中央的行动，纷纷设立相关专业性的巡回法庭，巡回法庭建设呈现出向法院各层级全面拓展的态势。但是，虽然仍称为巡回法庭，但最高人民法院巡回法庭却与以往推行于基层的巡回法庭活动有着较为明显的区别。传统基层法院的巡回法庭较为侧重边远地区及农村，基于为交通条件不佳的群众提供便捷服务而设置，而新的最高人民法院巡回法庭虽也有便利群众的意图，但在目的上还有分解最高人民法院传统单一中心受案压力的考虑，并且，还在制度上推行了将全国划分为多个巡回司法区的举措。新的机构已经不仅仅是传统意义上的法庭，而是作为已经分院化了的组织机构而存在。这表现在，最高人民法院巡回法庭这一机构并不针对个别案件的审理而设立，而是拥有固定的管辖区域，其实质上行使的是分院机构的职能；其作为一个独立的分院化了的机构进行运作的表现还在于，它设置了传统法庭没有的专门的审判辅助机构以及工作人员，具有分院机构某种程度的正式性。

　　清末立宪以来的分院分庭做法，在漫长历史进程中或显或隐地继受，显现出制度演进的路径轨迹。从清末《法院编制法》中大理分院的设计以来，经过民国时期的传承，虽然其中有 1932 年修正后的《法院组织法》对最高层级法院分院制设计的撤除，但在这个过程中，最高层级法院分庭制的做法及设想始终贯穿。相关的呼吁反映出减轻单一中心受案负担以及便利民众诉讼的内在要求。这种要求也体现在中华人民共和国成立之后我国司法组织体制的变动中，从中华人民共和国成立初期大区制下最高人民法院分院机构的设置，及之后的裁撤，再到近年来最高人民法院巡回法庭的设立，在表征历史演进惊人相似性的同时，也反映了我国司法组织自传统而来内生的运作逻辑和变革机理。

二　带有跨行政区划性质法院的特征总结

　　在我国中央集中指导、省级具体统筹、部门加以实施的司法改革工作体制下，我国跨行政区划法院的改革经历了由基层较为自主、灵活变动的

---

　　① 周守忠：《新时期巡回审判制度运行之完善》，《人民司法》2006 年第 12 期。

阶段，走向省级层面统筹加强、试验活跃的阶段，并即将迈向中央顶层设计进一步加强以及进一步接管的新阶段。这种变革带有以中央集中指导、地方逐级探索试验为内容的，自上而下、基层试点、逐级总结提升的国家建设思想及理念特点。从横向上看，传统上我国带有跨行政区划性质的法院机构在管辖事务方面实行了严格的、清晰的划分，这些机构整体上呈现团块式、复合式分布的状况，以往的军事斗争历史以及中心任务驱动的取向，也造成了这些机构内聚性、依附性的建制特征。

（一）对纵向体制特征的总结

1979 年通过的《人民法院组织法》对基层人民法院的设计对应于县、县级市、自治县和市辖区，对中级人民法院的设计对应于省、自治区内的地区，省、自治区所辖市，直辖市，以及自治州，对高级人民法院的设计，对应于省、自治区以及直辖市。这种设计带有鲜明的行政区域对应性的结构特征。但在这种司法区域与行政区域相吻合的情况之外，《人民法院组织法》对县域内人民法庭的设置给予了较为灵活的规定，司法改革实践在基层的展开，使县域内的法庭设置及改革呈现出较为活跃的状态。新时期以来，随着铁路运输法院等专门法院移交给地方管理，省级层面的法院改革及试验不断推进，人财物省级统筹改革方案的推出，更凸显了省级层面在法院体制改革中日益得到强化的重要地位。

1. 县域层面法庭为重和灵活变通的特征

从历史上看，中国共产党领导下的司法组织建设带有鲜明的基层活跃性，抗战期间对马锡五审判方式的推崇以及对巡回审判的推广，以至中华人民共和国成立以来的人民法庭建设运动，造就了中国共产党领导下的司法注重基层司法建设、重视延伸基层司法触角的传统。1979 年《人民法院组织法》对人民法院组织的系统性设计，也体现了这一传统，在其他层级司法机构较为严格与行政区划对应的情况下，该法第十九条允许基层人民法院根据地区、人口和案件情况，可以并不对应镇级行政区域，设立跨乡镇行政区划的人民法庭。从实践来看，基层人民法庭的设置中，一个法庭统辖多个镇区及街道区域的情况十分常见。改革过程中，中心法庭、片区法庭、社区法庭、巡回法庭等多样化的设计，也凸显了当代中国基层法庭设置的热度及活跃度。

　　基层法庭设置上较为灵活的策略，一定程度上改变了我国司法区划设计在整体上所呈现的与行政区划板块叠合的状态。近年来，在县域范围内，与法庭设置相对应的司法区划分愈来愈表现出灵活性和试验性。与行政区划改革中的乡镇合并相适应及并行的，便是原来按乡镇单位设置法庭模式的变动，相关的并合改革在县域司法层面造就了普遍的法庭跨乡镇行政区划的局面。仅从数量上看，基层人民法庭与乡镇、街道等基层政权组织的设置并不对应，一个基层法庭管辖多个乡镇行政区域的情况十分常见。以北京市为例，全市在各县区基层设置有 61 个人民法庭，管辖区域覆盖了 240 余个街道、乡镇。① 合并乡镇司法管辖区以及灵活设置法庭的实践在政策层面也得到进一步的认可。2013 年 10 月 28 日最高人民法院颁发《关于切实践行司法为民大力加强公正司法不断提高司法公信力的若干意见》，其中第三十四项便提出要合理调整人民法庭的区域布局，并从职能设置、人员配置以及案件管辖等方面强化基层人民法庭建设。最高人民法院《人民法院第四个五年改革纲要（2014—2018）》第四十四项，就完善人民法庭制度作出远景规划，进一步提出优化人民法庭的区域布局和人员比例，推动基层司法领域形成以中心法庭为主、社区法庭和巡回审判点为辅的法庭布局。

　　2. 省域层面试验活跃及统筹加强的特征

　　随着司法体制改革的深入，针对专门法院转型的改革举措，与人财物省级统筹改革趋向的结合，共同促成了省级层面试验活跃、统筹加强的现状。首先，对于传统地理区域特征的专门法院，政策层面上已经明确了与企业脱钩并由省级层面予以接收的改革方针，在实践操作层面，铁路运输法院的脱钩及移交已经完成。与此同时，省直管县法院体制改革、直辖市法院设置改革等改革热点活动也表明省域层面相关法院设置试验处于活跃的状态，尤其是我国知识产权法院的设立也着眼于省域内的试验和统筹，省级层面事实上已经处于中央法律和政策框架管控下开展具体操作与实施的关键层级，法院改革人财物相关的工作更多地由省级层面加以统筹和施行。

　　从历时性的角度来看，我国法院的管理体制在保持中央集中统筹的框

---

　　① 骆倩雯：《人民法庭将全部设巡回办案点》，《北京日报》2014 年 7 月 15 日。

架下，在法院人事管理权方面表现出向省级层面集中的动向。这一点被有关研究者称为法院所经历的先高度分权、而后轻度集权的过程。① 改革开放之初的法院人事管理实行的是以地方党政管理为主的体制，1983 年，党中央为法院的干部管理确定了法院党委与地方党委双重管理的方针，在纵向管理体制上以地方为主，而横向管理体制实行以地方党委为主。1984 年 1月颁行的《中共最高人民法院党组关于各级人民法院党组协助党委管理法院干部的办法》，进一步明确了地方党委、上一级党委、法院上级党组在法院干部选任上的关系。在县级层面，法院人事侧重于由县级党委及其工作部门进行管理。法院人财物省级统筹改革推行以来，传统县域法院所实行的人事管理体制发生改变，以往由县党政部门所主导的人事选任要移交到省级层面来进行。加之用以选拔法官后备队伍的公务员考试的推行，原先省内各管一级的纵向人事体制逐渐迈向省一级集中管理统筹的体制。

3. 中央层面顶层设计和部分接管的特征

我国历史上形成的带有跨行政区划性质的法院，无论地理特性类型的专门法院，还是新设立类型的法院机构，其形成及演变无不带有中央法律及政策进行顶层设计的特征。十八大以来深化司法改革举措的推行，反映了中央在司法组织设置及改革理念上的革新，即从传统的司法与行政相复合的理念向二者在地理上、制度上、运作机制上进行分离的理念的转变。新近设立的知识产权法院及最高人民法院巡回法庭，从改革规划、指导思想、操作方案等层面获得来自中央的支持和指导。因此，中央层面的理念及制度设计的状况，直接决定着法院组织体系改革的方向、进度和深度。这些都使得我国的跨行政区划法院改革表现为中央集中指导和规划、省级层面具体统筹实施、法院部门开展具体落实的格局。中央通过政策制定及实施指导的权力，决定着法院制度整体的塑造以及法院改革进程的推进，同时，自上而下对各方面事务的监督权的存在，也使得各类地方改革都处于中央全领域、全流程、全时段的监管之下。

在中央集中指导和统筹之下，通过对法院事务流程及环节上的细分，诸如人事权在岗位编制、选任动议、选任操作、选任审批、选任任命等环

---

① 孟涛：《改革开放以来法院体制的分权与集权——中国国家司法能力建设的变迁轨迹》，《新视野》2010 年第 4 期。

节的划分，中央与地方形成某种流程间的分权及合作关系。当前，中央层面行使着对法官岗位编制指标及结构的控制，在司法中央化的主张和推动下，这一管理有逐渐向其他环节扩展的动向。在诸多法院由中央管理的意见当中，内容上都是要求法官选任的操作及任命环节要放到中央层面来进行。传统的高级法院院长及副院长等人事选任的中央介入管理，也为法院人事的中央化提供了现实基础。此外，在法院经费提供方面，随着中央专项补助力度的加大以及经费提供比例的增加，中央层面主导性的角色也日益凸显。

（二）对横向分布特征的总结

当代中国带有跨行政区划性质的法院机构在横向上呈现团块式、复合式的分布状态，复合特征表现为法院设置与各地域行政机关设置的复合，同时还表现为与省域管辖范围的复合。传统的专门法院机构多与铁路局、林业局、垦区管理局等机构进行复合设计，使得此类法院跨行政区划的性质带有形式性。新的地方接管改革使这些法院仍然保持在省域范围，停留在省内跨地市的阶段。专门法院这种分布的形成，还受到了我国军事斗争及军事建制的影响，同时也与我国历史上中心任务驱动的发展模式相一致，它们使当代带有跨行政区划性质的法院机构带有内聚性、附属性，并且具有为适应特定任务而设置的性质。

1. 法院布局的团块式复合特征

传统上，那些带有跨行政区划性质的法院机构在水平分布层面上，呈现出团块式分布、形式性跨行政区划的特点，除了与地理特性、专门事务以及特殊情况等方面相适应，而体现对传统省、市、县等行政区划的跨越，法院与所在团块的行政机构设置仍然呈现高度的贴合性，表现在铁路法院与铁路局机构、海事法院与海事局机构、林区法院与林业局机构、垦区法院与垦区行政机构、油区法院与油区管理机构、军事法院与军事机关之间高度的复合性，这些都使得这些机构的跨行政区划性带有形式性。近些年司法改革试点中出现的变通型、试验型以及巡回型的司法机构，也都在跨行政区划方面带有一定的形式性，省直管县体制中的法院设置以县域区划的合并为内容，是一种县域行政区划的拼合，传统上直辖市中院的法院调整也以直辖市为界，并未脱离直辖市行政区划，最高人民法院巡回庭的设置也以省行政区划的结合为特征，这些都表明新的法院机构的设置并未完全脱离现行行政区划的局限，传统的行政区划及其界限仍然发挥着基础性、架构性的作用。

2. 军事斗争历史对法院布局的影响

中国共产党正式政权建立之后相当长的一段时间里，紧迫的军事斗争形势，给包括司法机构在内的国家政权建设产生直接的影响。观察中华人民共和国成立以来那些带有跨区域性质的司法机构的样本，军事斗争及其军事建制的影响痕迹较为明显。最有代表性的首属专门的军事法院，除此之外，铁路法院、垦区法院等专门法院系统在我国司法系统中的存在，反映了一定历史时期的军事化建制对党和国家政权建设的影响。铁路法院原先所依附的铁道部门本身，就是在军委铁道部的基础上设立的，铁道兵成建制地转业后，组建了地方铁路局和工程局。[①] 中华人民共和国成立之后全国多地形成的垦区，也是当年军队成建制转业、就地垦荒而形成的。诸如，黑龙江省牡丹江农垦法院依托牡丹江垦区设立，这一区域由十万转业官兵开发建设而成，辖区跨越了密山、虎林、鸡东、宝清、海林、宁安六个县市。新疆生产建设兵团的司法机构体系也是直接由原部队军事法院更名而来，并依照兵团、师、团三级建制设置，带有较为浓厚的军事建制色彩。

从中华苏维埃共和国时期到中华人民共和国成立之后，党的军事斗争及其管理模式在诸多情况下主导着政权组织建设及其运作。苏维埃共和国时期的司法组织建设便表现出在军事斗争情势下司法机构的临时性、司法程序的即时应对性以及司法裁决的军事适应性等特征。而且，在中华人民共和国成立之后的司法探索时期，国家中心任务与军事会战行动模式的结合，军队人员成建制地转变，给当代中国的司法体系产生了持久的影响。在国家石油开发的大潮中，产生了著名的会战模式和会战文化，这种军事用语向经济及其他各领域的扩展，带来诸多领域管理的准军事性和混合地域性。[②] 曾经一段时间，复员军人进法院成为人事惯例，受到社会广泛关注。[③] 在当前，我国的军事法院体制仍然保持着高度的特殊性，在专门法院

---

① 彭世忠：《铁路运输司法机构存废论》，《现代法学》2007 年第 3 期。
② 李志波、李捷：《石油会战文化应运而生的领导模式》，《石油教育》2013 年第 6 期。
③ 贺卫方：《复转军人进法院》，《南方周末》1998 年 1 月 2 日。

改革实际启动、进程加快的背景下，军事法院在组织依据、人事任免、业务管理等方面的内部性依旧十分明显。此外，以军事对铁路运输法院的历史影响为例，也可以看出，传统军事管理模式造成了司法功能被高度地吸纳，司法经常作为命令聚合体内的构成部分，发挥着从属性、执行性的角色功能。长期以来党政军一体的、以长官意志和行政命令为内容的管理体制，促成了科层制在司法体系的确立和普及，进而造就了党政部门与法院间、上下级法院间以及法院内部管理上的运作逻辑。[①]

3. 中心任务驱动形成的司法建制布局

中华人民共和国成立之后以设立人民法庭为内容的司法建设运动是我国自上而下运动式国家建设模式的一部分。某一时期及该时期的某一阶段所确定的中心工作任务，以政策指导、行政发动、考核激励为贯彻手段，伴随这些中心任务也形成相应的司法组织设置和布局。法院组织建设伴随土改、"三反""五反"等国家经济及社会运动，而且围绕粮食生产、石油会战、木材供应、铁路运输等中心任务，在组织机构设置及功能设计方面体现了对中心任务的保障性。为推动某项运动及执行相应的中心任务，产生了突破传统行政区划界限的动力。这也成为铁路运输、林区、垦区、油田法院等带有跨行政区划性质法院创设的重要动因，中心任务驱动也因而成为我国法院组织建设过程中的鲜明特征。

通过对不同历史时期中心任务的观察，可以发现，各中心任务驱动的司法建设有着不同的特点。中华人民共和国成立之后的人民法庭运动，其刑事法庭的性质，反映了国家在阶级斗争思想的指导下，以刑事惩治的手段，对社会及经济所实施的大规模的改造。改革开放以后，国家全面转向以经济建设为重心，人民法庭为经济发展提供服务的定位得到明确，法院组织建设围绕经济建设运动进行布局的特征更加显著。同时，在法院组织配合中心任务的手段上，也从原来的注重刑事方法向更加注重调解等民事方法转变。

当代中国的司法建设通过贯彻紧跟变革、围绕中心、贴近大局的方针政策，在功能定位、组织建设以及制度建设等方面，展现国家中心任务驱动下的司法配合与协同。针对政策热点问题和国家大政方针部署，最高人

---

① 付磊：《我国司法科层制的建构路径及其背景透视》，《财经法学》2015 年第 5 期。

民法院制定颁发了一系列强化司法保障的政策意见。诸如，2006 年 8 月 21 日颁发的《关于人民法院为建设社会主义新农村提供司法保障的意见》以及 2007 年 1 月 15 日颁发的《关于为构建社会主义和谐社会提供司法保障的若干意见》。而一些跟司法组织设置有关的比较重大的司法改革举措，都有着浓厚的国家中心任务推动的政策背景。2012 年 7 月 19 日，最高人民法院颁发《关于充分发挥审判职能作用为深化科技体制改革和加快国家创新体系建设提供司法保障的意见》，为知识产权法院的设立进行政策铺垫。

我国中心任务驱动型的法院组织建设及改革模式，演变到当代，法院体系所承载的国家现代化的决心及意图愈益浓烈。特别是在十八届四中全会就推进依法治国进行战略部署之后，打造现代化的国家制度形式及法治体系的努力进一步得到体现。国家意志将法治及司法改革的纳入，对于弘扬法治精神、推动司法改革当然具有积极的意义。但回顾我国以往的司法建设及改革历程，中心任务驱动下得以扩展及改革的法院组织，反映了法院在国家体制中的依附性和工具性，法院自身的自主性、独立性的运作机理未获得重视，法院在政治、经济及社会架构中争端裁断及正义最后防线的定位也未能体现。今后的改革，要秉承及坚持国家治理现代化的目标，使这种决心和意志不受间歇性中心任务建设的冲击，使加快法治建设、推动司法改革的脚步不受政策等的影响，还要着力改变国家建设及法治建设中的运动模式，改变对自上而下、行政发动模式的依赖，将国家推动司法制度现代化的强烈决心落实到各地方因地制宜、循序渐进、自主协作的探索和创新之中。

第四章 跨行政区划法院试点
改革的域外借鉴

比较研究是本书运用的主要研究方法。制度及其文化比较构成了比较研究的重要内容，尤其是对不同历史传统、文化背景条件下制度共同点与差异性的比较，成为开展路径及制度的反思、推动路径变革及制度创新的关键。在设立跨行政区划法院的问题上，其他国家长期的历史探索和制度建设经验，能够为当代中国司法机构的改革实践提供有益的借鉴。在比较对象的选择上，首先，作为不同法系起源的那些国家的法的制度，更有代表性的意义。[①] 更进一步地，对域外主要国家司法制度的观察，以国家结构形式为分类视角，可以更加明确地勾勒出跨行政区划法院在体制架构中的定位。本章便以国家结构形式为切入点，并按照国家结构形式研究成果中通行的对国家类型的划分，展开对域外国家相关问题经验的审视和分析。

国家结构形式是我国宪法及国家体制中经常使用的概念表述。在列宁关于国家结构形式的经典的概括中，国家结构形式是关系到无产阶级国家政权中国家与地方间框架及结构的概念。国家结构形式的定义，被归结为国家整体与一般行政区域之间的关系。[②] 时至今日，我国法学界已经普遍接受这一概念用法，国家结构形式划分为单一制和联邦制也成为广泛认同的分类方法。国家所采取的单一制或联邦制的国家结构形式，对其司法组织机构体系产生直接性、结构性的影响。在英法等国的单一制结构形式内，司法机构的中央特征十分鲜明，这些国家司法机构的性质主要是中央归属的，它们由中央代议制机构立法确定全国统一的组织架构及组织形态。法国自近代以来便是单一制中央集权国家的典型代表。当代英国虽经历着较

---

① 〔日〕大木雅夫：《比较法》，范愉译，法律出版社，2006，第83~85页。
② 章之伟：《国家结构形式论》，武汉大学出版社，1997，第75页。

为剧烈的分权化运动，但这一运动并未影响威斯敏斯特议会的主权设定，尤其从法律形式上来讲，英国仍属于单一制性质的国家。[1] 在德、美等国的联邦制结构形式内，司法机构被划分为中央司法机构与各州司法机构两套体系，它们分别代表中央和地方行使司法权，诸如美国实行联邦与州两套并行的司法体系，而德国的司法体系由联邦层面的最高法院机构和州层面的多级法院机构组成。

第一节 单一制国家的试点改革经验

英、法两国的国家结构形式在人类历史的较早阶段形成，并且具有单一制国家形态的典型代表性。两国的司法机构拥有单一制国家司法机构的一些共性，诸如中央司法机构占主体以及发挥主导作用，中央为跨行政区划法院设置确立了统一推行的制度等。但与此同时，两国司法制度及法院组织也表现出不小的差异性，这些差异反映了各自国家不同的历史传统及其演变。英国的司法系统获得较早的也较为发达的发展，在传统封建制向中央集中的过渡进程中，主要采取了巡回法庭到各地方流动办案的方式，逐步促成普通法的形成，并从此以普通法为纽带，整合传统的封建地方单元。相对而言，法国在多边军事斗争等多方面因素的促动下，则走向以消灭封建地方势力、增强君主权力为特征的中央集权道路，通过向地方派驻司法机构，法国较早地形成了带有严格等级制的司法组织体系。

一 英国的经验

英国由早期的地方治理单元的多元性历史并存，经过亨利二世所推行的巡回审判，实现了中央司法机构的塑造及政治国家的统一化进程。通过巡回审判方式，以及由此形成了独具特色的普通法法律体系及司法制度，英国较好地解决了欧洲历史上封建化的现象，较好地完成了统一国家及法律秩序的构建。[2] 可以说，英国跨地域性的巡回审判，是在继承司法治理传

---

① 〔英〕考克瑟、罗宾斯、里奇：《当代英国政治》，蒋鲲译，北京大学出版社，2009，第276页。

② 杨利敏：《亨利二世司法改革的国家构建意义》，《比较法研究》2012年第4期。

统、允许并保留地方多元司法自治的背景下，在历史渐进的演变基础上实现的司法革新。跨地域性的巡回审判也通过推动对地方规则进行有效协调及整合，逐步化解传统封建体制的弊端，实现在地方性民主自治基础上的中央架设及国家统一。

（一）英国在研究论题上的传统背景

对英国现当代司法体系的研究，不可避免地要追溯相关制度形成及演变的历史进程。这些背景就包括作为欧洲文明分支之一的英格兰早期盎格鲁－撒克逊的法律及治理传统，英格兰早期的乡镇自治传统以及诺曼征服以来英格兰传统的渐进性变化等。作为普通法形成重要动因的巡回审判活动，便是在英格兰中央王权与地方治理单位较为均衡的架构中产生，在既不存在较为强大的中央性的军事和管理组织体系，也不存在占据主导的地方封建势力的情况下，巡回审判才得以在地方自治的空间内，依靠王权的推动加以施行。封建制也排斥现代意义上以常设行政机构为内容的行政职能的扩张，"司法是政治权力的核心形态"。[①] 在各地方自治单元与中央性机构相分殊，并相互竞争的过程中，实体公正的观念得到了凸显和增强，英国的司法组织及程序也得以明晰。这其中，英国历史上司法先在的事实，构成治理上的传统，加强及巩固了作为司法方式存在的巡回审判活动。

1. 地方性区域治理的多元性历史并存

英格兰早期的司法制度及司法组织呈现出较为分散、复杂的状况。"这样一种地方和王室共同统治的权力模式对英国普通法的产生和形成是极其重要的。"[②] 地方性的司法既有以人群聚集区域所形成的百户区及郡的法庭，又有因封建领地关系形成的庄园法庭和封建法庭。此外，不仅百户区及郡的社区法庭与新设立的封建法庭比肩并行，自治市内专为英国人设立的古老法庭，作为独立的自治市法庭同时存在。在地方公共法院、封建法院及中央法院之外，通过国王的特许恩准，分别建立了森林法院、商人法院、海事法院、矿区法院以及大学法院等特许法院机构。而教会也拥有自己的

---

① 〔英〕安德森：《从古代到封建主义的过渡》，郭方、刘健译，上海人民出版社，2016，第110页。

② 〔英〕哈德森：《英国普通法的形成——从诺曼征服到大宪章时期英格兰的法律和社会》，刘四新译，商务印书馆，2006，第14页。

法院，1072 年威廉一世命令主教及修道院院长退出世俗法庭，组建单独的教会法庭。12 世纪到 13 世纪，教会法及其法庭的形成，与普通法的发展相并存，教会与王权的长期斗争，以及教会司法管辖与国王司法管辖的争夺，构成英格兰司法体制变革的重要主线。[①]

英格兰自盎格鲁－撒克逊时代便确立了村镇—百户区—郡区的地方区划体制。村镇由农村公社演变而来，全体成员组成村镇会议，而村长由选举产生，村镇会议在村长主持下，仅限受理轻微不端及纠纷调解。而承担各地区大量司法事务的是百户区会议，百户区会议每月召开一次，由郡长任命的百户长主持会议，会议成员早先由该地区的自由民组成，后来随着封建土地所有制的建立，它成为所有自由地产保有人可参加的机构。百户区会议的主要职责为受理财产所有权和继承权、土地转让等民事纠纷，以及盗抢、凶杀等刑事案件。各郡区的组成在历史上便多已存在，郡区会议由原先的民众大会演变而来，事实上是地方郡的治理机构，国王任命的郡长，仅作为郡会议机构的主持人。同百户区会议相同，郡会议同时也是郡法庭，其主要职责之一便是受理案件，这一郡法庭对所有民、刑事案件均有管辖权。英格兰的这一由村镇及郡区构成的体制，成为英国司法在地方的基础结构，尽管经历了王室法庭兴起、地方法庭衰落的进程，但近代以来新的郡法院体制的确立，仍可以在英格兰司法演进的历史进程中找到根源。

封建法庭伴随封建土地保有制的推行而出现，因法庭收入是当时赋税的重要来源，司法管辖常作为封地收益授予国王封臣。从 10 世纪中叶起，国王在授予封地时，便常将封地地域内的司法管辖权也一并赋予。11 世纪的《克努特法典》进一步在大封建主与小封建主之间明确司法管辖的封赐。在国王封地上，存在着调解领主与封臣关系的封建法庭，和由全体庄园维兰组成、审理维兰间纠纷的庄园法庭。封建法庭与庄园法庭均实行集体作出裁判的方式。封建法庭以领主为主持，而裁判由封臣集体性地作出，这一原则呈现在 1215 年《大宪章》中有名的内容——个人有权受到与其地位相等的人的判决；庄园法庭由包括领主、管家、农奴在内的全体成员组成，全体诉讼参加人员的表决形成法庭裁决。

---

① 刘城：《英国中世纪教会法庭与国王法庭的权力关系》，《世界历史》1998 年第 3 期。

　　在地方司法及封建司法之外，自治城市法院、森林法院等其他领域司法，在国王特许的形式下获得不同程度的发展。受商业及对外贸易的促动，英国较早形成了发达的城市，城市也获得了在市政及司法审判方面的自治权。市会议每年召开三次会议，并独立开展司法审判，不受郡会议及百户区会议的管辖。在大的城市，城市被划分为多个区，每周举行一次的区会议，行使对商业贸易相关的诉讼的审判。英王威廉一世将全国的森林宣布为国王所有，并制定了专门的森林法，设立相应的森林法院，用以管理森林财产及维护国王利益。1238 年，全国林区以特伦特河为界，被划分为两大司法管区，各管区配有主管法官及助理法官。森林法院主要审理到林区私自放牧的案件以及偷猎及盗伐林木的案件，国王任命的巡回法官每七年巡回一次，法官在林区召开林区巡回法院会议，由郡长召集林区各村四名村民和村长组成大陪审团，向法庭检举及控诉违法者。

　　英国的巡回法院作为英国跨地方区域性的司法机构，其制度是在英国多地方治理单元的背景下形成的。观察早期地方的、封建的、自治城市的法院，能够发现，它们已然具有固定的法庭主持人、集体裁判机制等共同的司法构成要素，这也成为后来包括巡回法院在内的英国各法院机构的共同性的框架，即职业或非职业法官为主持的，由陪审团裁断事实的法庭组织架构。但多元地方司法治理的差异性仍然具有重要的意义，一方面，多元地方区域提出了法律整合的要求。地方司法所适用的乃是各地方的习惯法，它们互不相通，中央司法机构在为地方个体提供救济的同时，也肩负着协调及整合地方差异性规则的重任。无论在地方公共法院与封建法院之间，还是在世俗法院与宗教法院之间，正是分殊才生成了法律整合的需求，这就为法律的系统化奠定了基础。从另一个角度来理解就是："一个拥有无限管辖权的统治者可能根据各种法律进行统治，但是他不大可能具有将他的各种法律归入一种连贯而整合的智识体系之中的意愿以及想象力，这种体系具有一种复杂的原则（包括为调整原则对于具体类型案件的适用的原则）结构。"[1] 另一方面，多元地方区域尤其是封建性的区域布局，直接影响着新的司法机构的存在方式及其形态，它为巡回法庭的产生提供了社会

---

[1]　〔美〕伯尔曼：《法律与革命——西方法律传统的形成》，贺卫方等译，中国大百科全书出版社，1993，第 270 页。

结构及区域结构上的约束。英格兰早期发展出巡回性的审判组织方式和运行方式，而非定点派驻性的法院组织形式，便具有多元自治地方存在的社会基础和历史背景。

2. 司法先在的政治因子和政治传统

英国法院机构是英国悠久司法机构向现当代传统延伸的结果。英国的司法传统追溯开去，可以溯源到这些地区的古代部落。在盎格鲁－撒克逊人以部落习惯为原始法律的阶段，民众大会是最早时期以集合形式表现的司法机构，包括部落大会、千户区大会和百户区大会在内的民众大会，以表决方式进行司法制裁。这些制度在英格兰的地理环境下得到了最为自然而全面的延续，这种民众大会的形式融入不间断的制度传统之内。① 这种早期日耳曼人的司法传统被盎格鲁－撒克逊人带入不列颠。盎格鲁－诺曼时代继承了古老社会中的司法制因子，这就包括凭借司法并依据习惯程序处理纠纷，而非依靠国王个人独断的传统，即便是国王也无权随意变更司法判决的传统等，这些王在法下的法治传统在封建契约法的外衣下得到了保留和延续。②

英国文明的早期阶段，便没有发展出庞大的官僚与军事体系，出于军事或者行政事务目的的决断方式一开始并未处于压倒性的地位。诺曼征服并未改变当时英格兰经济、社会及法律架构，征服者的军事权力作用是有限的，"因为无论是基于什么样的既存权利结构体系之上，他除了将诺曼人的权力施加于他的随从之外，没有能力做得更多"。③ 在亨利二世通过巡回法庭建立中央司法机构之前，英格兰还不存在负责行政管理的中央行政机构，也没有专门处理封建及地方问题的立法和司法机构。即便是英国国王也未能成功地保持一支足够规模的军队，英国王室在地方也无法配备专门的警察队伍，以致王室法庭对刑事罪案的巡回审判，都要依靠组织12人构成的控罪陪审团来进行。这些环境与背景，在探讨英国巡回法庭的创建以及普通法的生成等问题时，是不能不仔细予以考量的。

---

① 〔法〕基佐：《欧洲代议制政府的历史起源》，张清津、袁淑娟译，复旦大学出版社，2008，第27页。

② 程汉大：《英国法制史》，齐鲁书社，2001，第45页。

③ 〔美〕夏皮罗：《法院：比较法上和政治学上的分析》，张生、李彤译，中国政法大学出版社，2005，第96页。

历史发展的经验也说明，英格兰的政治机构一开始便是司法性的，英格兰的法律一开始也是司法过程性的。英国早期的地方机构具有与司法机构及其职能相融合的特点。村镇、百户区、郡的机构实质为处理诉案的自治性质的地方会议。地方政府最初就是为解决纠纷、保护财产而设立，创立之始，我们后来所认为的那些属于行政管理性质的事务，便具备司法的性质。① 而因为早期的行政并未从司法中分立，国王介入地方事务也以司法方式，国王的代表具有法官的形象。② 可以说，在英国早期，地方性的集体自治决策便与司法的功能相结合，而且司法性的功能就是这种集体自治的主要内容。这种早期的司法民主形式，也决定了英格兰早期法律的产出形态，即行使司法职能的民众大会通过判决和公告的形式宣布法律。这种地方上的司法方式的治理制度，也有力地阻隔了国王通过分配领地实现向地方的权力延伸，使得英国难以走上派驻式的行政集权道路。

3. 自治性区域及其司法为基础的整体架构

英格兰拥有长期的村镇自治的传统，这一传统被托克维尔视为美国继受而来并对美国发展产生重大影响的结构性因素之一。郡、百户区、教区、庄园、城镇等组织及管理单元，形成了英格兰历史上多元而分散的地方治理格局。③ 从古代以来，村镇会议、百户区会议、郡会议为代表的地方治理平台，便是以履行司法职能来展现公共职能的自治性机构。也因此，英国的地方司法自开始便呈现出鲜明的自治特征。在很长一段时间里，百户区法庭承担着英格兰地方大多数的案件审理，这一点就表明地方性的司法机构一开始便具有自主地处理司法事务的特性，而这也成为当时王权的主动期待与要求。历史上，英格兰国王下令，凡是能够在百户区法庭审理的案件，不得提交至郡法院及国王的贤人会议。这看似是国王权力的谦抑，其实也是自治事实的结果。

而英国的巡回法庭也是在这种自治性的结构及背景中产生的。尽管英国同样处于欧洲封建社会的结构性分化之中，但英国的自治架构表现出鲜明的自下而上的分层特性，这使得英国的封建结构不同于法国等欧洲其他

---

① 〔英〕密尔松：《普通法的历史基础》，李显冬等译，中国大百科全书出版社，1999，第4页。
② Alan Harding, *The Law Courts of Medieval England*, London: George Allen&Unwin, 1973, p. 38.
③ 陈日华：《中古英格兰地方自治研究》，南京大学出版社，2011，第84页。

国家，也决定了英国中央巡回司法机构的生成及运作。中世纪晚期英格兰发展的特点在于封建制准备了自下而上治理的土壤，它们是社会和历史事实的呈现而非赠予或让予的结果，普通法及其司法就是在此基础上产生的。① 首先的一点是，自治的架构，有力地彰显了王权在多元自治架构中的司法性角色，也为中央司法的出现准备了条件。这与法兰西国家历史上封建贵族独大、缺乏自治分层架构的事实形成了较为鲜明的对比。相比之下，英格兰国王的角色并非忙于收服桀骜的地方贵族，而是在不间断的巡回中不仅处理同级地方领主之间，而且处理各层级封臣以及各地方居民与领主之间的纠纷。② 对盎格鲁－撒克逊和诺曼时期习惯法和对强势王权两方面的继承，在促成普通法产生的过程中共同发挥着作用。③ 正因为如此，仅仅将英国普通法的产生归结于王权的强大以及亨利二世等国王的个人品格，是不大公允的，王权的强大只是在地方自治分层的架构和背景下才得以凸显，同样强大的王权，在法兰西只是造就了封建消灭后的绝对君主制的国家。因此，虽然王权的压力能够成为普通法形成及发展的关键动力。④ 很关键的就是，王权在封建制离心性的紧张与矛盾中，借助于意识形态及司法领域的维护和抗争，"在不断的斗争中，在私人司法契约网之外建立一种'公共'权威"。⑤ 英格兰长期以来的地方治理传统，与扩大化的区域治理之间构成的张力，为普通法的形成确立了结构性的空间和意义，王室法庭成为地方自治历史传统之下，实现国家各区域整合的重要推动力量。

英国历史上自治性的地方架构也直接影响着巡回法庭的构成及运作。作为普通法制度核心的令状制度，是英格兰地方自治与司法先在传统相融合的产物。行政性的令状，因为无法依靠强有力的行政官僚及军队加以执行，其与地方性自治及其集体决断的碰触，必然产生行政性令状向司法性令状的转变。因此，英格兰普通法令状制度的确立，并不同于欧洲大陆制度引进中的那种有意识的立法方式，诸如法国在 13 世纪中期引入罗马法－

---

① 〔英〕厄尔曼：《中世纪政治思想史》，译林出版社，2011，第 226 页。
② W. L. Warren, *Herry II*, Oakland: University of California Press, 1973, p.258.
③ 〔英〕哈德森：《英国普通法的形成——从诺曼征服到大宪章时期英格兰的法律和社会》，刘四新译，商务印书馆，2006，第 34 页。
④ 〔英〕卡内冈：《英国普通法的诞生》，李红海译，中国政法大学出版社，2003，第 72 页。
⑤ 〔英〕安德森：《从古代到封建主义的过渡》，郭方、刘健译，上海人民出版社，2016，第 110 页。

教会法诉讼程序，它是王权适应地方自治并与之互动的结果。地方政府的自治性及司法性，使得"王国政府不能（直接）处置它，也难以使它在裁决诉讼之外再进行其他合作"。[1] 英格兰新近侵占诉讼令状的发展历史中，由当事人提交给地方法庭的权利令状，以及需要地方郡长呈交王室法官的回呈令状，二者的结构性意义在于，通过令状将关键性的地方因素纳入司法审理之内。[2]

从英国司法组织演变的历史来看，中央司法机构与地方司法机构的消长呈现出否定之否定的发展特点。12 世纪之前的漫长的历史进程中，百户区法庭及郡法庭为代表的地方自治司法机构承担着大多数的地方司法事务，这一点成为新兴王室法庭出现的重要的时代背景。一旦这些地方性的法庭表露出僵化、低效的缺陷，王室巡回法庭便在原有的环境和氛围下，发挥着竞争性的救济和替代功能。整个 12 世纪以来普通法的兴起历程，就是王室巡回法庭不断扩大管辖、发挥作用的历程，同时也是传统地方性法庭呈现阶段性衰落的过程。但地方性自治司法的存在也有其自然的逻辑，在经历王室巡回法庭大的发展之后，巡回审判诉讼不便等问题日益凸显，重新规划及复兴原来的地方司法系统便成为英国司法体系改革的必然选择。1846年的《郡法院法》以及 1952 年的《治安法院法》，都在反思及解决巡回审判问题的基础上，对传统的地方性司法机构在新的时代条件下，予以进一步的加强和改进，使之成为国家司法体系的基础性力量。

（二）英国巡回法庭的演变历程

当时历史阶段中封建化的经济和社会状况是英国巡回法庭产生的主要背景。在封建领主制的经济架构下，国王作为各封建主的共同领主，经常以巡视各封地的方式，彰显国王面对地方的权威。随着国王任命法官到各地方巡回受理涉及王室利益的民事和刑事案件，巡回审判方式开始形成，并在亨利二世时期得到正式的确立。亨利二世时期，巡回审判组织得到大幅度的扩张，针对民刑事案件的巡回审判组织形式得到大力的完善，根据

---

[1] J. E. A. Jolliffe, *The Contitutional History of Medieval England: From the English Settlement to 1485*, Adam&Charles Black, 1937, p. 305.

[2] 〔英〕卡内冈：《英国普通法的诞生》，李红海译，中国政法大学出版社，2003，第 59 ~ 60 页。

巡回审判活动的特点，巡回区的划分也逐渐完备。18世纪中期以来，传统趋于没落的郡法院审判组织也在巡回审判日益普及的背景下，采取了相应的改革，推行了巡回审判方式，并划定了相应的巡回区。20世纪以来，英国通过多次大的立法改革，形成与民事司法领域和刑事司法领域各自特点相适应的巡回区划分。

1. 亨利二世之前的国王巡视及地方法官

亨利二世之前的英格兰国王，需要通过不间断地在王国各领地巡视，来展现其封地总领主及王国首领的地位。当时的国王既没有专门的中央行政机关，也没有专门的地方代表，面对分散的村落和庄园领地，国王常常要带着王室在到处游历和不停地移动中，巡视王国名义下的领土。交通落后及信息闭塞条件下国王到各地方的巡游活动，为后来英国巡回审判的组织奠定了基础。伯尔曼也谈到国王的巡视状态，认为"对这种情况的叙述，几乎就可以为分析封建习惯在11、12世纪转变为封建法律体系奠定基础"。①

亨利一世也试图引入地方法官，其职责是受国王任命主持刑事诉讼，或者是在财税及刑案中维护国王利益。但是，地方法官不能与同一时期出现的巡回法官相混淆，巡回法官的委任是超越地域的，他们被称为"巡回全英的司法官"。② 在英格兰历史上，地方法官也未能演变成为法国那种皇帝委任、常驻地方的官员。随着巡回法官的兴起，在1166年到1168年之间，地方法官逐渐消失。

2. 亨利二世时期巡回审判的正式确立

英国的巡回审判起源于加洛林王朝及其教会巡回各地处理政务的管理方式，诺曼人于11世纪将这种方法带到英格兰。亨利一世时期初步组建了巡回法庭，用以处理涉及王室利益的民事和刑事案件，但这一时期，巡回审理是非经常的、临时性的，只是到了亨利二世时期，巡回审判才成为一种正式的、经常性的司法制度。这一制度正式性的表现就是王室向地方派遣巡回法官的做法在亨利二世时期得到职业化和系统化。巡回审判不限于重要及大的案件，而扩展到所有根据国王令状提起的案件。

---

① 〔美〕伯尔曼：《法律与革命——西方法律传统的形成》，贺卫方等译，中国大百科全书出版社，1993，第367～368页。

② 〔英〕卡内冈：《英国普通法的诞生》，李红海译，中国政法大学出版社，2003，第18页。

亨利一世时期的巡回审，还只是御前会议中的一些成员受委派主持刑事及森林方面的法庭诉讼，带有偶然性和局限性。但这一时期，作为后来总巡回审判的初步要素已经形成，包括"一个较宽泛的与特定事务相关的受案范围，及在若干郡县通过总巡回审被派出处理与国王有关的事务（尤其是司法事务）的官员"。[①] 作为亨利二世对祖上试验的恢复，巡回审得以坚持，并在 1166 年获得大范围重现，巡回审在这一年得到超出以往的扩张。"这种始于 1166 年的普通巡回审是与打击重罪及保护对土地的占有联系在一起的，同时还有传统的森林诉讼。"[②] 1168 年开始的全国性的系统巡回，开创了延绵数个世纪的司法组织特征。这种全国性的总巡回审主要管辖国王之诉，以及巡回审规程所列举的刑事犯罪和封建事务诉讼，包括诸如市场管制及官员行为不当等方面的诉讼，以及普通的民事争诉，即主要依据占有诉讼令及王室令状提起的争诉。[③]

随着总巡回审相关案件向普通巡回审分流，1175 年，亨利二世将英格兰划分为四大巡回区，分别设立四个巡回法庭，负责东西南北四个方向巡回区的审判事务。1176 年颁行的《北安普敦法令》将巡回区扩大为六个，各巡回区的巡回法庭由三名法官组成。由此，普通巡回审判固定下来，由间断演变为常规，在此后近两百年的时间里持续运行。[④] 巡回法庭在运作的过程中，实际演变为综合巡回法庭和普通巡回法庭两种形式，其中，普通巡回法庭包括民事巡回法庭以及刑事巡回法庭。综合巡回每七年一次，作为刑事巡回审判的听审裁判巡回及清审监狱巡回每两年一次。实践中，由职业法官构成、专职审判事务的普通巡回法庭受到普遍的欢迎，到 14 世纪普通民事巡回审判增加为每年三次，其他巡回为每年两次。

3. 18 世纪到 19 世纪地方巡回司法的推行

巡回审判的兴起，意味着原有的以郡法院为代表的地方司法组织的衰落。然而，几个世纪以来，巡回各地的巡回法庭在受到欢迎的同时，也存在着诉讼上较为严重的不便，当事人长途跋涉以及追随巡回的活动均耗时

---

① 〔英〕卡内冈：《英国普通法的诞生》，李红海译，中国政法大学出版社，2003，第 26 页。
② 〔英〕卡内冈：《英国普通法的诞生》，李红海译，中国政法大学出版社，2003，第 27 页。
③ 〔英〕卡内冈：《英国普通法的诞生》，李红海译，中国政法大学出版社，2003，第 29 页。
④ J. E. A. Jolliffe, *The Contitutional History of Medieval England: From the English Settlement to 1485*, Adam&Charles Black, 1937, p. 212.

费力，而且，普通诉讼法庭的案件积压问题十分严重，这些都要求对司法组织体系予以改革。为了纠正相关问题，英国对传统的郡法庭进行改革，赋予其巡回审判职能，使之在新的条件下发挥减轻当事人诉累的功能。19世纪以来的一个时期，英国司法组织的变革较多地集中在对传统郡法庭及百户区法庭的改革，地方司法系统也引入了王室法庭的巡回审判方式，以及划分司法管辖区的做法，力图使原有的地方司法重整旗鼓、发挥作用。

1749年，中塞克斯郡率先进行设立郡法院的改革，其主要内容为郡法院在郡各百户区巡回开庭，采用简易程序、一审终审等制度。到1846年，《郡法院条例》获得颁行，该法在全国各地方设立500个郡法院，这些法院分布于英格兰及威尔士的60个巡回审判区，每个巡回区设巡回法官一名。此时的郡法院已经不同于传统的郡法院组织，关键的一点就是它遵循方便当事人的原则，并不依照各郡的行政区划进行设置。此后的实践也证明，郡法院缩短了案件审理期限，便利了当事人诉讼，也提高了审判效率。

4. 20世纪以来英国巡回司法的改革

优化巡回司法区的划分及设置成为20世纪以来英国司法改革的重要内容。这一时期司法改革更加注重以立法的形式，对巡回审判的区域设置予以改进，其标志性的立法就是1952年的《治安法院法》和1971年的《法院法》。1952年颁布《治安法院法》打破了治安法院设置上遵循行政区划的做法，法律授权英国内政部将全国划分为900多个小的司法管区。1971年《法院法》将英国划分为六个巡回审判区，即中部和牛津巡回区、东北巡回区、北部巡回区、东南巡回区、威尔士和切斯特巡回区和西部巡回区。各巡回区设置有三类巡回审判中心，24个较大城市里设置第一巡回审判等级中心，该中心除由高等法院审理其所管辖的民事案件外，还在高等法院法官主持、巡回法官协助下，审理重大刑事案件；十几个较小城市里设置第二巡回审判等级中心，巡回法院审理重大案件之外的全部刑事诉讼案件；46个城镇设置第三巡回审判等级中心，由巡回法官审理那些应用简易程序的刑事案件。

（三）英国巡回审判做法带来的启示

英国巡回审判直接促成了普通法的生成，由此所反映的通过司法途径促成法律发展和国家整合的路径，以及巡回审判形成所具有的地方性民主自治因素，是英国巡回审判历史所能带来的最为重要的经验启示。英国普通法的历史演进不同于那种理性化的、统一成文法典方式的演进。[①] 历史上的巡回审判为整合封建化状态下多样、差异的地方规则探索了有益的路径，对于我们今天发展既有共通性又有个性的民族国家多元规则体系具有积极的借鉴意义。同时，英国的巡回审判是在地方自治的环境中发展起来的，在最初的时期，在封建制的经济架构下，王权在官僚组织体系以及军事体系上并未占据压倒性的地位，这些都使得巡回法庭是在并行竞争的、可选择的环境下兴起的，再加之地方居民参与的陪审团裁判方式的引入，地方自治的背景以及地方民主参与的背景成为巡回审判的重要特征，这些也都成为我们观察巡回审判不可忽略的重要方面。

1. 巡回审判中的跨地域法律整合

跨区域的法律整合问题是多地域单元所构成的民族国家首先面对的问题。与大陆法那种通过制定通行于各领域的一体性的规则，并且在原则及规则框架下经过演绎的方法适用法律的逻辑有所不同，英国形成了归纳、糅合的法律创制路径，它受到同类案件同样处理和遵循先例原则的指引，英国的法律统一因此而呈现出历时性、渐进性的特征。这种整合方式是缓慢的、渐进的，"它并非国民代表大会以清除陈旧、改革我们所赖以为生的从政治程序到平常日历的每一方面的方式制定出来的"。[②]

普通法在概念本身就有超脱于地方习惯法、得到普遍适用的意义，而巡回法庭就成为英国普通法形成的重要载体，实现了对互补相通的多元地方性规则的有效整合。从概念上讲，12 世纪和 13 世纪的普通法是从教会法中引入的一个概念，它与只适用于当地的地域法相对。[③] 在此之前的历史时期，英国的司法几乎完全是地方性的，地方性的司法与多样化的、地方性的习惯法是相一致的。当时，"法律通过口耳得以传承，而一郡的民众对另外一郡的传统可能一无所知，而且也无需关心"。[④] 在早期封建时代，英格

---

① 陈晓律、于文杰、陈日华：《英国发展的历史轨迹》，南京大学出版社，2009，第 7 页。

② 〔英〕阿蒂亚：《英国法中的实用主义和理论》，刘承韪、刘毅译，清华大学出版社，2008，第 29 页。

③ 〔美〕伯尔曼：《法律与革命——西方法律传统的形成》，贺卫方等译，中国大百科全书出版社，1993，第 551 页。

④ 〔英〕梅特兰：《英格兰宪政史》，李红海译，中国政法大学出版社，2010，第 3 页。

兰的法律与欧洲大陆并无太大不同，二者的法律都以不成文习惯法的形式在地方法庭上运作。① 正是因为巡回法庭在巡回各地的过程中，适用、协调及整合各地的习惯法，而巡回法官也擅长糅合各地分散习惯法，共同适用于整个英格兰王国的普通法才得以形成。

地域性的习惯法曾经统治欧洲各地相当长的时间，它在地方司法以至王室司法中常具有最高的效力。中世纪以后，欧洲各地所经历的与地方习惯法相对的、确立共同法或普通法的历程，在具体路径上并不相同。很明显的就是，作为英格兰法律统一象征的普通法，是由巡回法庭在具体审判实践中生成的，而欧洲大陆法国家则走向了一条罗马法复兴与国王立法或者代议制立法相耦合的共同法形成之路。在这个过程中，如何对待曾经具有最高司法效力的地域性的习惯法，其实有着非常关键的意义。英国巡回法庭对地方习惯法的查证，采取了组织陪审团予以证明的方法，比较而言，德国帝国枢密法院所采取的，是由当事人向法院提交当地习惯法存在及合理性证据的方式，但是，就因为法庭审判运作方式的不同，地方习惯法在英、德两国遭遇的命运也截然不同。英国巡回审判采取中央就近地方的做法，法庭能够有机会与地方习惯法证明近距离地接触和了解，并且采取了陪审团这一具有民主色彩的证明方法，而德国帝国枢密法院则采用中央驻地办公、当事人上庭提交证明的做法，这就造成一方面仅仅是当事人常常无法把握及证明一个地域习惯法的存在；另一方面，法院也缺乏面向地方查证、采用的行动力，更勿论加以系统性的吸收和整合，这就使得德国法院系统在历史转型的时刻丧失了吸收及整合地方习惯法的机会。②

对地方习惯的司法整合，还有赖于中央性司法机构面向居民展开初审直接受案的制度安排，它使得中央性的巡回法庭有机会与地方案件及地方习惯发生直接接触。亨利二世时期王室法庭在接受土地保有诉讼等方面承担初审职责，这一变化产生了统一化和专业化的效果。"统一化意味着以前发端于地方法院并将在那里滞留的大量诉讼现在被提交到了一个中央的王室法官群体面前。"③ 随着巡回活动的发展，原先御前会议的官员分别演变

① 〔英〕卡内冈：《英国普通法的诞生》，李红海译，中国政法大学出版社，2003，第115页。
② John Dawson, *The Oracles of the Law*, Buffalo: William S Hein Company, 1986, p.190.
③ 〔英〕卡内冈：《英国普通法的诞生》，李红海译，中国政法大学出版社，2003，第24页。

为巡回法庭、威斯敏斯特的皇家民事法庭、财税法庭及王座法庭内的专业化的法官，非专业的、随意的处理程式，也转变为一套共同的法律规则和诉讼程序。这些都造就了英格兰普通法的系统性，"威斯敏斯特及外出巡回的法官的活动及他们处理的各种案件构成了一个有内在联系的整体，并为人们以同样的方式所把握和描述"。①

2. 巡回审判中的地方性民主自治

地域性的集体裁判本身是欧洲共同传统的一部分，具体而言，由邻人解决争议则是日耳曼法的一大特色。公元8世纪法兰克王国的国王便使用邻居调查团的方式，对当地习惯予以作证。亨利二世适时引入了起源于大陆的王室调查制度，使用由邻人团体宣誓来解决关于土地的权利诉讼，并以此排斥了神明裁判、决斗等非理性的诉讼证明及决断方式，同时也促进了英格兰地方陪审从证据制度向裁断制度的转变。倘若不是这种引入，英国的地方陪审只是如同瑞典的道路一样，"是一种完全融入了地方法庭的证据制度，而不是一个在王室特派员面前作出裁断的地方团体"。② 刑事领域的控诉陪审团传统上一直在地方法庭运作，基于亨利二世时期巡回审判的作为，这种地方性的运作，才演变为在王室法官面前履行控诉陪审职权、行使起诉犯罪职责的正式性的制度。

巡回法庭的运作无疑具有英国历史上传承下来的由郡、百户区或庄园民众进行集体审判的背景。但英国巡回法庭与地方法庭那种集体决断方式所不同的，便是职业法官主持及发挥作用、陪审团融入法庭决断的结构性的法庭框架。职业法官与民众参与裁判的作用，对于巡回法庭而言都是不可或缺的。人类早期历史的经验也表明，放任官僚裁判而缺乏民众参与，或者任由民众辩论而降低专业性的指导，都会带来法治在司法环节中的严重失衡。希腊城邦的法治经验里，职业法律人地位的缺乏，使得集体裁断式的政治及司法活动在专业性方面严重不足，审判方面缺少主持，导致法律的统治难以维持；随着希腊城邦的覆灭，大规模的官僚帝国兴起，而在接下来罗马帝国的统治下，司法裁判为官员所把持，裁判官员们漫无节制，司法过程堵塞了民众参与的路径，权力无从接受法律的约束。"所有的古代

① 〔英〕卡内冈：《英国普通法的诞生》，李红海译，中国政法大学出版社，2003，第116页。

② 〔英〕卡内冈：《英国普通法的诞生》，李红海译，中国政法大学出版社，2003，第102页。

民族，都无法在这两种极端下面维持平衡，这样，古代民族虽然企图创造植根于法律的社会，却难免失败。"①

欧洲大陆罗马法的复兴和官僚政治的兴起，逐渐带来民众审判的边缘化，古老的民众裁判传统濒临消灭的情况，使欧洲文明面临新的失衡。而普通法则凭借陪审团事实裁断的司法运行程序，有效地传承了古代以来民主治理的传统，并抵御了欧陆法系职业化司法的侵袭。历史上，盎格鲁-撒克逊王国的土地上，"在那里，'司法审判区人民'（sokemen）的自主地块更为众多"。② 与欧洲大陆历史上那种由地方贤达主持的诉讼不同，英国巡回法庭始终具有平民参加的特点，这种职业性与平民性的结合也实现了某种平衡，在英国历史上得以延续。"在王室法官的指导下，当地民众陪审团意见对案件的裁决比地方和封建会议裁决案件在政治上更受欢迎——这可能是仅有的一种在政治上较受欢迎的选择，地方和封建会议裁决案件的程序是更原始的，其权威是如此有限，以致不能控制引起大多数麻烦的封建关系内部之间的各种纠纷。"③ 随着欧洲大陆对罗马法-教会法程序的采用，原有的民众参与制度曾显得怪异。但是，"当大陆的制度因专制及缺乏民众参与而遭致批评和反对时，陪审又被视为抵御非正义的堡垒和与自由民相称的一种制度，于是它又被引进或重新引进这片许多世纪以前就与它有着许多渊源的大陆的土地"。④

概括而言，英国巡回审判的主要特征便是以陪审员制为内容的司法参与架构，跨地域性的司法机构因这一构成，而在中央司法权力和地方司法治理、国家法与地方法之间搭建了桥梁和纽带。英格兰历史演进的独特之处，便在于"一个高度中央集权的国家和一种有伸缩性的民众司法的结合"。⑤ 一方面，这一构成要素是巡回审判法律适用的重要基础，它肩负着

---

① 〔美〕沃特金斯：《西方政治传统：近代自由主义之发展》，杨健等译，吉林人民出版社，2001，第18页。
② 〔英〕安德森：《从古代到封建主义的过渡》，郭方、刘健译，上海人民出版社，2016，第116页。
③ 〔美〕伯尔曼：《法律与革命——西方法律传统的形成》，贺卫方等译，中国大百科全书出版社，1993，第542页。
④ 〔英〕卡内因：《英国普通法的诞生》，李红海译，中国政法大学出版社，2003，第108页。
⑤ 〔英〕安德森：《从古代到封建主义的过渡》，郭方、刘健译，上海人民出版社，2016，第117页。

证明当地习惯法的职责，为巡回法官在地方习惯法基础上展开判决，进而形成判例法规则创造了条件；另一方面，它又是法庭事实证明进而作出裁断的重要环节，起初是邻人，后来是随机抽选的当地民众，对法庭事实证据的认定发挥决断效力。设立陪审团也因此成为保护公民权利的重要举措，同样与法国作比较，"在法国大革命以后，当一系列宣示人权的宪法性文件被实用的英国人指斥为毫无实践效果和实际用处的理论混乱时，上述的信仰便获得加倍的力量"。[①]

二　法国的经验

法国司法在历史发展的最初阶段便有注重身份和资历的因子。[②] 这一点为后世所延续，使得法国司法呈现出专业化、等级化的构成特征。等级制的发展也使得法国成为历史上较早地确立等级化司法体系及其发展模式的国家。以 13 世纪法国巴黎高等法院的设立为标志，法国形成了以逐级上诉为内容的科层制法院体系。这一模式所确立的由最高法院所统领的多层级法院体系，以及通过上诉衔接及管辖扩大形成的司法等级，与确保法律适用统一性的要求相适应，后世民族国家司法组织体系大多带有这种金字塔形的组织结构特征。

（一）法国关于本论题的历史背景

法国在早期的历史阶段受到罗马法及其管理组织形式的影响较深，罗马军事指挥组织多达五百多年的统治，在历史渊源层面形塑着法国早期王室司法组织的发展。这使得 13 世纪欧洲中央集权化趋势在法国表现为王室派驻司法机构及派驻官员的发达，派驻司法机构在管辖、权能上的扩张，不断销蚀着传统封建司法存续的基础，催生了职业化的官僚阶层。这一演进与罗马法的复兴相应和，共同摧毁了封建司法传统及其地方习惯规则。

---

① 〔英〕阿蒂亚：《英国法中的实用主义和理论》，刘承韪、刘毅译，清华大学出版社，2008，第 19 页。

② 与英格兰早期的地方司法不同的是，在法兰克王国时期，国王从其仆从中指派"柯姆特"主持百户区法院的审理，王国的百户区法院是由"柯姆特"从当地社会地位高的人中挑选出，挑选出的这些至少 7 名以上的名叫"拉辛布尔格"的"判决发现人"，负责提出判决，判决交由出席法庭的全体自由人通过后生效（见张彩凤主编《比较司法制度》，中国人民公安大学出版社，2007，第 173 页）。

历史进程中的战争所催发的阶层化演变，以及日益加深的社会阶层划分，也带来王权司法与封建司法之间的分级以及王权司法体系自身的分级，最终促成以职业化为要求的等级化的司法组织体系。法国大革命的震荡并未改变传统的影响，法国司法的发展仍然遵循着历史传统演进的路径，当代法国司法组织的结构特征依然带有鲜明的传统演进的特征。

1. 中央派驻审判的经验及其发展

13 世纪以来的欧洲，司法呈现出中央集权化共同趋向的演变，但法国的情况有着自身的特色。公元 5 世纪到 10 世纪，法兰克王朝及其领主封建制通行于欧洲大陆西部，各地方普遍存在着领主法庭、宗教法庭以及市镇法庭。从 13 世纪开始，法国也出现了王室法庭系统的扩张，但采取的是国王向地方派驻官员进行审判的方式来实现的。这种王权派驻地方审判方式的形成，是法国特殊历史传统的产物。在法兰西受罗马统治的长达五百年之久的历史时期，罗马政权的军事性质对法国国王对地方的统治方式产生了直接的影响。早期，军人被派遣到地方代理国王的角色，并且行使审判案件及负责税收的权力："行省管辖的范围太广，这样的统治方式已不适宜。于是国王在每个城市中派遣一个军人带着罗马的'伯爵'尊号去替他治理人民"。① 此后，国王的行政官员被派驻到地方行使司法职能，并且接受国王派到地方的钦差的监督，这种派驻及监督体制便成为法国历史上国王对地方进行统治的主要模式。查理曼时期，为了监督行政人员，国王派出伯爵和主教作为钦差到各地巡视。在菲利·普奥古斯都统治的早期，国王派出执行官和司法总管，对地方总督进行司法监督，并且对领主法庭的案件行使上诉权，从而将领主法庭纳入王室法院系统的组成部分。到路易八世时期，"一个相对庞大而忠诚的官僚集团王家大法官和王家司法总管被创立起来，管理在王家直接控制下的地区"。② 在整个 13 世纪，国王派出的受薪的执行官，都在不断销蚀着贵族的特权，扩张着君主在地方的权力。③

历史上，法国国王基于军事上、税收上、行政事务上的不同需求，往

---

① 〔法〕瑟诺博斯：《法国史》，沈炼之译，商务印书馆，1972，第 70 页。
② 〔英〕安德森：《从古代到封建主义的过渡》，郭方、刘健译，上海人民出版社，2016，第 115 页。
③ 〔美〕本内特、霍利斯特：《欧洲中世纪史》，杨宁、李韵译，上海社会科学出版社，2007，第 303 页。

地方派驻行使相关权力的官员，并将全国划分为相应的军区、税区和行政区。这种国王对地方的统治，为后世法国行政法院系统以及审计法院等特殊行政司法机构的存在提供了历史的渊源。法国的省在历史上曾经并非行政区域，而是具有共同语言、传统和风俗的地理单位。到 18 世纪，从大贵族中选任的省长，仅是一种荣誉头衔，具有名义上的权力，且常驻凡尔赛，没有国王命令，不得径往其头衔所对应的区域。实际在地方行使权力的，便是国王委派到地方的特派员、行政官及巡按使。16 世纪后半叶，国王选派到各军事辖区的特派员，被转任为各财政区的行政官。路易十四时期，设置了司法、警察、财政之巡按使，用来整合地方行政规划系统，强化君主专制。到 17 世纪末，法国被划分为 45 个财政区，国王亲自任命巡按使，管理税务及行使司法权。

可以说，"旧制度下的行政结构基于军区，而尤其是基于巡按使区"。[①] 透过中央的最高王家法院及其设置在地方的巡按使法院，巡按使便成为绝对君主政体之下中央权力在地方的代表。巡按使全名为"司法、警务与财政之巡按使"，源于 16 世纪设立的"出巡的申诉士"，到 17 世纪后半叶，这一制度普遍设立。巡按使从枢密国务会议中的申诉士中选任，作为国王的直接代理人巡查地方各级司法。不仅能够出席及主持除高等法院外一切地方法庭的审判活动，而且能够监督所有的法官，对违反治安及叛逆罪有终审权。

国王向地方派驻官员行使审判权力的做法，加快了职业法官阶层的形成，国王的权力同样也成为欧洲大陆罗马法复兴的重要支持力量，推动了欧洲大陆职业法官制度以及法律适用制度的构筑。国王领地的主管由骑士贵族担任，通过指派市民阶级出身的副手代行书写工作，形成了专管民事及刑事诉讼的长袍法官。"这样便产生了一个职业的法官阶层，他们以高等法院的顾问或下级法院的法官名义出席法庭。"[②] 由此，欧洲大陆依照习惯法审案的传统发生着改变。"王室的领地总管衙门变成法国最早的地方行政的中心……而他们却把审案的方式完全改变了。"[③] 在历史上，无论贵族法

---

① 〔法〕索布尔：《法国革命（1789—1799）》，端木正译，三联书店，1956，第 31 页。
② 〔法〕瑟诺博斯：《法国史》，沈炼之译，商务印书馆，1972，第 232 页。
③ 〔法〕瑟诺博斯：《法国史》，沈炼之译，商务印书馆，1972，第 233 页。

庭、领主法庭，抑或教会法庭，每个法庭都根据习惯法来审理案件，在教会法庭及南方成文法地区之外，"法官除了口传的习惯法外，没有其他的法则；于是在审问一个案件时要回忆对同类案件所曾经宣布的判决，这叫作援引'前例'。法官要在本地年高的人的记忆的帮助下，'寻求判决'，这就是说，寻找使用的法则和宣告判决。"① 但是，"当案件由职业的法官判决，当诉讼由研究罗马法的辩护士辩护时，这种制度就慢慢地改变了"。②

2. 法国社会的阶层化与司法的分级

阶级的形成是法国历史上的重要事件，它也成为法国历史传统中的重要特征。农民、武士、市民阶级以及教士阶级等截然不同的阶级，塑造了一个完全不同于古代社会的法国社会，"这种社会结构后来成为国家永久的基础。它对法兰西民族的发展起了决定性的作用"。③ 社会的阶层化在早期便奠定了封建司法与王权司法的等级体制，随着王权与贵族的长期斗争及其带来的王权对贵族的吸收和买断，法国的阶层化呈现新的特点。在法律和司法领域，它不仅形成了近代法国司法的等级结构，也创造了金字塔形等级制的统一法律适用格局。贵族与王权的紧密纽带，以及司法官作为传统贵族阶层的核心构成，亦构成法国的司法官选任等制度形成的重要历史背景。

战争的因素成为法国社会阶层化不可忽视的推动力量，法国的地缘特点及其长期战争历史也给法国的社会结构以至司法架构产生直接的影响。"战争不仅左右了法国的对外政策；它并且决定了法国人民的命运和国家的形成；敌人的入侵和征服，武士阶级的统治，军队武装力量，这一切迫使法国采取它特有的社会结构和政府形式。"④ 旨在推行战争的军事指挥架构产生了王权常驻地方的行政官员体制，由此奠定了法国中央与地方间的单一制国家架构的基础。长期战争所带来的国家体制，也加速了法国社会的阶层化，使法国社会日益呈现出泾渭分明的阶层化特征，尤其是专职作战的骑士阶层在法国的兴起和壮大，彰显了法国传统社会受军事影响的程度。骑士阶层在当时社会占据首要地位，骑士所组成的骑士团成为中世纪法国

---

① 〔法〕瑟诺博斯：《法国史》，沈炼之译，商务印书馆，1972，第 233～234 页。
② 〔法〕瑟诺博斯：《法国史》，沈炼之译，商务印书馆，1972，第 234 页。
③ 〔法〕瑟诺博斯：《法国史》，沈炼之译，商务印书馆，1972，第 135 页。
④ 〔法〕瑟诺博斯：《法国史》，沈炼之译，商务印书馆，1972，第 14 页。

文明最特殊的创造。"贵族阶级的构成——到 12 世纪时，来源极不相同的武士——从国王到被主人武装起来的农奴，最后融合成为一个独特的而且已成为世袭的阶级。"① 法国频繁的战争需求以及骑士作为独特阶层的存在，削弱了法国社会本来便显得薄弱的法律因素，决斗等司法活动方式亦成为法国司法传统中的特色。"除了诺曼第之外，一切武士都保持着打仗的权利。在 13 世纪末叶以前，国王也不敢在他自己的领地内禁止打仗。"②

与英国早期历史中司法始终受到地方性民主架构的约束不同的是，法国在早期便形成了那种由国王行政官在地方贵族中选任法官的历史事实，奠定了法国历史演进的政治及司法因子。王权与贵族的结合，封建领主与贵族的结合，构成法国司法权演进的历史主线。在法国司法历史中，只有拥有领主权的贵族才有权利担任法官。历史上，"严酷的领主司法权统治着被农奴化的乡村大众，他们失去了自己的各种民众法庭"。③ 从事法官职业一直带有身份属性，并保持着与贵族阶层的结合。④ 从 10 世纪到 11 世纪，领主们选任贵族充任领主法庭的法官，这些贵族听从领主们的命令。而王室从任用身边侍从到发展出专门的行政官员，这些人员被派遣到王室领地行使司法权，形成早期职业化司法阶层的主要构成。当然，王权与贵族在区域空间上的分离，尽管产生了王权与贵族的激烈斗争，但王权通过对贵族的整肃及收买，成功地实现了对贵族的吸收。到了后期，弗朗索瓦一世从制度上确认了法官职位捐纳的做法，进一步推动了贵族阶层的腐化以及与王权的联盟，国王的集权得到加强和巩固。

与王权与封建司法的阶层化相伴随的是，王权司法与封建司法各自内部出现进一步的阶层分化，一方面，到法兰西王国时期，领主法院依照领主的等级，已经分化为高级领主法院和初级领主法院，后来，在各封建主领地改制为省的过程中，分别设立了各省最高法院，成为当地的最高审级；另一方面，国王依照权贵等级状况，在国王执行官之上，还设立了由高官权贵组成的名为沙莱特的特殊法官机构。亨利二世更于 1552 年在省最高法

---

① 〔法〕瑟诺博斯：《法国史》，沈炼之译，商务印书馆，1972，第 160 页。
② 〔法〕瑟诺博斯：《法国史》，沈炼之译，商务印书馆，1972，第 165 页。
③ 〔英〕安德森：《从古代到封建主义的过渡》，郭方、刘健译，上海人民出版社，2016，第 114 页。
④ 杜苏：《司法独立的黎明——法国古典司法体制诸问题研究》，《中外法学》2013 年第 1 期。

院和国王执行官之间设立新的一级法院机构——高等法院。阶层的分化使得法国司法率先在人类历史上创造了一个具有高度等级性的司法组织体系。13世纪巴黎最高法院的设立，初步建立了以之为最高司法管辖权的，并通过王室司法对领主司法的吸纳，从地方到中央的等级化的司法体系。而法国大革命并未从根本上触动法国贵族传统，这一政治因子从古代、旧制度时期，沿袭、影响至近现代法国司法的内核。"19世纪的司法重建过程中，司法官已经演变成为地方显要的贵族统治。……后来的政府通过建立职务晋升制度来巩固普通多数的忠诚和利益。"①

贵族化和阶层化的结合，促成了法国司法官僚在历史早期的发达，司法贵族阶层组成的行政化的司法官员，他们的存在、他们的利益以及他们的意识不仅催生及巩固了职业化的法官阶层，而且塑造及延续着整个司法体制。司法促成社会整体比例协调，它在被划分为等级的社会中发挥作用。1776年3月2日，巴黎最高法院在其作出的谏净书中便强调，不对人的身份加以区分便会带来混乱和无序，等级意味着和谐，"我们不能在平等的条件下生存，一部分人指挥、其他人服从是必要的"。②

等级观念铸造了法国纠问式的司法结构。王室派遣法官在法国历史的较早时期，即法兰克王国时期，便摒弃了辅助誓言人宣誓证明的方法，那种后来被英国司法借鉴为陪审制的邻人宣誓调查方法更无法立足。王室法官取而代之发展出由法官询问当事人及证人来发现事实的纠问式的诉讼制度。能够构成滥捕滥诉屏障的那种控诉陪审团制度也为职业化的检察追诉机制所代替。逐渐排斥了民众参与的、王室官员主导的司法组织架构，造成司法制度强烈的职权主义色彩以及司法的封闭性。法兰西王国沿袭传统的纠问式的诉讼程序，作为王室所派遣的政府官员的司法官，奉行秘密审判、刑讯逼供以及禁止申辩。以至于后来欧洲大陆罗马法的复兴以及职业法官全面占据司法领域，更多的乃是国王集权及其司法贵族阶层利益共同要求的结果。尽管大革命推动法国引进了陪审团制度，但陪审团与职业法官之间依然具有法国自身阶层分化的特点。1801年的法律不仅明确了法官主持预审的职责，还确定了法官担任陪审团领导人的角色。现行的法院组

---

① 〔法〕特吕什主编《法国司法制度》，丁伟译，北京大学出版社，2012，第16页。
② 〔法〕罗什：《启蒙运动中的法国》，杨亚平等译，华东师范大学出版社，2011，第373页。

织分级、法官职级划分及晋升制度，审判组织中对法官主审性质与助理性质的分配，都表明了当代法官司法体制对阶层化划分传统的继受和传承。

3. 大革命与法国司法的传统延续

法国大革命经常被视为革新剧烈、波及范围广泛的大型政治革命和社会革命，它也常被看作法国近代社会的开端。然而，法国大革命并未割裂包括法律传统及司法组织传统在内的法国传统演进路径。法国的政治生活源于它的古老结构，它"好像地壳一样，是由许多连续不断的地质层堆砌而成的"。① 革命的震荡似乎只是历史进程中较为强烈的颠簸，法国社会依然按照强大且执着的历史惯性和路径依赖，传承及延续着旧制度。大革命后的司法组织依然在旧制度原有司法组织的基础上演变而来，法国中央与地方区域的架构并未得到根本的改变，行政法院组织从旧制度沿袭的色彩也尤其明显。革命者试图改变国家治理的逻辑，但这些改革措施，包括司法的全员选举、推行的地方自治举措、新的司法区划分等，都在不久之后经历了历史朝向的恢复，对英国陪审团制度的引进也随之予以法国式的改造。

旧制度的历史逻辑是文化传统的逻辑，也是国家体制及其权力设置的逻辑。法国是欧洲绝对主义君主制的典型国家，君主不仅居于权力顶端，更以一人成为国家绝对主权的象征。虽然经历了法国大革命，但资产阶级共和国时期权力设置的逻辑依然没有改变。"统一、不可分割、不可能犯罪——所有这些传统上都归结于半神的国王的品质，现在却转移到革命的'人民'的身上。"② 原先绝对君主制下的特别司法惯例和传统进一步以参照继受的方式得到强化，"国民公会重新恢复了政治审判，路易十六是这一长串审判的第一个。制宪会议用危害国家罪取代了以往的危害王权罪"。③ 革命法庭及"爱国者陪审团"的组建，凸显了这一时期司法的革命色彩，法庭依照以往王室法庭的建制逻辑，承担了镇压反对革命、复辟王权、危害共和国任何举动的职责。原来在君主体制下备受压制的司法，在大革命后

① 〔法〕夏普萨尔、朗斯洛：《1940年以来的法国政治生活》，全康康译，上海译文出版社，1981，第3页。
② 〔美〕邓恩：《姊妹革命：美国革命与法国革命启示录》，杨小刚译，上海文艺出版社，2003，第78~79页。
③ 〔法〕特吕什主编《法国司法制度》，丁伟译，北京大学出版社，2012，第13页。

的国家体制中更以内在背反的形式得到延续。法国宪法明确了司法独立的原则，但立法机关频繁作出对司法官独立原则予以改变的决定，使得这种独立原则具有内在的悖论，"从 1958 年 12 月 22 日《组织法》的第 55 - 1270 号命令生效开始，司法官地位条款被修改了十八次。"① 司法当前的地位无疑可以追溯到旧制度时期："从旧制度时期开始，立法机关在每一次的司法改革中，都在混淆最高立法权力与国家主权的区别，唯恐产生一个拥有强大权力的法官群体。"② 司法机关严格接受立法管束的观念和现实，无疑带来了司法自主性不足、司法组织设置僵化等方面的弊端。

因此，尽管经历了大革命，法国的司法组织与传统的联系并未割裂。法国大革命之后的制宪会议通过一系列法律所设立的新的司法机构，多是在传统司法组织的基础上演化而来。包括将原来国王司法执行官改变为区法院，这一法院在多次调整及改革后，1810 年被更名为市民事法院，1958 年被改为大审法院。大革命后，还在原来地方总督管辖的城镇和区设立协和法官，处理标的较小、案情简单案件的调解及仲裁。法国的最高行政法院也继承了旧制度下国王的参事院，1953 年 9 月 30 日的法令将各省参事院改为二十四个行政法院。1807 年成立的审计法院延续了旧制度下的审计法庭。制宪会议基于商事裁判传统，继承了旧制度下的商事裁判制度，更名为商事法庭。此外，法国的劳动法院早在 1809 年便已设立，它起源于旧制度时期里昂丝绸厂厂主与工人间的纠纷解决机构。法国司法组织所实行的普通法院与行政法院区分的双重司法组织体系就源于大革命之前的旧制度，1790 年 8 月 16 日和 24 日的法律延续了旧制度的禁止性要求，直接规定普通司法机构不得干扰行政机构行使职权。

法国大革命期间的一些带有革命色彩的举措，诸如法官的全员选举、全国司法区域的重新划分等，都在之后经历了大幅度的恢复。在革命民主理念的指导下，制宪会议推行从基层治安法院到最高法院所有法官均由选举产生，并规定每六年重新选举一次。但随后，在 1792 年到 1799 年的法兰西第一共和国时期，选举产生的法官马上经受了第一次司法大清洗及国民公会的整肃。到 1800 年 3 月，执政府法律规定所有司法官由执政官任命，

① 〔法〕特吕什主编《法国司法制度》，丁伟译，北京大学出版社，2012，第 24 页。
② 〔法〕特吕什主编《法国司法制度》，丁伟译，北京大学出版社，2012，第 27 页。

执政官无权撤销这一任命，这一规定也成为法官终身制的起源。经历大革命的震荡变化以后，司法权的设置又向既往方向回归。包括检察院行使追诉权，取消控诉陪审团，上诉法院设置控诉庭，预审法官主持刑事预审并指挥书面、秘密侦查等。这一时期所掀起的司法复古的风潮，恢复了法官等级制的效应。[①]

（二）　法国在本论题上的制度现状

法国的法院及其司法区的特色在于其多类别设计的初审司法区，初审环节不仅有民刑事务上的区分，而且还分别按照数额的大小以及罪行的轻重，设置了相应规模的初审法院机构。初审环节的多层级组织设计之外，还设置有专门的上诉司法机构及上诉司法区，不同的司法区之间并不互相重叠。此外，法国还设立有行政法院系统以及商事、劳动法院系统，并形成相应的独立于行政区划的司法区划设置。在总体上，法国各法院系统因受案性质以及受案层级的不同，而形成各自独立的司法区划。

1. 民事司法区与刑事司法区的划分

法国实行民刑分开的司法组织建制，仅就一审来说，民事、刑事司法组织分别按照案件标的和罪行轻重予以划分。其中，民事司法组织在传统上包括小审法院、大审法院，刑事司法组织则包括治安法院、轻罪法院、重罪法庭。2002 年设立的近民法院，补足了一审民事司法组织的三层结构。一审三级的民事及刑事组织分别形成了民事司法区和刑事司法区，民事及刑事司法区分别独立存在，并不一定重合，而各司法区与所在的行政区划也并不对应。法国对一审民刑事案件的司法辖区设置在总体上呈现较为分散、相对独立的格局。

一审民事司法组织依照受案额度的大小进行区分，按照额度逐渐增多的逻辑构筑三级民事司法组织。这其中，近民法院设立是较为晚近的改革举动。2002 年 9 月 9 日通过的《关于司法指导方向和计划的法律》设立了近民法院，审理低于 1500 欧元标的的民事案件。小审法院带有历史承继性，由原来的协和法官演变而来，在全国共设置 473 个。小审法院一般将机构设在各省的首府，但其管辖区不与行政区划相对应，而且，小审法院在上诉

[①] 〔法〕特吕什主编《法国司法制度》，丁伟译，北京大学出版社，2012，第 15 页。

法院院长的授权下，可以组织跨区法庭。从 1970 年开始，小审法院的法官均由大审法院指派承担，任期三年。小审法院实行法官独任制，审理涉及 4000 欧元以上 10000 欧元以下的动产诉讼，4000 欧元以下的不动产诉讼，以及其他一些民事诉讼。

截至 2000 年，法国在全国还设立有 181 个大审法院。各大审法院管辖区域并不严格对应于行政区划，一省内大审法院管辖多区域的情况也属常见。诸如北部一省设立了九个大审法院。大审法院的法官数目也从几个到几百个不等。合议制曾经为大审法院的审判组织原则，但随着独任制的更多运用，合议制遂成为例外。大审法院受理 10000 欧元以上的动产诉讼，4000 欧元以上的不动产诉讼，以及其他有关个人和家庭事务方面的诉讼。

刑事司法组织按照违警罪、轻罪、重罪的分类，分别有治安法院、轻罪法院、重罪法庭。治安法院设置在小审法院，处理罚金 1500 欧元以下的违警罪，独任制审判。轻罪法院设置在大审法院，由一名法官和两名助理法官组成合议庭审理。实践中，依照法定例外情形的规定，约 50% 的轻罪案件实行独任审判。重罪法庭是唯一的省一级司法管辖机关，全国共设有 104 个。但重罪法庭为非常设，法官由上诉法院和大审法院的法官每季度轮流换任。上诉法院首席法官任命法庭成员，包括一名庭长，两名助理法官，以及在选举人名单中随机抽选的九名选民组成的陪审团。重罪法庭的十二名成员集体出庭并合议，有罪判决须得到至少八票的绝对多数。2000 年 6 月 15 日的法律规定对重罪法庭的上诉为另一重罪法庭，但陪审团为十二人。作为例外，军人犯罪、危害国家利益犯罪、运输毒品犯罪、恐怖主义犯罪等犯罪，设置九名法官组成的专业法庭审理，不设陪审团。

此外，法国还设立有未成年人犯罪法院、海上刑事法院等特别刑事司法机构。未成年犯罪法院系统包括了少年法官、少年法庭、未成年人重罪法庭。少年法庭共 155 个，既可能与大审法院管辖一致，也可能在一个大审法院管辖区内设置多个少年法庭，也可能横跨多个大审法院管辖区。少年法庭除一名少年法官外，两名助理法官都是非职业性的，由司法部在热心人士中任命。海上刑事法院审理海上重罪及轻罪案件，主要设立在沿海大的港口地区。该法院由一名大审法院法官担任首席法官，由四名海事专家任助理法官。

2. 一审司法区与上诉司法区的划分

法国依据民事案件的数额以及刑事案件的轻重程度，对初审司法组织系统予以区分。与一审司法组织系统相适应，一审司法区的区划设定，也多是基于方便诉讼的原因，意在使之适应人口变化、流动性情况以及诉讼的复杂现状。此外，法国还设立有专职于二审的上诉法院系统，该法院机构并不依照案件额度及重要性，担负相应的一审职责。这样，法国在最高法院之下，便形成初审与上诉管辖区分清晰的司法组织架构。而且，法国上诉司法区范围也并不是初审法院——无论大审法院或是重罪法庭——管辖司法区的简单合并，而是单独设计、自成体系，彰显出上诉法院与初审相分离的制度设计观念。

法国的上诉法院即二审法院共设有 35 个，其中本土 30 个，海外省 5个。上诉法院的设置地点也不一定在省首府，而且其管辖区域可以跨越多个省，诸如雷恩上诉法院就管辖五个省。无论普通法院，或是行政法院，它们的上诉法院都不与作为行政区的大区对应。上诉法院不仅审查事实，也审查法律。一般实行至少三名法官组成的合议庭审理方式，对重要案件实行五人合议庭制。

3. 普通司法区与行政司法区的划分

在负责民刑事案件的一审及上诉法院系统之外，法国法院较为重要的分支便是行政法院系统。由三级行政法院设置也形成了相应的三层行政司法区的划分。其中，负责一审的行政法院，设立于 1953 年 9 月 30 日，其前身是执政官下辖的省参事会。到 2000 年，共设立 37 个行政法院，其管辖区域一般与普通上诉法院的管辖区域重合，均实行跨省管辖。一审行政法院判决由三名法官组成，重要案件由全体会议作出。

法国最高行政法院在很长一段时间里，是唯一受理针对国家行政行为的专门司法机构。但随着案件的增多，最高行政法院也越来越难以行使上诉职能，设立行政上诉法院势在必行。1987 年通过立法设立行政上诉法院，最初共有五个，到 2000 年扩大到九个，其管辖跨各大区。行政上诉法院由五名法官组成合议庭进行裁决，重要案件由全体法官集体决定。

4. 商事、劳动等专门司法区的划分

在普通司法机构之外，法国还设立了受理劳动、社会保险等特定领域诉讼的专门司法机构。专门司法机构并不依附于普通司法机构，它们拥有各自独立的管辖区域。商事法院是这一类型司法的典型代表。这一发端于1563 年国王敕令的法院,具有悠久的历史。到 1999 年,全国商业法庭共有155 个。该法院的特色在于,法官为非职业,并严格遵循对等原则设置,由劳资双方群体各自选举产生,法院首席法官及次席法官由劳资双方轮流担任,且在全体大会上选举产生。任何一方不占多数时,由小审法院重新裁判。

1999 年 7 月 30 日颁布的第 99 - 659 号文件撤销了 40 个商事法院。经过布局的调整,商事法院的设置呈现出自身的特点:一方面,并未按照行政区划予以设置;另一方面,各地的商事法院与大审法院形成了共同发挥作用的格局。在一些地方,诸如阿尔萨斯和摩日尔,商事法院为大审法院的商事法庭所取代,在洛泽尔省和上萨瓦省,并未设立商事法院,而由大审法院行使商事审判职责,在法国的海外省和海外领地,采取大审法院院长与两名商事法官混合的方法组成商事法庭。

最早出现于里昂的劳资争议法庭,在当时是一种调处丝厂主与丝厂工人之间纠纷的等席制司法机构。1848 年的法令进一步明确这一机构组成人员的对等性,即由相同数目的企业主代表及企业工人代表构成,机构主席由双方代表轮流担任。劳资争议法庭一般包括工业从业者法庭、商业从业者法庭、农业从业者法庭和其他职业从业者法庭。1979 年又设立了企业管理人员分庭。1979 年布林法及其后几项法律的颁布,使劳资争议法庭下属法庭的设置更加灵活,法庭的组织结构也经历了新的调整。

(三) 法国关于本论题的改革动向

法国的司法改革提出了亲近公众、彰显和谐、提高效率等一系列思想理念,以应对关于法国司法程序复杂繁琐、诉讼拖延、成本高昂以及不易接近的诸多批评,在司法组织机构方面也推行了设置近民法院、调整司法机构分布、改革司法运作流程等方面的举措。在 1989 年,法国司法部提出《旨在实现人性化的、现代的、有效率的司法》的改革报告,涉及促进法官职能的集中化,改进司法人员的管理,以及简化诉讼程序等改革举措。20世纪 90 年代以来,法国司法改革又启动了设置近民法院的改革,力图增强司法的亲民性,实现司法的接近性、便利性和可预见性等改革目标。

1. 推行近距司法和近民司法

2008 年 8 月,法国司法部发布新的司法改革报告——《和谐司法的合理规划》，该报告将建设亲民司法摆在首位，提出司法不仅要足够亲近公众，而且要切实满足变化了的公众需求。报告旨在建设更容易理解、更容易求助、更有预测性的司法体系，在法院管辖及诉讼程序方面贯彻更加便民的改革取向，提出的司法改革举措涉及民刑事程序简化、多元纠纷解决、司法组织机构改革等多方面内容。

作为近民司法理念的实施，1998 年第 1163 号法律和 2001 年第 1009 号法令创立了"司法与法律之家"。该机构主要针对法国城市周郊地区司法服务不力的现状，以及轻罪案件处理冗长的问题而设立，其目的是"在城市管理政治（地方层面，邻近性）和刑事政治（司法）之间寻找一个链接点"。[①] 作为亲民司法理念的实践，"司法与法律之家"首先于 1990 年在巴黎近郊的塞克基—庞图瓦斯区域建立。该机构的组成人员为来自警察部门、检察部门、大审法院、律师协会以及区政府的有关负责人，还包括预防犯罪协会、受害人帮扶协会等法律服务公益机构人员，其他法律服务机构的人员也可参与。这一机构的主要职责为向居民提供法律咨询及帮助，实施替代性纠纷机制以及刑法替代手段，以及向刑事司法领域的受害人提供扶助等。

2002 年第 1138 号法律创设了邻近法官，又称亲民法官，受理自然人因非职业生活需要提起的，标的额不超过 1500 欧元的债权动产案件。第 1138 号法律草案对设立邻近法官的背景做了说明，即小额纠纷常常受阻于时间长、成本高及程序复杂的司法门槛，有必要设立新的法院机构，就地及采取调解和简易的方法处理这些案件。邻近法官具有某种兼职性质，其资质要求具备一定的工作经验，诸如担任过法官，从事过法律性质的公务员工作，或从事过司法调解员工作五年以上的。邻近法官实行流动办案，可将办案地址设置在市政府、"司法与法律之家"以及其他适宜的地方。此后的改革围绕拓宽邻近法官的选任来源，改进邻近法官的工作环境，以及加强对邻近法官的培训等方面加以推进。截至 2010 年底，邻近法官的数量增长到 664 名，他们分布在全国 305 个邻近法院。

对于法国的近民司法改革，一直存在着一些质疑和批评。近年来，法

---

① 〔法〕维为根:《亲民司法：能否拉近司法与公众的距离?》，徐琳译，徐昕主编《司法》（第 8 辑），厦门大学出版社，2013，第 169 页。

国的司法组织调整也出现了裁撤近民法院的动向。近民司法改革面临着法国历史传统中所曾经出现的反复不定的局面。一些研究者指出，近民司法改革在法国遭遇的问题反映了法国司法职业化与民主化之间的现实冲突："更深一步来说，这些争议反映了制度化司法与民主化司法两种模式之间的对立，同时也揭示了在司法面临地方性知识的考验背景下，职业行动者与外行人各自的合法性问题。"① 也有法国的研究者指出，近民司法理念未能保持合理的界限，使得司法改革注重于反映变化无常的多变民意，法治体系并没有足够的防范措施。② 2008 年以来，法国针对近民法院等法院机构设置和布局，不断开展新的司法改革行动。2011 年第 1862 号关于纠纷分配和司法程序简化的法律是近年来法国旨在深化司法改革的重要行动。该法落实了 2008 年司法改革报告中的诸多改革举措，改革以往的司法组织体系，撤销邻近法院，同时又新设若干专门司法机构，包括设立专门审理知识产权案件的大审法院，设立审理特殊刑事案件的专门法官机构等。

2. 调整司法区划分及司法机构设置

法国的司法机构设置一方面面临着组织机构设置脱离实际、效率不高的问题；另一方面，也存在着组织机构频繁调整、缺乏稳定性和连续性的问题。有研究者认为，法国司法体制里的诉讼效率低下、司法机构臃肿的弊端亟待改革，司法的现代化要求推进司法组织体系的改进，并且进一步优化司法辖区划分；法国宪法禁止国家通过法令的颁布成立新类型的司法机构，导致 1958 年以来的司法组织框架沿袭至今，缺乏革新，司法组织脱离社会变化与社会需求的问题日益突出。③

为此，在 2008 年，法国国家通过第 145 号和第 146 号法令，对 1958 年以来的司法组织体系进行较大力度的改革，包括改革上诉法院组织机构，重组小审法院及商事法院，取消及合并了那些受案较少的初级法院。2008 年到 2010 年的司法改革，裁撤了 178 个小审法院和邻近法院、21 个大审法

---

① 〔法〕勒热内：《制度化司法与民主化司法——"司法与法律之家"所揭示的不同司法政治模式之间的矛盾：内行与外行》，杨帆译，徐昕主编《司法》（第 8 辑），厦门大学出版社，2013，第 37 页。

② 〔法〕萨拉斯：《法国的司法和民主：一个尚未实现的法治国家》，李晓兵译，徐昕主编《司法》（第 8 辑），厦门大学出版社，2013，第 30 页。

③ 〔法〕特吕什主编《法国司法制度》，丁伟译，北京大学出版社，2012，第 26 页。

院、62 个劳动法院、55 个商事法院、85 个小审法院派出的书记庭，又根据需要新设立了七个小审法院和邻近法院、一个劳动法院、五个商事法院、一个商事混合法院。2007 年 6 月至 2011 年 1 月间展开的法院地域分布的改革，试图综合法院地域分布管理上的考量，以削减法院机构的数量为主要举措，对法院机构、人力、财政资源进行重新分配，使之适应于受案分布的特点。但法国参议院对这一改革提出的批评是，基于节约司法预算的改革，损害了司法的近民性质。[①]

法国司法机构近年来调整与变革的动向，与其历史传统结合起来，反映出法国司法组织设置缺乏稳定的一面。法国大革命曾给法国带来政令多变的环境，司法体制及其管辖也经历频繁的更迭。1790 年，旧的司法体系被废除，立法在全国范围内设立了 545 个县法院。但执政者发现这一司法组织体系太过密集，管辖区域过小，督政府于 1795 年颁布宪法，通过设立省一级的法院，取代原有的县法院。很快，执政者又发现新设立的法院布局过疏，带来诉讼不便的问题。于是在 1800 年颁布新的法律，创设了 366 个专区法院，取代原有的省法院。1810 年的法律确认了这一做法，专区法院更名为专区民事法院。[②] 但是，专区法院受案不均的现象，重新引发了司法效能方面的改革动议。1926 年，行政令撤销了 359 个专区法院中的 227 个。但撤销机构以及相伴随的精简机构的举措并不如人意，精减人员的努力也因法官流动产生的成本增加而受到质疑。[③] 由此遭到的批评和反对，又促成了被撤销法院在 1930 年的恢复。法国以往的历史教训或许表明，一个高度集中的司法机构体制必然缺乏现实适应性，统一性的变动会带来适应性与稳定性的两难，司法机构的精准设置有赖于适应现实情况以及对相关问题深思熟虑的考量。

3. 推行权力下放及法官自主管理

法国的司法组织机构体制一直面临着集中与分权的矛盾，法国旨在推进效率的司法改革由此面临着集中、分权及效率的管理困境。一方面，存在着通过集中以提高效率的主张。改革举措之一便是力图保持法官较为集

① 〔法〕戈迈耶、于埃尔：《法国司法改革：在工具化与民主之间》，宫林林等译，徐昕主编《司法》（第 8 辑），厦门大学出版社，2013，第 430 页。

② 〔美〕卡迪耶：《法国民事司法法》，杨艺宁译，中国政法大学出版社，2010，第 76 页。

③ 〔美〕卡迪耶：《法国民事司法法》，杨艺宁译，中国政法大学出版社，2010，第 78 页。

中权力，同时通过书记员的集中、案件受理的集中、管理的集中，促使司法体系更有效率。实际上，在预算紧缩以及专业化倾向不断加强的背景下，司法行动者们往往会鼓励法院的高度集中。①

另一方面，在新兴管理理念的冲击下，传统中央集中管理的体制不仅带来司法独立的困扰，而且也在深层次影响着司法效率，集权带来的问题遭受多方面的批评。伴随整个欧洲的司法体系都在经历受案增加带来的挑战，法国司法体系面临改革以应对完善司法救济及提升司法效率方面的要求。新公共管理理论对司法管理也在产生影响，包括重新界定国家在管理中的角色，形成新的具有更多参与及自主性的框架，以及吸收企业等社会组织在管理方式方面的优势等。② 司法组织地方自主性不足已经成为司法运行不良之问题所在。"司法组织是司法运行机能不良的原因之一，包括几十年来一成不变的数量、退休金以及始终围绕中央运转的地方司法机构。"③

自 1992 年 7 月 1 日权力下放宪章颁布以来，以往司法部主导的、高度集中的法院管理模式便开始松动，司法部开始将地方司法机关管理权限下放，其中包括将上诉法院的经费、人员装备、信息等交给所在大区行政部门管理，针对县区司法的改革，改革还计划将小审法院、劳动法院、商业法庭交给大审法院来管理。

第二节　联邦制国家的试点改革经验

德、美两国虽同为联邦制，但两国基于相互差异的历史背景和传统，在联邦与各州司法组织机构体系的构成方面存在着诸多区别之处。德国历史传统及民主观念之下所发展的立法整合及推进的方式，使得德国联邦与州司法系统的区分仅带有联邦制的形式性，包括州司法在内的德国整体司法系统其实都要纳入联邦统一立法的调整范围之内，这使得德国的联邦与

---

① 〔法〕勒热内:《制度化司法与民主化司法——"司法与法律之家"所揭示的不同司法政治模式之间的矛盾:内行与外行》，杨帆译，徐昕主编《司法》（第 8 辑），厦门大学出版社，2013，第 43 页。

② 〔法〕保罗:《与欧洲类似司法体系相比较的法国司法》，张莉译，徐昕主编《司法》（第 8 辑），厦门大学出版社，2013，第 196 页。

③ 〔法〕特吕什主编《法国司法制度》，丁伟译，北京大学出版社，2012，第 26 页。

州司法系统带有立法整合形成的单一性特征。德国法律，无论实体法或者程序法都主要展现为联邦法律，联邦法占到德国法总量的95%以上。[①] 与德国情况完全相反的是，美国的法律主要为州立法，联邦法在法律中占少数。美国联邦与各州之间的关系带有宪法整合而非联邦立法整合的特征，联邦与州司法体系共同适用宪法，二者遵循判例的实践也仅汇集在联邦最高法院层面，各州法院的组织构造主要由各州法律规定。这些都使得美国较之于德国，在联邦与州法院系统之间，围绕组织架构设置以及法律适用上的区分更为分明。

一　德国的经验

德国的普通法院组织，从基层法院、地区法院、州高等法院再到联邦最高法院，法院组织机构形式及层次简要明晰，而德国普通法院、行政法院、劳动法院等法院体系也互不交叉、清晰并行，这些都彰显着独具德国特色的司法组织文化，以及由这种文化所促成的分类清晰、线条分明的司法组织机构体系。德国联邦与州相区分、联邦立法调整优位的司法制度体系，与我国较为相似，研究德国司法组织机构的特征及现状，对于改革我国的司法体制和司法组织设置无疑具有特别的意义。

（一）德国在本论题上的历史传统

德国历史上较为发达的封建制成为当今德国联邦制政治及司法架构的历史渊源，它一直成为州政治单元地位形成及发展的稳固传统。历史上，在封建制这种地方性分化传统之外，战争便成为德国政治及法律一体化的重要推动力量，促成了传统部落的联合及国家的产生。战争与民族主义民主理念相结合，推动了以立法为手段的单一化整合进程。以德国民法典制定为代表的法律统一化运动的发展，反映的是联邦优位立法权的发展，透过联邦立法向各领域的扩张，包括司法制度在内的事务也被纳入联邦立法权力之内。这些因素，加之罗马法继受带来的影响以及德国对法国模式的效仿，共同推动形成德国当前的司法制度和司法组织架构。

---

① 最高人民法院中国应用法学研究所主编《美英德法四国司法制度概况》，人民法院出版社，2008，第403页。

1. 封建制与战争影响下的政治架构沿袭

德国现行政治及司法机构，即联邦制之下的司法体制，具有历史传承及演进的特征，它在历史进程中产生，并呈现历史传统演进的必然性。中世纪时期，德国被分割为或大或小的领地，世俗及宗教的诸侯、教士、伯爵、骑士成为领地的领主。在法国绝对君主制获得发展，而英格兰国王法庭介入地方事务的时候，在德国，受封建制度主导，世俗及宗教诸侯、教士、伯爵等地方领主的权力实际上超越了国王。德意志历史上的社会结构以准部落为基础加以组织，存有的等级分层不带有大的约束力，这些便使之无法形成等同于法国那样的体制。① 在以后的各历史阶段里，以皇帝和帝国为一方，以等级制领主为另一方，相互间的二元对立在很长的历史时期里都成为德国政治的主要特征。② 近代以来德国联邦制政治架构的形成，很明显是这种结构性特征演化的结果，德国的司法也因此得以保持二元体系的形式特征。

因此，早期的德国王室司法并不同于英国的巡回司法，也不同于法国的派驻司法，原因在于德国封建制的架构并不等同于英国的社会结构，而德国也没有较早地发展出高度集中的君权。12 世纪菲德烈二世与诸侯所签协议及契约，授予诸侯以终审裁判权及其他权力，从此，诸侯所领导的领邦便成为德意志近代国家的基础。③ 王权虽也委派官员及推行立法，但并未取得法国那样的统一效果。从 16 世纪起，帝国总体层面及地方层面分散对立的特征进一步强化，皇帝与领主的对立，使帝国其实已不具备政治行动能力，封建的及宗教的诸侯、伯爵等地方领主各等级间的对立，也往往不能从制度上理顺相互间的矛盾。尽管德国王室司法机构通过对最高法院顶级法院组织的定位，初步确立了上诉审及审级制度，但这种司法架构同政治架构一样，较为松散，领主法院常常通过免受上诉管辖特权，分割王室法院的管辖权。帝国枢密法院在封建制架构下，"面对的又是较盎格鲁－撒克逊人远为强悍的各邦领主——这些领主不但具有'免受上诉管辖特权'，还常常不把帝国枢密法院的判决放在眼里——仅仅通过审级制度及上诉审

---

① 〔英〕安德森：《从古代到封建主义的过渡》，郭方、刘健译，上海人民出版社，2016，第118 页。
② 童建挺：《德国联邦制的演变 1949—2009》，中央编译出版社，2010，第 2 页。
③ 张正修：《宪法总论与德国法制》，新学林出版股份有限公司，2008，第 126 页。

试图统一各邦法律的效果并不明显"。①

在封建制之外，战争成为促动德国政治一体化进而法律和司法一体化的重要原因。早期日耳曼与罗马帝国的战争，促成了日耳曼各部落联系的紧密，部落首领也因此获得较高权威，这也成为后来君主制形成的起源。侵略与战争防御的历史，对部落成员的心理产生影响，加之罗马帝国的榜样，直接促成了以王室及地方领主相互关系为特征的日耳曼国家的形成。在此之后的历史中，战争成为消除二元对立状况、加速德国一体化的关键推动力，它与封建制的历史存在一起发挥作用，筑造了德国近现代的政治框架。对德国历史产生重大影响的拿破仑战争，促成德国地方封建势力的变动与整合，加速了德国官僚组织与行政国家的进程。拿破仑战争中，大批德意志帝国的诸侯领土被撤并，1803 年的帝国代表会议决议撤销了 112块帝国诸侯领土，教会诸侯被废除，许多帝国城市被归并。拿破仑战争无疑加速了德意志邦国官僚组织的壮大，使之更快地迈向主权国家及行政国家。

拿破仑战争激发了德意志的民族主义情绪，触发了德意志的民族统一运动。"期望民族统一的力量与新的自主国家维护国家独立的努力之间冲突的基础就此埋下。"② 作为对原先那种松散的联盟架构的替代，1815 年《德意志联邦条例》事实上组建了抵御侵略的防御联盟，其宗旨也在于维持德国各邦以及德国与欧洲各国的均势。随着战争及殖民扩张政策的推行，以及福利国家理念及国家干预的增强，帝国的行政机构日益增多，帝国统一立法权不断扩张。1867 ~ 1878 年，国民自由党在国会取得主导地位，制定及颁行了多部统一法典，帝国立法权在 1873 年便扩大到民法领域。以帝国的立法权为工具，德意志帝国的单一化进程大踏步地推进，这种单一化的趋势也成为它与美国及瑞士联邦制的区别："联邦的多样性在 19 世纪的德国——甚至到 20 世纪，都被公众贴上了'小邦主义'的标签。"③

2. 民族主义民主传统与法律单一性

日耳曼民众裁判的司法形式及习惯法模式，是早期欧洲主要文明演进

---

① 林海：《帝国枢密法院：德意志地区法制现代化的驱动者》，徐昕主编《司法》（第 4 辑），厦门大学出版社，2009，第 245 页。

② 童建挺：《德国联邦制的演变 1949—2009》，中央编译出版社，2010，第 7 页。

③ 童建挺：《德国联邦制的演变 1949—2009》，中央编译出版社，2010，第 25 页。

的共同起源。日耳曼人最早期的传统习俗中有着小事由酋帅商议、大事交由全部落议决的惯例，日耳曼的集会常由祭司维持秩序，经过发言讲话之后，由全体与会者直接表决。日耳曼民族这种集体议事的习惯，亦成为欧洲民主及地方自治传统的渊源，它为后世欧洲各国民主制度及其政治架构的发展，准备了传统基础。德国的民主传统在从传统部落制向多部落联合的君主制阶段的演变过程中，依然保留及采取阶层民主的方式，处理多区域条件下部落整合的问题。地方上的等级式领主们通过行使帝国重大问题的共同决定权，对君主及其代表的中央予以钳制。1356 年，由三名教会诸侯和四名世俗诸侯组成的选侯会议，行使对国王的选举权，这一点为帝国法律所确认并得到沿袭。在较早的时期，帝国议会就成为各地方参与处理跨领地重大问题的中心机构。这一传统一直得到延续，它的地位也远重于同时期设立的帝国最高法院机构。16 世纪出现的帝国行政区，也只是地方等级确定自身执行职责的磋商性平台。迈往近代，市民群体的兴起，推动原来的阶层民主向普遍民主转变，因拿破仑战争引起的民族主义运动越来越多地与民主化浪潮结合在一起，它们共同促成了德国联邦法律占主导的单一性的法律体系。

战争中催生的民族主义运动，一开始便以法律的统一为中心，这个过程中，以民主主义的观念实现民族统一逐渐占据了上风。《圣保罗教堂宪法草案》规定了普选产生的人民院，并初步明确了宪法意义上的帝国公民身份。到北德意志联邦时期，法律面前平等及迁徙自由的原则得到强调，统一的民法典、刑法典获得颁布，而普选产生的帝国议会及其所关联的立法职能正式成为德国民族国家的构成特征。俾斯麦利用帝国议会的立法职能，使之成为促成统一、削减各邦分离的重要工具。在 1873 年德国的竞合立法权便扩大到了整个民法领域。帝国的职能显然集中于立法领域，而在立法成为民族统一重要推动力的过程中，民主化的理念是内在的运作成分。全国范围的普选及其民主制加强及扩张了帝国的立法权，德国的单一化呈现出更多的立法单一化的特征。到 1919 年魏玛制宪会议时，建设单一制民族国家的意见占据了国民议会的多数。"主要的原因是，人们对于民主制度的向往与'告别专制主义君主立宪的联邦制'的渴望结合在了一起。"①

---

① 童建挺：《德国联邦制的演变 1949—2009》，中央编译出版社，2010，第 26 页。

　　此后，在一种民粹整体论为支持的民族社会主义浪潮的冲击下，造就了纳粹政党的上台。① 与此同时，议会、行政的联邦制障碍被进一步扫清。伴随 1933 年 3 月德国民族社会主义工人党在帝国国会大选中的获胜，以及此后德国民族社会主义工人党也在帝国参议院获得绝对多数席位，战争所推动的、民族主义民主理念所催生的单一立法体制得到前所未有的强化。1933 年到 1934 年，通过《消除人民和国家痛苦法》以及《各州与国家一体化第一法案》《各州与国家一体化第二法令》，直到《国家重建法》，德国由以往较为分明的联邦制架构变革为中央集权的单一制国家，帝国专员成为各州常设的行政长官，各州政府为帝国的执行机关，州议会被解散，帝国内政部长统辖各州首长。1934 年 2 月帝国参议院被解散，民选的帝国国会成为唯一。作为历史突变中的传统沿袭，纳粹得以上台的原因，是与德国民族主义相结合的德国民主传统中问题的集中展现和爆发。与美国联邦制创建过程中对民主及其多数充满警惕和防范不同的是，德国联邦主义思想在当时的没落，是主流民主观盛行的结果。"按照当时主流的民主观，民主的要求是民族的要求，全体人民是主权的承担者，其全体的代表应该不受制约地对宪法、政府的构成、立法等重大政治问题拥有最终的决定权。"② 这种民主倾向，加强了单一制中央集权的政治架构，人们对各州怀有不信任的态度，并对联邦制予以疏远。

　　德国司法体制受到德国历史上的封建制、战争等因素的影响，形成了当前立法统一调适、管理各自区分的司法组织机构现状。德国的这种联邦立法占主导和优位的特征，使联邦立法对德国整体司法组织架构起到了一体塑造的作用。《联邦基本法》赋予联邦竞合立法权以及为各邦颁行通则的权力，通过这一赋权，联邦行使着较为广阔事项上的立法权力。③ 反映到司法组织体系上，就是联邦立法确定了各州司法机关的架构及运作程序，而各州负责具体执行这些法律，包括人事、工资、运作等方面的执行事项。德国包括州法院在内的国家法院系统，都受到对应的联邦法院组织法及诉讼程序法的调整。德国法院体系，包括了普通法院、行政法院等在内的多

① 〔美〕斯鲁格：《海德格尔的危机：纳粹德国的哲学与政治》，赵剑等译，北京出版社，2015，第 188 页。
② 童建挺：《德国联邦制的演变 1949—2009》，中央编译出版社，2010，第 49 页。
③ 叶阳明：《德国政治新论》，五南图书出版股份有限公司，2011，第 93 页。

系统法院机构体系，均按照相应的德国法院组织法的规定进行设立。联邦法的规定容纳了从联邦到州，从法院设置、诉讼程序规则到法官职责、级别和工资等各类司法事项。各州依照联邦立法的权限划分规定，在司法上的职责仅保留经费财政、法官任命以及开展一些日常管理。

3. 日耳曼法历史与罗马法继受的影响

英国将盎格鲁-撒克逊民众裁判的传统，在借鉴法兰克邻人宣誓调查方法的基础上，创造了巡回法庭及普通法的制度，法国则在派驻司法的基础上走向日益职业化的道路，比较而言，德国经历了较长时期的习俗法阶段，之后受到罗马法复兴及法国官僚制国家的影响，德国传统上的日耳曼法因素，也经历了较为剧烈的转变。罗马法在为德国所继受的过程中，处于教俗竞争中的世俗权力，从罗马法中获得了有关皇帝权力至高性的共同响应，这一点促成了罗马法的再生。①

德国历史上的日耳曼法起源于原始部落的习惯法，这些习惯法实际由法官充当实际的创制者，相关法律其实是一种法官法。② 长久以来，德意志联邦的法律适用与其封建制的政治架构相适应，即便是王室的司法适用也坚持了地域主义的原则，即地方规则优先适用。1495 年《帝国枢密法院组织法》第三条规定，在各邦能够证明本邦之法的情况下，要优先适用各邦法。1532 年帝国议会通过的《加洛林纳法典》也为此加入了地域法优先的条款，即除非是那些不良的及不理性的习惯，各地那些古老的、传统的习惯应当加以尊重，相对而言，法典只扮演补充适用的效力。

但是，日耳曼地方习惯的地位，在具体的证明和法律适用过程中，相关司法组织的运作方式、习惯证明方法以及司法人员的构成等，都影响到传统习惯法在法庭中的命运。不同于后来受到英国借鉴的、出现在法兰克北部的、习惯法法官"向居民进行习惯法调查"的方式。③ 德国地方各邦大多积极组织法律人员，努力促使本邦法律按照罗马法的方式呈现。这种专业化、贵族化的证明方法，无疑加快了地方立法及地方司法的罗马法化。《帝国枢密法院组织法》中对地方法优先适用性的证明，采取了由当事人向

① 张正修：《宪法总论与德国法制》，新学林出版股份有限公司，2008，第 179 页。
② 钱跃君：《法庭内外德国法律面面观》，社会科学文献出版社，2009，第 14 页。
③ 〔德〕茨威格特、克茨：《比较法总论》，潘汉典等译，法律出版社，2003，第 147 页。

法院提交习惯法存在证明的方式，这种证明要求出具能够表明属人法性质的特许令、法案等原始文件。在具体适用过程中，帝国枢密法院那种中央集中性而非面向地方巡回的审判组织方式，造成缺乏行动力的司法组织，无法就地发现及检验习惯法的存在。道森就认为德国采取当事人向法院提交证据的方式来进行习惯法证明，原因在于该法院机构行动力很弱，法院缺乏足够有效的手段及方法对地方习惯规则予以检验，这就造成法院对习惯法丧失了吸收及整合的机会。[①] 审判组织形式等多种因素使得德国司法体系难以抵御罗马法的影响，联邦集中立法与罗马法的引入相结合，逐渐终结了日耳曼地方习惯法的适用历史。

（二）德国在本论题上的制度实践

德国的司法机构呈现出依照受案题材予以分类型设置的特点，它包括了普通法院、行政法院、宪法法院、劳动法院、社会法院、财政法院在内的多个司法系统。就跨行政区划的司法区而言，德国司法亦可以划分为普通司法区、行政司法区、劳动司法区、社会司法区以及财政司法区，各类型司法区又分别形成了相应的基层司法区和上诉司法区。各司法区的划定具有一定的独立性和灵活性，表现出普遍的跨行政区划的性质，同时，各司法区又通过派出分庭以及外地开庭的方式，适应司法区内司法受案的现状，矫正司法区内司法资源配置的不平衡。

1. 普通司法区

德国的普通司法区由州基层法院、地区法院、州高等法院以及联邦最高法院的设置所形成，每一级普通法院均拥有自己独立的司法区域划分。这种一体化的、四级三审制的法院组织体系最早由1877年德意志帝国《法院组织法》所确立。当时，全国共设立了大约700个基层法院、116个地区法院、25个高等法院，联邦最高法院在全国5个地区设立12个民事审判合议庭、5个刑事审判合议庭、8个专业委员会。到2000年，设置在小城镇的基层法院共718个，设置在较大城镇的地区法院仍保持116个。各州议会基于历史的或便民的原因，对各州初级法院、中级法院的司法区进行划分，与各州行政区划都不尽相同。

---

① John Dawson, *The Oracles of the Law*, Buffalo: William S. Hein Company, 1986, p. 190.

2. 行政司法区

德国 1960 年颁行《行政法院法》，将法院系统分为行政法院、高级行政法院、联邦最高行政法院。联邦最高行政法院曾位于柏林和慕尼黑，后迁往莱比锡。行政法院受理不涉及宪法问题以及不涉及社会法院及财税法院受理范围的案件。德国的《行政法院法》要求每州不得多于一座高级行政法院，同时还允许州之间通过协商确定一个共同法院，即多个州共同拥有同一个行政法院，州之间也可以就管辖范围以及管辖案件的类型达成协议，推行某一州法庭的跨州域的管辖。初等行政法院大多设立在大城市或区政府所在地，法院辖区可能包括州内多个行政区划，每一个初等行政法院辖区的规模都不同，各州此类法院的数量也不同。到 2010 年，德国共设立有基层行政法院 52 个、高等行政法院 16 个。①

3. 劳动司法区

德国劳动法院根据 1979 年的《劳动法院法》设立，劳动司法系统包括了劳动法院、高级劳动法院、联邦劳动法院。劳动法院的辖区作为一个专门的、单独的区域予以确定，它不仅独立于行政区划，而且独立于普通基层法院的辖区。按照《劳动法院法》的规定，基层劳动法院的设立、取消、迁移以及管辖区域的变更和调整，由各州法律规定。一审劳动法院可以跨区县设立。2000 年，基层劳动法院共 124 个。州高级劳动法院作为基层劳动法院的上诉机构，一般按照一州一个的方法设立，但依据地方实际情况，这一设置予以相应的变动。诸如，人口最多的两个大州北莱茵—威斯特法伦州和巴伐利亚州，设有一个以上的州劳动法院，而一些小州，诸如柏林州和勃兰登堡州，则实行两州共有一个劳动法院。

德国《劳动法院法》还确立了劳动派出法庭制度和院外开庭审理制度，以应对司法区内受案分布的不平衡。实践中还有针对特定雇员群体设置特别审判厅的做法，但这一做法已渐趋萎缩。《劳动法院法》第十四条实际上确认了派出法庭及庭外审理的结合，其中，第十四条第一款第五项允许在劳动法院所在地之外的地方，设置劳动审判法庭；出于便利当事人诉讼的目的，该法第十四条第四款允许基层劳动法院在法院所在地之外开庭审理。

---

① 邵建东主编《德国司法制度》，厦门大学出版社，2010，第 332 页。

4. 社会司法区

德国社会法院根据 1953 年《社会法院法》设立，社会法院系统被划分为初审社会法院、州社会上诉法院、联邦社会法院。联邦社会法院设立在卡塞尔市。初审社会法院共 69 个，由一名职业法院和两名非职业法官组成。非职业法官按照诉讼事项的分类，从医生、社会工作者、雇主、雇员等群体中挑选。州社会法院一般是一州一个，但多个州也可以设立共同的劳动法院，诸如，柏林州和勃兰登堡州就联合设立一个州社会法院。此外，各州社会法院还可以设置自己的派出法庭。

5. 财税司法区

德国财税法院受理个人或公司与税务机构之间产生的公法纠纷。1965 年的《财税法院法》设立德国的财税法院系统，它包括了州财税法院和联邦财税法院两级组织。州财税法院的设立可以在一州内超过一个，也可以由超过一个的州共有一个。诸如，巴伐利亚州有慕尼黑和纽伦堡两个州财税法院，慕尼黑财税法院在奥格斯堡还设立有派出法庭。到 2000 年，州财税法院共 19 个。

（三）德国在本论题上的改革动向

同世界其他国家一样，德国的司法体系也在经受着案件激增带来的冲击，在司法资源日趋紧张的情况下，追求司法效率的意义不断凸显，这也成为德国司法改革讨论的重要主线。德国那种线条明晰、结构分明的法院组织体系架构，在改革中也受到一定程度的质疑，问题集中于州内法院层级的压缩以及专门法院系统的合并。德国司法改革中州内中间等级法院独任制审判方式的扩大，反映了州内初级法院与州内中间等级法院之间的界限在减小，初审较高的上诉率以及由此带来的初审的质量问题给传统的州内三审体制带来新的改革压力；而独具特色的五类法院并立的法院体制，也带来专业化与法官资源配置方面的冲突，法院间受案不均的问题引发关注。

1. 合并法院管辖层级的改革主张

德国司法同样面临着案件量带来的冲击，与案件激增相并行的是，德国虽然保有相对于其他欧盟国家较为庞大的法官数量，但仍然无法适应诉讼的增长。在案件大量增加而现行法官资源趋于紧张的情况下，德国司法界出现了合并法院层级的主张，即将传统的基层法院与作为州内中间层级的地方法院进行合并。1971 年 12 月"第一次司法改革法案"的草案中提出了将地区法院和州法院进行合并的建议，即将原来的四级审判体制改革为三级体制。对于这一建议，联邦政府认为合并的改革成本过高，并且面临大量法官的调任问题，并未采纳这一建议。但伴随 1977 年家庭法院被并入初级法院的改革，家庭案件的上诉被允许直接向州高等法院提出，事实上，在家事审判领域已经实行了三级法院结构。

德国司法改革中对独任制的推广，某种程度上也在淡化基层法院与地方法院在审判组织和工作方式上的界限。德国在州内中间审环节中扩大独任审理方式的使用，这一做法使结案率更高而上诉率更低。[①] 2002 年 1 月 1日正式生效的《民事诉讼改革法案》进一步扩大了非疑难案件的独任审理。新的民事诉讼法明确了"强制的独任法官"制度，即诉讼原则上由独任法官裁判，例外情况才可被提交给合议庭。此外，随着一审质量问题日益凸显，提升一审质量的需求强烈，便有意见主张打破州内法院等级建制，增加一审法院中高素质法官的数量，推动更多有经验的人员在一审中发挥作用。[②]

2. 合并专门法院系统的改革主张

独具德国特色的五类专门法院并立的法院组织体系，在德国内部也引起了争议和讨论。20 世纪 90 年代中后期以来，出现了整合多个专业法院系统，以便精简机构、节约开支的改革动议。相关的问题集中在：德国专门法院系统暴露出法院运行成本高、法官调配不够灵活等问题；这种法院设置给缩减政府开支的努力增加了困难；随着社会形势的变化，失业、贫困等社会问题造成相关案件激增，不同领域受案量在各区域法院之间较为波动及不均衡；鉴于法官专业性与司法独立相结合形成的现状，跨专业调配法官及审理案件存在障碍，当前较为固化的岗位设置，在一定程度上造成司法资源利用的低效。[③] 而且，多个专门法院及其诉讼程序的并存，也带来

---

① 陈雯君：《德国民事司法制度改革给我们的启迪》，《德国研究》2004 年第 1 期。

② Peter Gottwald，"Civil Procedure Reform in Germany"，*The American Journal of Comparative Law*，Vol. 45，No. 4 (1997)，pp. 759.

③ 徐美君：《司法制度比较：以英、美、德三国为主要考察对象》，中国人民公安大学出版社，2010，第 18~19 页。

诉讼规则日益复杂化，使公众难以接近。① 但是，基于德国强大的倡导专业化审判的传统，专业化更能产生效率的理念占据主流，相关的改革建议并未获得采纳，德国依然沿用现行专门法院系统。

二　美国的经验

美国的法院组织体系在继受英国法院组织的基础上，又进行了新的改造，体现出自身联邦制国家结构形式以及政治架构的特点，其法院表现为统一的联邦法院体系以及以多元差异性为特点的州法院体系。美国联邦与州法院司法区的划分，在初审环节多表现为司法区及其小区划分的结合，在上诉环节多表现为巡回上诉区的划分，相关司法区划的设置及调整较为灵活。美国司法体系组建以来，为应对案件激增的情况，在纵向司法组织结构上进行了调整，并且出现了增加中间性上诉审环节的主张，与此同时，合并司法组织以及法院专门组织方面的改革也在讨论中，围绕集中与分立、专业化与多元化的争论仍在继续。

（一）　美国在本论题上的传统背景

美国的法律及其司法组织方式在其形成和发展的早期，与英国法律及其司法之间，带有鲜明的家族相似性，体现着制度内容的继受。② 普通法的法律体系以及巡回审判方式便是这一继受的主要表现，包括接受普通法法院的审理以及陪审团制度的沿用，以权利继受的方式纳入美国立国后的司法体制。至今，在美国各州司法组织机构体系中，还保留着传统意义上司法组织机构的特征，美国联邦司法体系的设计，也反映了各州司法制度中带有主流和代表性的司法组织机构设置方式。这些都使得美国的司法组织体系呈现出传统沿袭性。不过，在接续传统的基础上，美国司法也发生了一些不同的变化，包括一个新的联邦法院体系的确立，以及法院司法审查功能的发展，传统的英国司法体系中并行管辖权的设计得到了进一步的扩展。美国联邦司法体系的构筑逻辑也表现在中立性、宪法解释以及解释适用的统一性等方面。

---

① 齐树洁：《德国民事司法改革及其借鉴意义》，《中国法学》2002 第 3 期。
② 〔美〕哈伊：《美国法律概论》，沈宗灵译，北京大学出版社，1997，第 9 页。

1. 普通法及其巡回审判的继受

美国司法的普通法传统及其审判方式起源于殖民地时期对英国法律的继受，英国的司法组织架构、普通法的审理方式和诉讼程序通过殖民地时期的宪章及法律制度在北美得以复制。英国的清教徒、天主教徒和教友派分子出于反抗国王压迫的目的，移居到北美洲殖民地，他们主张并争取同英国人民相同的特权。当18世纪中叶，英王乔治三世要收回这些权利的时候，激起了殖民地人民的反抗和美国独立战争的爆发。但是，以习惯为基础的诉讼原则、惯例和规则，已经透过英国移民的思维、习惯等民情的因素，在殖民地扎根。当然，这种继受具有权利继受的性质，殖民地的居民普遍认同：普通法及其权利是他们历史继受遗产中固有的组成部分。"殖民地居民带到这个新世界的所有权利中，最为重要的权利是：他们只能根据普通法受到审判。"① 以至于从渊源及体系上，英美法保持着内在的一致性，成为普通法法律及其司法的典型代表。1776年美国宣布独立以后，许多州发布承认英国法的命令，对至美国独立时仍适用且如同该州普通法一部分的英国法予以承认，这些判决仍可为美国法院所引证。

作为法律继受的组成部分，殖民地时期以及美国独立之后各州的司法，在组织架构、特征上仍然彰显着传统的色彩，它成为观察当今美国各州司法组织特征的传统性背景。殖民地时期法官骑马巡回各地的做法，以及"巡回区"专业术语的沿用，是其继受表现之一。② 相关的继受还包括那种立法、行政和司法相对不太分明的架构，初审法院区分普通法与横平法的做法，初审法院系统中治安法院的设置及其职能行使等。这其中，司法组织体系的继受就体现为殖民地内所设立的，类似于英国上议院的最高上诉机构，以及类似于英国王座法庭的，用以充当上诉法院或一审法院的司法机构。诸如，1699年马萨诸塞州创立的高级法院，以及罗得岛州、康涅狄格州、弗吉尼亚州等地之后创立的高级法院，它们大多以州议会为最高上诉法院，并可上诉到英国的枢密院。③ 至今，美国各州司法机构的特征仍带有殖民地时期对英国普通法继受的特色和传统，它的司法机构的架构、名

---

① 〔美〕施瓦茨：《美国法律史》，王军等译，中国政法大学出版社，1989，第19页。
② 〔美〕彼得·海：《美国法概论》，许庆坤译，北京大学出版社，2010，第1页。
③ 〔美〕克莱因：《美国联邦与州法院制度手册》，刘慈忠译，法律出版社，1988，第4~5页。

称，以及它在复杂不一和区域差异中所凸显的特征，都体现着对英国司法传统的高度继受性。这一点也与美国联邦司法体系理性设计而形成的简洁明快的特征形成鲜明对比，成为美国各州司法传承及演进不可忽略的重要背景。

从司法区的划分以及巡回司法的设计来看，美国的州法院系统与联邦法院系统在彼此迥异的风格下又彰显出内在的一致性。美国独立战争之前及之后的时期，司法组织都保持一贯的特征，"其主要特点是，一种划分为两级的司法组织结构，即以地域为基础建立起来，遍及整个殖民地的下级法院和一个受理下级法院上诉案件的中央高级法院"。① 仍然保持英国司法那种混杂特征的美国州司法，也普遍形成了基层初审司法以地域为基础的司法区划分，以及上诉司法进行巡回司法区划分的特征。州法院系统多设有两级或三级法院机构，三级法院机构的中间层级机构为上诉法院机构，一般只行使上诉管辖职能。行使有限管辖权的初审法院多以区域名称命名，包括县法院、市镇法院、乡镇法院等，专门性的初审法院又包括遗嘱验证法院、家庭法院、索赔法院、少年法院、土地法院等。绝大多数州的普通管辖权承审法院在县政府所在地开庭，关于开庭地理位置的事项由法令确定。

美国州司法的这种特点，在美国制宪之后的联邦司法体系设计中，也得到了对应的投射，充分反映了美国社会现实中司法组织思维的共同性、传统性和沿袭性。有研究者就认为，美国多元法律哲学思想背后体现着"历史法理"逻辑，美国的普通法及其司法组织演进都带有历史经验性和演进性，这成为他们法律及司法发展的主线。② 美国现行的联邦司法系统包括了联邦最高法院、联邦上诉法院和联邦地区法院的构成，其结构性的特征也表现为一个位于顶端的法院机构、十一个主要处理上诉的巡回区划以及以州域切分为基础的司法分区，这种特征无疑可以被看做各州司法主要结构性特征的抽取。总之，无论从其内核还是外壳上来分析，美国州以及联邦司法组织都置身于传统演进的进程中，表现出内在的一致性和传承性。

---

① 〔美〕施瓦茨：《美国法律史》，王军等译，中国政法大学出版社，1989，第6页。
② 〔美〕夏乐德·伯曼：《美国法律的哲学原理》，陈若桓译，哈罗德·伯曼主编《美国法律讲话》，生活·读书·新知三联书店，1998，第241～242页。

2. 美国司法在继受中的变化

独立战争以后，美国司法在继受英国法律的基础上，在理念、具体制度等方面也经历了改革及重整。首先的变化是联邦制司法体系的设计，标志就是一个线条简洁、统一的联邦司法机构获得确立。美国司法被泾渭分明地划分为联邦司法与州司法两个并行的部分，联邦司法主要受理联邦问题案件，它具有层次分明的三层司法组织架构。这就使得美国司法具有传统演进与理性设计相结合的结构性特征，也使得美国司法在整体结构形态上与英国司法形成鲜明的区分。

脱胎于英国普通法传统的美国司法表现出更为独立的姿态。对立法机构的警惕及不信任，在各州已有展现，表现在司法机构的设置上，一些州要求为法院创设确立宪法根据，另外一些州则寻求宪法向立法机构授权的方式，展开司法机构的创设。"普遍流行的关于建立一种互相制约和保持平衡的体制的意见导致高级司法机构从立法机构中分离出来，而且最终从行政机构中分离出来。"① 各州设立最高上诉法院展现英国模式的同时，也在努力实行司法与立法机关的分离。可以说，美国的司法组织在设立之初展现出较之英国更为浓厚的宪法意义。

殖民地反抗英王及其议会剥夺权利的经验和历史，以及殖民地时期的民情及政治理念的发展，使得新的权力分立理念具有显著的针对立法机关的内容。殖民地在表达它们对恣意征税的反抗时，运用权利和正义的法则评判传统制度中不合理成分，"为分辨出宪法的鲜活原则，把这些原则分离出来，并置于法令和习惯法之上——这些就是导致摆脱英国的宪政而走向不同的美国宪政的动力"。② 这种不同于英国议会主权体制下的司法角色，在之后的美国法院的审判实践中进一步得到明确，突出表现就是违宪审查权力的确立。这种司法复查权"英国没有，而且在英国也是难以想象的"。③ 由此，美国确立了新的权力分立架构。

此外，英国司法传统中并行管辖权的设计在美国司法中得到进一步发

---

① 〔美〕克莱因：《美国联邦与州法院制度手册》，刘慈忠译，法律出版社，1988，第7页。

② 〔美〕桑德尔：《民主的不满：美国在寻求一种公共哲学》，曾纪茂译，江苏人民出版社，2012，第33页。

③ 〔美〕道森：《法官的任务》，陈若桓译，哈罗德·伯曼主编《美国法律讲话》，生活·读书·新知三联书店，1998，第14页。

展。英国普通法的形成就奠基于王室法庭与地方法庭并行管辖权之上，这一特点在英国后来的司法演进中得到保留，并为美国司法所继受，成为影响美国司法体系的重要传统性因素。在英国司法中，高等法院的并行管辖权值得关注，高等法院的管辖权是全面的，包括了郡法院能够受理及不能受理的一切案件。在高等法院内部，大法官庭在拥有专属管辖权的同时，还在一些案件中行使与王座庭的并存管辖权。英国司法的这种并行管辖权形式在美国更多地以州法院共享管辖权的形式出现。美国制宪讨论过程中，汉密尔顿就提出，宪法草案的规定允许各州保留除转授及禁止行使之外的全部权力，合众国司法权的设立条款在解释上也允许州法院共享司法权。"除国会通过今后的立法明文规定排除州法院干预者外，州法院有当然的审理权。此乃司法的性质和我国制度的一般特点所决定。"[①] 因此，各州法院应当与联邦法院共享非禁止性司法管辖权，即"除明确排除州法院干预者，各州对于联邦性质的案件应同联邦共享司法权"。[②] 在各州层面，各州并行管辖的状况不断受到旨在消除重叠管辖权改革的冲击，但并行管辖的情况依然普遍保存。诸如新泽西州，该州高等法院在各县巡回开庭的普通法审判厅以及衡平法审判厅，与各县县法院的普通法分庭和遗嘱验证法庭行使着对民刑事案件及相关衡平案件的并行管辖权。设置在每个县的县级地区法院，以及青少年和家庭关系法院，也行使与高等法院各分庭、各县法院在民刑事案件某些部分的并行管辖权。此外，设立于各市的市法院与县级地区法院也存在并行管辖权。并行管辖的存在，是普通法得以形成的重要传统性背景因素，它在美国的发展，也成为美国多元司法组织构成及其竞争性架构的关键内容。

3. 联邦司法设计及运作的逻辑

美国联邦司法体系的设计，出发点便是居中处理各州以及各州居民之间的纠纷。美国独立初期的邦联体制在这方面存在较为明显的缺陷，邦联在防范入侵、商业贸易、维护自身方面存在不足，并且尚不存在有效的平台和机制来处理各州间的争执。各州之间疆界方面的争执，在历史上常成为引发战争的主要原因，联邦司法的设立，便旨在作为中立的第三方处理

---

① 〔美〕汉密尔顿等：《联邦党人文集》，程逢如等译，商务印书馆，2004，第413页。
② 〔美〕汉密尔顿等：《联邦党人文集》，程逢如等译，商务印书馆，2004，第413页。

这方面的纠纷，为各州之间的和谐提供保障。为了防范以州为单元的地方利益实体，在相关利益纠纷中出现州与居民以及居民与州之间的相互包庇和祖护现象，就需要排除来自地方的利益干扰，在联邦的平台上加以解决。

联邦司法的地位还出于对宪法进行解释的需要。联邦法院对政府权力的限制，是对宪法所作权力分配的尊重，也是对法治准则的尊重。[①] 汉密尔顿就提出，联邦司法机构援引宪法解释法律，属于限权宪法的一般原理，反对联邦司法机构的这项职责，就构成了以宪法来规范及约束立法机关的背反。而且，立法机关可以随时修改司法机关判决的做法以及联邦司法机构从属于立法机构之一部分的观点，既违背了限权宪法的根本原则，同时，在中立性及程序正义方面也存在严重的弊端。立法成员制定法律时的倾向易传递到纠纷裁决过程："即使立法机关仅有通过不良法律的部分可能，亦难期待其在实施中产生稳健而不过分的情绪。很容易在解释法律时流露出主导法律制定时的同样精神；更难期待相同一部分人作为立法人员违犯宪法行事，而作为法官时却着手补救。"[②]

联邦司法的设计，还体现了适用联邦宪法及保持国家适度法律统一的要求。与德国等一些国家实行的中央立法、地方执行的模式不同的是，美国联邦拥有自身的法律适用逻辑和法律执行体系。麦迪逊在制宪会议中就提出，要建立一整套推动司法有效裁判的制度体系。"一套与立法权威匹配的有效司法建制，的确是根本大计。一个政府，没有适当的行政和司法部门，就像一个身体只有躯干没有手脚，无法行动。"[③] 根据联邦制的宪法架构，对联邦法律进行解释和适用是联邦法院当然的权力内容，联邦法院自然应当对联邦法律的适用具有裁断权力，并对州可能存在的越权立法进行判断及否决。因此，在设置超越各州的联邦司法机构的过程中，首先考虑的是宪法架构及宪法适用的逻辑。从法律解释及适用的统一性的角度来看，对同一法律的援引及解释应当具有同一性。"如果十三个互相独立的法院在审理源诸同一法律的案件上均拥有最后审判权，则政出多门，必将产生矛

---

① 〔美〕弗瑞德：《何谓法律：美国最高法院中的宪法》，胡敏洁等译，北京大学出版社，2008，第 17 页。
② 〔美〕汉密尔顿等：《联邦党人文集》，程逢如等译，商务印书馆，2004，第 405 页。
③ 〔美〕麦迪逊：《辩论：美国制宪会议记录》（上册），尹宣译，辽宁教育出版社，2003，第 69 页。

盾与混乱。"① 为此，联邦最高法院还要拥有对联邦与州共同管辖问题的最终裁决权力。美国内战以后，联邦最高法院负责审查州法院涉及联邦问题的裁决的主张，在美国国会中也获得了立法支持。②

在联邦司法负责解释及适用联邦法律的逻辑下，联邦分级架构的确立也是推动案件受理在司法体系内合理负担的要求。制宪会议过程中，在麦迪逊等人反复的主张和坚持下，授权国会设立联邦下级法院的办法得以保留。麦迪逊为此阐明了在全国各区域设立联邦下级法庭的必要性，首先的一点就是审理上诉案件的需要，最高法院作为单一法院进行重审将造成上诉案过于积压于最高法院，也将加重当事人及证人诉累。对设置联邦最高法院之下级法院的问题，汉密尔顿在面向公众的讨论中明确了设立此类法院的目的和宗旨，即减缓联邦最高法院的受案压力，以及促进各州区域内应属联邦审理性质的案件得到就近处理。"建立下级法院的用意显然是为了避免将属于联邦审理的一切案件悉交最高法院。其目的在于使全国性政府在合众国各邦或区域内设立或授权设立一种能够审理其辖区内属于全国性司法权性质案件的法庭。"③ 汉密尔顿紧接着予以论证，通过划分四个或者五六个大区，分别设置联邦巡回法院机构，较之于每州设立联邦司法机构，更具有便宜性及可行性；原因就在于效率及控制上诉案件积聚于最高法院的需要，即 "此类案件的法官，在州法官协助下，可在各该大区中各地区巡回审理案件。此类法庭可迅速审理案件；上诉案亦能得以控制"。④

（二）　美国在本论题上的制度实践

美国司法在整体上呈现司法区划较为灵活、巡回审判较为普遍、司法区划较为多样的格局。美国法院的司法区划分，在联邦层面走过了司法区划不断增多、不断细分的历史过程，表明了联邦司法系统跟随受案情况而发生的扩张，同时，联邦法院辖区进一步细分的趋势，以及联邦法院驻点不断增多的情况，也反映了联邦司法为便利民众诉讼而做出的努力。在各

① 〔美〕汉密尔顿等：《联邦党人文集》，程逢如等译，商务印书馆，2004，第 400 页。
② 〔美〕西格尔、斯皮斯、蓓娜莎：《美国司法体系中的最高法院》，刘哲玮、杨微波译，北京大学出版社，2011，第 177 页。
③ 〔美〕汉密尔顿等：《联邦党人文集》，程逢如等译，商务印书馆，2004，第 407 页。
④ 〔美〕汉密尔顿等：《联邦党人文集》，程逢如等译，商务印书馆，2004，第 408 页。

州层面，司法区划因州而异，围绕初审及上诉形成了多样的、多层次的司法区划分，司法区划同时还结合法院及其分庭，以及相关驻地的设置，共同构成司法组织机构体系网络。

1. 初审环节的司法区划分

美国的州法院系统与联邦法院系统在初级承审环节呈现出司法区划分的共同规律和特点，即无论各联邦地区法院，还是各州负责初步承审的市县法院或地区法院，以一定地理区域范围划定相应的司法区、司法区独立划定且不与行政区划相一致的做法较为普遍。此外，在联邦司法层面，地区法院的司法区与地区法院分庭所在的司法小区，构成了初级承审司法区划分的布局，而在州司法层面，透过混杂不一的各州司法建制状况，地区法院与市县法院在司法区划分方面的结合也表现出与联邦初级承审司法区相似的布局特征。

美国各州中，司法区划分较为典型的便有科罗拉多州以及伊利诺伊州等州。由科罗拉多州宪法所设立的，能够行使普通管辖权的地区法院，分别设立于22个管辖区，每一个管辖区覆盖一到七个县；此外，设立于每个县的县法院还以县域为单位形成并行管辖的初审司法区。① 伊利诺伊州划定了初级承审法院运行的21个司法区，除库克县及杜帕杰县以外，各司法区全部为跨县域，法官在每个县巡回开庭审案。② 新泽西州高等法院设立的衡平法审判庭依照划分的12个审判区巡回开庭，每一个司法区包括一个或多个县。③

作为联邦司法的初级承审法院，联邦地区法院也实行了各州域内司法区及其司法小区的划分。以往联邦地区法院司法区的划定随着联邦国土的增加而呈现扩张态势，原先各州一个的配置模式很快不适应现实的发展，设立在各州的联邦地区法院按照区域方位予以命名，诸如，加利福尼亚联邦地区法院包括了中央、东部、北部和南部地区法院。联邦地区法院在大的司法区之下，还可以在本州多个区域设立地区法院的分庭，地区法院创设的分庭在州内多个地区巡回审理案件，地区法院所形成的司法区进而因

---

① http://www.courtreference.com/Colorado-Courts.htm，visited on 2016/8/7.

② http://www.courtreference.com/Illinois-Courts.htm，visited on 2016/8/7.

③ http://www.judiciary.state.nj.us/nj_overview.html，visited on 2016/8/7.

分庭设置又被划分为多个司法小区。

2. 上诉环节的司法区划分

美国各州所设立的行使上诉管辖权的司法机构，多划定相应的巡回司法审判区，每一个巡回司法区设置一所上诉审判机构，而在位于最高级的上诉机构，多配置分庭机构在全州一定地点巡回开庭。在自下而上逻辑基础上设计的联邦司法组织，在设计之初也表现出与州司法组织相似的特点，即以多个州为巡回区域的上诉巡回，以及最高法院法官在州域的巡回审理。至今，美国的州司法和联邦司法系统仍然保持着这一结构性特征。

在加利福尼亚，该州中间上诉法院依照所划分的五个上诉区予以分别设立，每一上诉区的上诉法院又可以组建一个或多个由三名及以上法官组成的分庭，诸如，加利福尼亚州第一地区上诉法院落址旧金山，这一法院又设立有四个分庭；加利福尼亚州第二地区上诉法院设在洛杉矶，设有五个分庭；而拥有最高上诉权的加利福尼亚最高法院，它定期在萨克拉门托、旧金山和洛杉矶开庭。[①] 纽约州以全州十一个司法区为基础，进一步将十一个司法区划分为四个上诉司法区；纽约州最高法院上诉法庭在全州的四个司法区里各设置一个，第一司法区管辖第一司法分区，第二司法区覆盖了第二、第九、第十和第十一司法分区，第三司法区包括了第三、第四和第六司法分区，第四司法区包括了第五、第七和第八司法分区。[②] 伊利诺伊州设立五个中间上诉法院，分别行使对多个县的司法上诉的管辖，其中，设置在库克县的上诉法院机构，又设立了五个法庭。[③] 新泽西州的高等法院设立一个专司上诉的上诉法庭，其分庭受最高法院指令设立于州内七个地方。[④]

在历史初期，联邦最高法院法官也承担着到各巡回区进行巡回审判的任务。1789 年国会通过的《司法法》法令，规定设立了一名首席法官和五名法官组成的最高法院，在全国十三个司法地区设立十三个联邦地区法院，十三个地区被划分为南、中、东三个巡回区，两名最高法院法官及一名地区法院法官组成各巡回区的巡回法院。但随着国土的扩大及诉讼的增加，

---

① http://www.courts.ca.gov/2113.htm, visited on 2016/8/7.

② *New York State Court: An Introductory Guide*, http://www.nycourts.gov/admin/NYCourts - IntroGuide.pdf, visited on 2016/8/9.

③ http://www.courtreference.com/Illinois - Courts.htm, visited on 2016/8/9.

④ http://www.judiciary.state.nj.us/nj_overview.html, visited on 2016/8/9.

最高法院的巡回审判负担日益繁重而难以承受。1869 年国会通过任命专门的巡回法官，及将最高法院法官巡回放缓到两年一次，以便减轻最高法院的巡回重负。1891 年正式设立了九个巡回上诉法院。1911 年又以司法法典的形式，确立了三级联邦法院系统。现如今，在联邦层面，美国联邦上诉法院分别设立在十一个巡回区，除哥伦比亚特区巡回区以外，一个巡回区包括三个或者更多的州。

（三）美国在本论题上的改革动向

美国司法组织发展的历史上，出于应对案件激增带来的冲击，最初的美国最高法院巡回审理的方式逐渐过渡到现行的三级司法组织体系，而且，进一步的改革主张提出在上诉法院与最高法院之间设立中间性的上诉机构，以应对案件增多的情况及缓解最高法院受案压力。与此同时，为适应案件实际分布的情况，联邦法院致力于优化司法区边界，推行了司法小区的划分。近年来，美国联邦司法改革立足于改进巡回法官的管理，提升司法体系运作的实效，在各州也出现了增设巡回区及巡回法官的动向。此外，美国司法中，就普通管辖权机构、专门法院机构等多样化的机构之间所引起的各方面的争论，反映了在专门化、合并司法组织等问题上的深刻分歧。

1. 有关应对案件激增的改革

美国司法体系确立以后，无论各州还是联邦，都经历了受案大量增加的新情况，受案激增的现状成为司法组织变革与调整的最直接的影响变量。这一点在联邦司法组织体系中表现得尤为明显。美国制宪讨论过程中，联邦司法组织体系的架构并不明朗，宪法也仅是规定了设立联邦最高法院以及授权国会设立联邦最高法院的下级法院。1789 年《司法法》确立作为联邦法院系统组成的地区法院、巡回法院之后，当时的法院系统就面临着最高法院法官巡回审判、司法业务扩张以及上诉受理之间的矛盾。[①] 直到 1891 年 3 月 3 日国会通过《埃瓦茨法案》，该法案所设立的联邦上诉法院机构，遂成为地区法院与最高法院间的中级司法机构。调整受案负担的要求进一步促成了联邦司法体系在整体上的变革与调整。联邦设立初的司法系统经

---

① 〔美〕波斯纳：《联邦法院：挑战与改革》，邓海平译，中国政法大学出版社，2002，第 4 页。

历了大幅度的扩张，起初以州为单位设立的联邦地区法院机构，已不限于一州一所的限制，总量扩张到 94 个；司法法仅设立 3 所巡回法院，1891 年法案扩张至 9 个巡回上诉法院，后又进一步增长至 13 个。

基于一司法区内受案量分布的区域不均衡，巡回审判的司法组织形式也呈现出相应的适应性。1972 年由国会设立的联邦法院上诉制度修改委员会，着重讨论了优化巡回审判区地理边界的意见，目的就是使之更加适应巡回审判的案件数量情况，推动更加有效地处理上诉案件。委员会的第一份报告就对优化巡回区边界的问题进行了讨论。此外，联邦司法小区的边界划分也为法院司法改革机构所关注，同时也引起了一些不小的争论。赞成司法小区划分的律师组织认为此举有助于增进地区法院在大的司法区内受案的平衡，促进消化受案及提升司法效率，反对者则提出法院组织一分为二会降低司法效率及影响同事关系。在经过近 20 年的讨论以后，司法小区的划分及分庭设置才逐渐稳固下来。1988 年国会就对马里兰州司法小区进行了划分，该地区的联邦法院从此不仅在巴尔的摩市开庭，一些联邦法官将前往华盛顿市外的马里兰郊区开庭。

通过增加巡回司法区及相应的巡回司法机构，实行更为灵活的院外、跨区域的开庭方式，使得司法组织适应案件分布，也成为近年来美国司法改革的共同取向和主要内容。美国于 2010 年 9 月 14 日发布的《联邦司法发展战略》，认识到受案增长及其分布不均衡带来的诉讼变化，并分析了应对这种变化的过程中所暴露出司法资源不足以及公众期待的落差，认为这些情况给联邦司法系统有效地实现正义带来挑战。该战略重点剖析了美国联邦法院系统内存在的诉讼拖延问题，指出受案量的变化给美国司法的法官配给、经费保障、成本管理等方面造成的影响，以及其给法院审理案件带来的效率方面的困难。2010 年《联邦司法发展战略》特别指出，要审视1990 年以来很少任命地区法院及巡回法官的现状，为上诉、地区及破产法院配备足够数量的法官，并要提供与司法受案增长相适应的司法经费保障。关键的应对举措还在于通过有效运用巡回审判及流动法官，发挥高级法官及退休法官的作用，为当前负担较重的法院配备及补足人力，以此增进法院应对受案变化时的适应性和延展性。在各州层面，为应对案件增长情况，而推行相应的司法区划调整及司法机构增设，也成为相关司法改革着力之所在。近年来美国州司法改革的动态观察表明，增加司法区及法官成为改革的重要举措。诸如，密苏里州立法在原来的 45 个司法巡回区的基础上，新设了第四十六司法巡回区。同时，该州新的立法明确：巡回区人口超过十万人的，且其近三年工作报告表明应当配备四名以上专职法官的，应当为巡回区增加一名专职法官并提供相关的配套拨款。此外，内华达州提议增设第十一司法区，得克萨斯州拟议新设第十五上诉法院。内华达州新的立法规定，治安法院、市镇法院可以在一定情况下决定在市镇、管区驻地之外的地方开庭审理案件。

2. 有关司法组织合并方面的改革

20 世纪中后期，美国的一些州发起了合并司法组织的改革，旨在将原来分立的司法机构在组织方面及管辖权方面予以重组和集中。1962 年伊利诺伊州通过的宪法修正案，废除了除巡回法院之外的所有市镇法院、治安法院、遗嘱验证法院、家庭法院等小型法院组织，保留并推行了依照司法区域设立的巡回法院机构。纽约州在 1846 年对法院体系进行大的改革以后，1961 年又通过修宪改革对司法系统进行大幅度的调整。在此之前，纽约州有 1500 多个种类不同、性质不同、独立运作的法院机构，纽约州司法改革最终保留了 21 种不同类型的法院。1975 年，加利福尼亚司法体制联合委员会的一份内部司法改革报告，提出要将加利福尼亚州各县的高级法院、市法院、治安法院统一起来，设立统一的"县高级法院"，合并司法组织的方案意在使委派法官更加灵活，对类型化案件的审理更加专门和集中，以及消除不必要的重复和混乱，同时还旨在降低开销、提升效率。① 1973 年该州立法协商委员会提起一项宪法修正案，提出要将丹佛市遗嘱验证法院和青少年法院合并到丹佛县地区法院，以此实现专属管辖权法院向普通管辖权分庭的转变，推动法院系统的统一；修正案还提出要在县法院推行专职的、以巡回方式工作的法官，来取代原来的县法院兼职法官，以便减少原来兼职法官制度可能存在的利益冲突。

美国各州法院在初审环节呈现出双层或多层的结构，这一结构涉及因额度不同及情节轻重而进行的法院组织上的划分，即对标的额较小的民事案件以及对轻罪刑事案件由一些法院行使管辖，而对一定标的额以上或者刑罚期限以上的案件由另一些法院进行管辖。这种结构是在历史性的继受

---

① 〔美〕克莱因：《美国联邦与州法院制度手册》，刘慈忠译，法律出版社，1988，第 91 页。

中传承而来的。美国一些州诸如纽约州所实施的合并法院组织的改革，对法院组织间大量并行管辖的情况，进行了精简与合并。美国律师协会 1990年发布的《有关法院组织的标准》中也提议要消除初审环节多层级的法院组织格局，建立统一的初审法院系统。但美国国内对法院机构合并的主张及实践也较为激烈。反对的论点认为：并无实际的证据证明，以法院架构精简、规制创制集中、预算等管理事项集中为内容的行动，会给法院系统带来效益。① 有研究者还认为，坚持法院合并的理由并非稳固，法院组织机构合并的积极方面还有待评价，要给予谨慎的对待并付诸更多的实践。②

　　总的来看，关于并行管辖的价值评判，不仅在美国国内，而且在其他国家都有不同的看法，较为集中的批评将并行管辖权定义为重叠管辖权，认为这种状况带来了司法体系的复杂化，加深了司法系统的不统一。然而，自美国立国以来，多元主义的理念始终对美国政治架构产生着持久的影响，这种理念也体现到美国司法组织体系的现状中。在美国各州，村镇法院、市县法院的存在，体现多元区域条件下司法的分布，在行使普通管辖权的机构、有限管辖权的机构以及专属管辖权的机构之间，以及上诉管辖在地区法院、高等法院、专门上诉司法机构之间，也形成了美国司法的多元性，这些多元分布和特征至今仍作为美国法院组织的重要特征，反映出美国法院组织设置理念及司法哲学的多元性成分。

　　3. 有关专门司法组织的改革

　　与英国相比较，美国的法院机构具有更多综合性的特征。这表现在，美国并不像许多国家那样，设计专门的劳动法院或者商事法院机构对相关类型案件进行处理，各州的初审及上诉法院系统以及联邦司法机构系统，大多为行使普通管辖权及有限管辖权的普通法院。但美国司法体系中专门司法机构的设立也在一定领域内存在，它们分别发展出各自的司法区划及巡回审判。在各州，专门性的司法领域集中体现在遗嘱验证法院、家庭法院、索赔法院、少年法院、土地法院等司法机构的设立。在联邦，20 世纪

---

① Larry C. Berkson, "The Emerging Ideal of Court Unification", *Judicature*, Vol. 60, no. 8 (March 1977), pp. 372 – 382.

② Susan Carbon, Larry Berkson, and Judy Rosenbaum, "Court Reform in the Twentieth Century: A Critique of the Court Unification Controversy", *Emory Law Journal*, Vol. 27, no. 3 (Summer 1978), pp. 559 – 608.

以来包括联邦求偿法院、关税上诉法院、专利上诉法院等机构的设立，反映了联邦专门法院机构的发展，这些法院的管辖涉及针对联邦政府的金钱索赔、征收进口税相关的诉讼以及关于专利有效性决定提起的上诉等专门性问题。此外，针对特殊问题审判，美国联邦层面还设置了国际贸易法院、外国情报监视法院以及临时紧急上诉法院等专门法院机构。①

此后，专门司法机构的设立，亦作为司法改革进程中较为胶着的议题，成为美国司法理论及实务界争论的焦点。在诸如倡导设立专门移民法院的论证中，认为倘若增强该类型法院法官的独立性，并授予其更多的管辖权，便可促进此类机构更好发挥作用；② 还有研究者认为破产法院的优点明显，它用来处理破产方面的专门事务，将产生正面的效果。③ 而针对专门法院的设置，也存在不少反对意见。反对设置青少年及家庭法院的意见认为，此类法院承载着性别偏见，不利于正常家庭关系的营造；④ 对专利案件予以专门法院处理的批评，认为它将破坏法官应有的宽阔视界，也会导致相关领域进化的停滞；⑤ 设立专门社会保险法院的倡议也并不合适，发挥行政机构的作用，较之于设立专门法院，更有利在社会保险领域中的事务。⑥

关于法院专门化的问题，理论上的探讨也较为深入。波斯纳便认为专门法院虽具有减少法律适用冲突、降低法律视角的不确定性等诸多积极的意义，但专门化也会带来一些突出及潜在的问题。诸如：法院的专门化将会带来垄断，专门法院会形成阻碍最高法院审查的法律文化，"这些专门法院有望发展出一种独特的甚至深奥的文化，这种文化对任何普通法官来说

---

① 〔美〕波斯纳：《联邦法院：挑战与改革》，邓海平译，中国政法大学出版社，2002，第6~7页。

② Leon Wildes, "Need for a Specialized Immigration Court: A Practical Response", *San Diego Law Review*, Vol. 18, no. 1 (December 1980), pp. 53 - 64.

③ Lawrence P. King, "Bankruptcy Code - Specialized Court Supported", *American Bankruptcy Law Journal*, Vol. 52, no. 2 (Spring 1978), pp. 193 - 198.

④ Cynthia A. McNeely, "Lagging behind the Times: Parenthood, Custody, and Gender Bias in the Family Court", *Florida State University Law Review*, Vol. 25, no. 4 (Summer 1998), pp. 891 - 956.

⑤ Simon Rifkind, "A Special Court for Patent Litigation - The Danger of a Specialized Judiciary", *American Bar Association Journal*, Vol. 37, no. 6 (June 1951), pp. 425 - 426.

⑥ Robert E. Rains, "A Specialized Court for Social Security - A Critique of Recent Proposals", *Florida State University Law Review*, Vol. 15, no. 1 (Spring 1987), pp. 1 - 30.

都将是困难的"；① 这一方面降低在相关法律领域的意见的竞争性，"当决定属于专门法院管辖的问题时，除了专门法院中存在异议，最高法院将丧失在相互竞争的司法答案中进行选择的好处"。专门法院促使权力更为集中，减少了联邦法院的地区多样性，专门法院同时还较为封闭，限制各普通法院对案件裁判思想及方法的实验，也削弱了进行思想及方法探讨的更多的机会。此外，专门法院还存在应对受案变动方面的明显缺陷。联邦普通法院系统较专门法院能够更有效地应对受案量的增减变化，受案量对专门法院的冲击，表现在案件剧增时专门法院无法缓冲，而案件骤减时则形成司法资源的浪费，依靠增减法官的数量并不足以解决这一问题。② 美国联邦法院及各州法院中，民刑兼理为内容的一般管辖权法院占据主流的局面，客观上反映了美国司法注重以综合性视角进行案件审理的倾向，但是，鉴于专门化问题的复杂性，对其优缺点的辩论仍在继续，而相关问题还有待接受地方多元制度在未来更多时间的实践和检验。

---

① 〔美〕波斯纳：《联邦法院：挑战与改革》，邓海平译，中国政法大学出版社，2002，第273 页。

② 〔美〕波斯纳：《联邦法院：挑战与改革》，邓海平译，中国政法大学出版社，2002，第276 页。

第五章 跨行政区划法院试点 改革的未来取向

跨行政区划法院的设立涉及此类法院制度体系、功能发挥以及组织定位等方面的设计。在整体布局上，跨行政区划法院应当体现制度多样性与协调性的结合，使得以事权法院单位为主体的规则创制更好地贴近实际，并因此保有充足的创新和发展空间，而协调性旨在推进多地域共通性价值及其规则，通过法院对价值内容及其边界的精微调整，实现统一与多元之间的平衡；从法院运作的内生机理上来看，跨行政区划法院竞争系统的激发，表现在为公众提供可选择的救济渠道，增进诉权行使的完整性，而协作则成为法院间自主性交往协商的表现，必要的协作促使法院以内生、自发的姿态推动各自制度的创新和交流。从法院属性和组织定位上来看，超脱性与接近性分别作用于法院制度建设的不同方面，无论超脱性所要求的内部性超脱和外部性超脱，以及接近性所倡导的组织体系接近性以及信息接近性，二者都以实现司法的公正和效率为根本归依，并共同融入司法对自身职责及使命的践行进程。

第一节 形成多样性与协调性相结合的 法院制度体系

我国的法院制度是我国多样性统一国家治理格局中的重要组成部分。主权国家的区域法治发展呈现出以多样性为基础与以统一性为必然表现的结合。① 现代国家治理无疑"应建立在这样一种观念之上，即普遍性与特殊

---

① 公丕祥：《区域法治发展的概念意义——一种法哲学方法论上的初步分析》，公丕祥主编《变革时代的区域法治发展》，法律出版社，2014，第116页。

性间的平衡最适合于人民"。①多样性基于各地方在地理、经济、人文等方面的差异而生成，同时也是地方人群实现自身治理需求和治理偏好的体现，而协调性是在人员跨区域交往日益增多而流动愈加频繁的背景下，为适应人们之间可通约的、共通性的价值立场而产生的。从国外来看，多元司法体系并存及其相互间的协调成为西方法治确立的重要推动力量。在现代，众多的国家普遍确立了宪法层面或者法律层面对各地方司法制度的统筹和协调。我国在当前一体多元制度体系之内，在法院建设方面不断提倡及推行地方探索和试点，力图推动在司法制度及管理上的地方适应性和创新性，而我国的法律及政策约束的体制，使这些地方探索始终保持在集中统筹和指导的框架之内，当前的法院制度体系以此而呈现出高度的单一集中统筹的性质。推行跨行政区划法院，首先将面临制度和规则适用和演进的问题，是否仍然沿用传统的中央立法予以集中统一塑造的模式，值得认真反思和研究。而为了实现法院制度上的多样性与统一性的平衡，就要对传统立法集中统筹协调的模式加以变革，赋予事权法院充分的自主权及空间，推动以司法区为单位展开贴近实际的规则创制活动，并采取价值协调、剥夺性事项协调的方法，确立既保护多样创新又体现价值协同的法院制度体系。

一　跨行政区划法院试点与多样性统一的内涵

多样性统一是近现代民族国家得以构筑的政治理念基础，从传统社会向现代社会，从地方封建单元向近代统一的民族国家的转变，就是将原本处在多样性差异状态下的地方性的区域单位，通过政治的或法律的纽带加以联系和整合的历程。在这个过程中，各种地方性的状况，包括各地方地理条件的差异，历史传统及民情的差异，制度发展现状的差异，作为多元性地方区域的差异化要素，共同构成政治国家生成的地方性基础。只是伴随着空间开放性的扩大，不同区域间的人们逐渐处于繁密交往和自由流动的状态，人员跨区域流动产生的社会交往、经济交往以及文化交流，推动形成了多区域间进行经济、社会及政治协调的要求。商品经济大规模扩张

---

① 〔美〕盖伊：《自治与民族：多民族国家竞争性诉求的协调》，张红梅等译，东方出版社，2013，第22页。

的过程中，保障契约性权利和义务的要求，促成集中性法律秩序的产生。①与此同时，如何在保持地方性单元多元性基础上实现跨区域间的协调性，便成为近代政治国家和社会构建的根本问题。

司法组织机构作为司法文明的具体表现形态，同样处在政治国家多样性统一事实及理念基础之上。日益具备包容性的民族国家范围内，司法组织机构的多样性与司法制度形态以及司法文化观念多样性相伴随、相一致。近代国家日益衍生出的多层次、多横面的司法机构体系，不仅以乡镇、市县等基层治理单位，而且以州省等次国家治理区域为单位，它包括了多区域分层单元内的多领域、多系统的司法组织机构设置，具有金字塔的层级化特征，又包含了多元并立的结构特征。在多元性之外，民族国家的统一性立足于地方多元性基础上的共识，这种共识通过来自政治的、法律的、经济的或者文化的某种协调来实现。近代以来的这种政治国家及社会的协调性，更多地集中于以宪法为统摄的，对国家多元区域单位的地位及其相互关系的明确，以及对国家构成单元之公民的权利的认可和保障。对司法机构的设置，宪法、法律及有关的规范系统，基于原则、规则及具体流程而确立了某种多元性与协调性相结合的架构，它或者贯彻到以宪法惯例为统领的中央集权成文立法之内，诸如英国，或者贯彻到联邦立法、各州执行的模式之内，诸如德国，或者贯彻到联邦与各州立法并行分权的体制内，诸如美国。

（一）跨行政区划法院多样性作为基础和前提

司法机构多样性是司法经验性传统的直接体现。多区域构成的民族国家无法依靠单一、线性的经验系统来维系，它是各多元地方经验性传统的整合与协调。"这种安排的多元性促进一种法治在能够制定他们自己的规则及相互约束以遵守相互同意的条件的人们之间的发展。"② 尽管现代民族国家的协调性机制，在一些国家及在一些情况下呈现出高度集权及单一化的特征，但多元地方经验性传统始终无法泯灭，它要么被尊重、承认及保障，

---

① 〔英〕吉登斯：《民族国家与暴力》，胡宗泽、赵力涛译，上海三联书店，1998，第185～186页。

② 〔美〕奥斯特罗姆：《美国联邦主义》，王建勋译，上海三联书店，2003，第260页。

要么以潜在的力量作用于国家及社会体系。司法机构始终表露出与各地方差异性的情况相适应，以及在具体流程及管理规范方面更加灵活的倾向，即便是高度单一化的法律体系，也需要规则创制上多元分层的区分来体现对实际情况的契合。多元单元内的制度文明要依靠带有特别性及差异性的经验实践来创造，而司法机构的多样性正是这种多元经验的表达。

司法机构多样性使得旨在统一性的协调成为必要。协调性无法在缺失多样性的情况下独自存在，协调性的产生，始终要以多元差异的存在为基础，没有在制度、机构及观念层面的差异及其冲突，便没有协调的必要。多样性不仅促进了分工，而且生成着开放性，"允许多样性的协商输入存在从而保存了复杂性的制度机制，在任何秩序良好的社会中以及对宪政国家的协商来说都是必需的"。① 事务的多元样态是事务整体格局的前提和基础，因此，旨在创造等同样态的单一化进程是内在背反且不可能的。就司法而言，与相互差异的、复杂多变的社会状况相适应，司法自身便表现出不同的状态与特征，这才使得新的协调与改进成为必要。现代国家在司法层面，无不要保持一种放诸地方试验的姿态和作为，这本身便是司法多元适应性的内生要求。

司法多样性也是保持司法探索创新的必备要件。创新即意味着思想的发散及多维，即在原有轨道上开辟出新的路径，而多样性便是滋生创新的土壤。创新在多样的基础上获得伸展和表现，单一性的雷同状态无所谓创新。高度的相似性、类同化和重复性意味着在组织样态、制度规范以及思想状况方面是缺乏创新的。同样的道理，司法机构的多样形态也是彰显司法创新度的重要维度，在多样化的司法机构并存的环境中，司法创新更容易形成及得到应用，而司法创新的要求和实践也必然使司法机构呈现出不同。在具有更多差异性及多样性的地方区域单元，司法的自主创新及交互创新更为活跃，创新的成果更为丰硕。从世界范围内看，各民族国家适应各自情况的、差异化的司法制度，本身就成为世界范围内各国司法开展交流借鉴并由此推动本国司法创新的前提。就国家内部而言，一些国家纷繁多样的司法地方制度同样也成为培育司法创新不可或缺的试验田。

---

① 〔美〕博曼：《公共协商：多元主义、复杂性与民主》，黄相怀译，中央编译出版社，2006，第 137 页。

（二） 跨行政区划法院协调性作为补足和保障

协调性产生于多样性之间交往活动的实际需求。多地域单元之间，社会和经济来往日益频繁的人们，便需要旨在保障相互间交往秩序，为双方或多方所共同认可和接受的规则。对共同规则的认可是多元自治成功的条件，当自治被固化到无法在族群间寻找到共同的道德和价值基础的时候，相关的差异和类别便是隔阂的。[①] 而且，多元地方还需要一定的中介作为相互间交往的信用平台，这种中介机制是开展经济及社会活动的内在要求。"更进一步而言，多元论多样性要求将对众多不同善和生活方式尊重同在一致性框架中包含或调和那些善的生活方式结合起来。"[②] 因此，协调性既反映着多元性相互间共通性的价值及规则，它旨在维护多元性间的共同利益和共同秩序，又在另一维度反映着多元主体间相互的意志上的互动与协调。协调性一方面作为某种基准和底线，协调性及其规则、制度和机构也由此成为对双边及多边各方所施加的共同约束；另一方面，协调性也作为某种可选择的中介平台，为双方及多方在意思自治领域内展开协同。

协调性的基准价值及选择中介的两大功能，首先表现在公平、正义、开放、权利保障等成为多级、分层、多元的政治国家制度架构中带有共通性的价值立场。多区域构成的国家领域，通过宪法及法律价值功能上的设计，来实现多样性基础上的协调。通过宪法及其权利要素的涵括性，多地域分割治理才能维系其统一性。[③] 对于司法而言，协调本身是一种基准价值上的协调，即首先是基于司法的公平、效率等价值立场及功能，在多层级、多区域、多专门系统的司法机构设置及制度形态之间贯彻司法的内在核心价值。而后，协调性还在多元性之间确立独立于各多元方的、可供多元方选择适用的中介平台，以便多元主体间进行必要的共同协商和共同交往。

围绕包括司法系统在内的政治国家协调性的制度设计，固然以基准性价值为归依，但是对基准性价值的确定并不能随意扩张，这种定位使得相

---

① 〔美〕盖伊：《自治与民族：多民族国家竞争性诉求的协调》，张红梅等译，东方出版社，2013，第 22 页。

② 〔英〕克劳德：《自由主义与价值多元论》，应奇等译，江苏人民出版社，2006，第 171 页。

③ 〔美〕博曼：《公共协商：多元主义、复杂性与民主》，黄相怀译，中央编译出版社，2006，第 68 页。

关领域的协调性，包括在司法制度和司法组织上的统筹协调，要体现必要性、适度性和谦抑性的要求。政治国家的价值立场如果定位于通过整合个体与共同体利益以达成统一性、共同文化和社会一体，既无法做到，也不应该。① "承认多元论的事实就是承认并且赞成人类价值的巨大繁复性和多样性。"② 历史上，德法等单一制国家的经历表明，地方多样性常常因受到单一化法律的约束而遭遇灭失。德国联邦法律的强势及扩张性，造成了州议会立法功能的空洞化，降低了各州多样性的重要意义。③

具体到司法领域，在协调进行划一行动上的无度扩张，都将直接或间接地遭遇及带来多样性的减损及其探索性和创新性的灭失。因为，"并非法律的每个领域都同样需要协调化；并且在许多领域，地方性监控对不同地区具有不同价值观的公民之需求提供了一种弹性、一种回应，而这肯定超过了协调的任何收益"。④ 制度统筹上的适度性表现在规则介入的范围、强度方面要予以界定，规则统筹的方式要科学适度，要采取协商性和多元参与的方法，使协调构筑在吸纳各方意见的基础之上，而非动辄适用强制推行的方法来消弭各区域单元间在制度上的差异。这在研究者眼里被称为"最低限度主义"，即为参与、商议及民主反思留下余地，在定位上保持谦抑，因为"它知道自己有很多东西自己都不知道，对自己的局限性有非常清醒的认识"。⑤ 负责开展司法制度统筹的机构要明确自身的定位，要认识到统筹协调的风险性，确立协调性的、补足性的立场，防范统筹协调权力的过度扩张。

二　国内外法院多样性统一的实践

西方国家在传统上便有多元并行司法的历史渊源，对多元司法及其管

---

① 〔美〕库卡萨斯：《自由主义与多元文化主义——冷漠的政治》，李丽红译，李丽红主编《多元文化主义》，浙江大学出版社，2011，第271页。
② 〔英〕克劳德：《自由主义与价值多元论》，应奇等译，江苏人民出版社，2006，第160~161页。
③ 〔德〕鲁茨欧：《德国政府与政治》，熊炜、王健译，北京大学出版社，2010，第265~266页。
④ 〔意〕卡佩莱蒂：《比较法视野中的司法程序》，徐昕、王奕译，清华大学出版社，2005，第430页。
⑤ 〔美〕桑斯坦：《就事论事：美国最高法院的司法限度主义》，泮伟江、周武译，北京大学出版社，2007，第2页。

辖的协调亦成为西方法治形成的重要动因。当今，国外诸多国家在传统演进的基础上，在单一制或联邦制的国家结构形式下，形成了相应的由多区域性司法单元构成的，同时又以宪法、法律及多种手段加以协调的司法组织体制。我国司法同样因司法组织的多级、分层及多地域的设置及运行，以及因针对司法的中央统一立法及具体政策的约束，而处在具有中国背景的多样性统一的格局之内。但我国的跨行政区划法院的设置，在原有多样性统一架构内，还要进一步增强以法院及其司法区为单位的自主权，维护及发展地方多样探索及创新，在此基础上，采取对剥夺性事项展开统筹的办法，运用价值协调、问题协调及司法协调的原则，构筑多样性条件下适宜、适当的统筹协调机制。

（一）我国跨行政区划法院多样性统一的初步现状

我国一体多元的司法制度构成，涵盖了省、市、县等地域单元条件下司法组织及制度的多元存在，同时，还涵盖了多民族区域自治制度中司法发展状况，以及港澳台地区的特别司法制度状况。这些地区的司法制度及其司法机构本身是我国多样性司法体系的一部分。我国从推行司法改革以来，围绕审判权运行机制、审判团队组成、审判辅助工作、法院行政工作等法院各类工作事项，按照中央部署试点、地方加快探索的指导精神，分别选取有代表性的地方为试点单位，在具体制度设计及运行等方面允许地方突破法律。这些努力都使得我国的司法制度正在步入地方多样化试点改革的阶段。但与此同时，也要明确的是，我国的多样化地方试点是在宪法和法律的框架性统领下，以中央层面为启动和推动的，以大量政策内容为指导，并且旨在总结地方经验、形成统一性推广的试点，试点从最终目的、发动实施等方面都带有高度的中央集中性。

1. 我国跨行政区划法院多样性状况

我国司法机构体系本身便呈现出多区域、多样态分布的现状，司法机构在多省区市分布的特征之外，港澳台地区又作为特别法域进一步凸显了统一国家内司法机构的多样性。这种司法机构的多样性又可以划分为并行多样性与层级多样性，包括普通法院与多类别专门法院的并行，以及从县、地区、省到中央的法院的多层级。随着我国司法体制改革的深化，最高人民法院设立的巡回法庭也在以新的形式，促进了司法机构的并行多样分布，各地方中级法院巡回法庭以及县级法院巡回法庭及派出法庭的实践，进一步凸显了基于地方及实务实际的司法组织机构变化性设计。

我国已经积淀了一定的地方探索经验，司法机构形成初步多样的格局。我国司法机构的变革贯彻了顶层统筹协调与政策法律指导、地方试点探索相结合的思路。以政策为引导，司法各领域的改革得到系统的提倡和推行，由此也产生了司法创新的空间。[①] 新世纪以来，最高人民法院先后以意见、通知、方案的形式，就法官助理、简易程序、审判权运行、人民陪审员等改革事项，选择部分高院、中级法院或者基层法院进行试点。[②] 近年来，在国家全面推行司法体制改革的背景下，全国各地方开展的内容多样的改革探索也为媒体所关注和集中报道。[③] 改革涉及司法人员分类管理、员额制管理改革、法院内部机构设置改革、法院权力运行机制改革等事项。而一些少数民族聚居的省份，地方探索具有更多的地方适应性。诸如，2015 年以来，贵州推行了审判专业化、组建新型审判团队以及提升法院信息化水平等内容的改革，该省根据城区、城郊、农村和少数民族地区等不同区域的地方实际情况，有代表性地选取了遵义市汇川区、贵阳市花溪区、黔南布依族苗族自治州贵定县、黔东南苗族侗族自治州榕江县四个基层法院进行改革试点工作。[④]

而我国带有跨行政区划性质的法院也适应地理条件、专门事务、特殊建制、改革探索的需要，分别形成了铁路运输、军事、知识产权等专门司

---

① 王帅：《论我国政策引导下的司法创新》，《山东社会科学》2011 年第 11 期。

② 相关的政策性文件就有：2004 年最高人民法院《关于在部分地方人民法院开展法官助理试点工作的意见》，2010 年最高人民法院《关于开展行政诉讼简易程序试点工作的通知》，2013 年最高人民法院《关于深化司法公开、审判权运行机制改革的试点方案》，2015 年最高人民法院关于《人民陪审员制度改革试点方案》等。

③ 十八届四中全会以来，地方司法改革举措较为密集地展开，与此相关的报道在媒体上较多地呈现（见余东明、郑法玮：《上海司法体制改革试点工作全面推开》，《法制日报》2015 年 7 月 23 日；张伟刚、白龙飞：《海南高院坚持问题导向完善司法责任制》，《人民法院报》2015 年 7 月 24 日；马远斌、刘史丹：《广东：全面推动人民法庭审判权运行机制改革》，《人民法院报》2015 年 7 月 27 日；唐凤伟、奚萌萌：《黑龙江高院实施立案登记制开启便民新篇章》，《人民法院报》2015 年 7 月 20 日；李丽静：《河南推行行政案件异地管辖成效显著》，新华社 2015 年 7 月 14 日电；郭春雨：《吉林高院："电子法院"让群众少跑腿》，《人民法院报》2015 年 6 月 25 日）。

④ 安克明、金晶：《贵州法院实施法官员额制 推动司法改革进程》，《人民法院报》2015 年 7 月 27 日。

法机构，并且在司法组织机构的形式、管辖等方面进行灵活变通。这些法院在设置依据、人事任免等方面，根据特殊性程度的不同而呈现差异性。诸如，海事法院及新设立的知识产权法院在人事任免方面交由所在地的人大常委会来行使，而对于新疆生产建设兵团法院，实行基层法院人事任免由分院行使、中级法院及分院的人事任免由自治区人大常委会行使的方法。

2. 我国跨行政区划法院多样性中的统一性

我国的国家结构和体制遵循在中央统一立法指导和约束下发扬地方积极性的战略方针，通过立法和政策的形式为地方各单位确定发展的方向、步骤和框架举措，对于诸多具体政策的细化及实施则交由地方来制定。我国的司法制度也是传统这种统一立法、地方探索体制的重要组成部分，《人民法院组织法》《法官法》等中央立法为全国各级司法组织机构的组建及其构成，在指导思想、主体框架方面予以明确，同时，中央部门还以大量发布政策文件的形式，对相关执行及实施的具体问题予以规定，这些都成为我国司法制度和司法组织体系统一化、单一化的决定因素。

总体上，我国通过对法院在规则适用方面的角色定位，以及对法院事务实施法律保留，实行对于法院事务的中央立法性的集中统筹。《立法法》第八条第二项规定各级人民法院产生、组织和职权等事项只能由法律来确定，凸显了立法集权的制度设计。我国司法机构在初步多元布局中因立法集中统筹的原因表现出从中央到地方的单一性特征。通过《人民法院组织法》《法官法》等法律的规定，中央立法设计并确定了全国范围内法院机构的名称及分层结构组织体系，明确了合议制及审判委员会制度作为统一推行的审判组织形式，也明确了在各级人民法院统一实施的人员组成和机构组成方式。由此，我国多区域分布的司法机构体系中的单一性因素被固定下来，贯彻到从基层法院到最高人民法院的组织机构建设中。

虽然我国在立法机关与司法机关、上级司法机关与下级司法机关之间就司法规则创制等方面，事实上形成了一定的分权关系，但是，相对于《立法法》中所表现的立法与行政机关之间、中央立法机关与地方立法机关之间、中央行政机关与地方行政机关之间以及地方立法机关与地方行政机关之间那种较为明晰的立法上的分权关系，司法的规则创造仍然包裹在由最高层级法院进行法律解释的外表之下，司法机关置身于立法机关为中心的规制创制模式中，同时，还在内部着力展现形式上的中央统筹和高度集中的特征。2015 年的《立法法》修订，仅在附则中对最高人民法院的法律解释权予以涉及，并呈现对其解释进一步收紧及约束的态势，新的修订明确要求"最高人民法院、最高人民检察院以外的审判机关和检察机关，不得作出具体应用法律的解释"。这就进一步在形式上强化了最高人民法院在司法规则制定及政策统筹方面的功能。

（二）域外跨行政区划法院多样性协调的现状

西方法治起源于多元化地方制度之间相互竞争及相互协调的状况，正是因欧洲历史上教会法、封建法、城市法等多元法律体系的存在，法律科学以及对法律的信仰才得以在协调多元规则的基础上生成。这种传统演进到现代，在司法制度方面也有大量的传承和体现。一方面，它使得各国司法在组织形态、制度内容等方面，形成与司法事务、司法层级、地域分布相适应的多样性特征，其中就包括中央司法与地方司法、普通司法与专门司法等多样化的区分；"在司法机关职能和维持法治中的多中心性的实现是西方文明发展中的一个重要步骤。"① 另一方面，在司法机构多样性之外，各国也通过立法的形式以及司法政策的形式对司法制度予以集中统筹和协调，诸如英、法、德等国家通过中央层级的议会立法的方式对全国的法院组织组建及构成予以塑造，美国则以宪法为基础协调联邦与司法两个司法体系的双轨并行。

1. 域外跨行政区划法院多样性的状况

欧洲法律秩序，最早地便存在于北欧及西欧，诸如法兰克人、弗里斯兰人、伦巴第人等诸民族中的古代治理经验，它最早便表现出多元性的、分散的部落性质。"从本质上概略地说，西方封建主义的地图的多样化从它在 9 世纪出现起就一直在发展。"② 欧洲历史上，曾经长期存在着教会法、王室法、封建法、庄园法、商法、城市法等多元法律体系，它们还分别设立了带有各自特色的司法机构，各法域及其司法机构保持着较大的分立性和独立性。直到 11 世纪后半期之前，欧洲的法律秩序仍然是部落性、地方

---

① 〔美〕奥斯特罗姆：《美国联邦主义》，王建勋译，上海三联书店，2003，第 241 页。
② 〔英〕安德森：《从古代到封建主义的过渡》，郭方、刘健译，上海人民出版社，2016，第 113 页。

性、封建性的交织，多元法律及其司法体系从一开始便没有严格附着于包括村庄、百户区、郡在内的地域性的实体之内。

欧洲多元司法依托于多元性的社会和政治事实，它们在管辖、司法组织构成方面表现出多元差异的特征。这种多元法律与古希腊那种城邦政治体的法律体系以及古罗马的市民法和万民法体系不同，"每一种世俗法律制度都是管理那些受其管辖者生活的一部分的一种特定的地方制度"。① 欧洲历史上的封建法，因领主与封臣之间基于封建土地占有权的经济事实而设立，等级制的封建法庭管辖与其等级相对应的领主与封臣之间的纠纷；庄园法则用来调整领主与农民之间在庄园内农业生产过程中形成的关系，它通过由管家所主持的、包括农奴在内庄园成员参与的、会议性的裁决机制来运作；随着商贸的扩张及商人阶层的形成，在众多的国际集市和国际市场里，由商人自发地成立诸如市场法院、集市法院以及商人行会法院之类的商事法院机构，他们在成员中选出法官对商事案件进行审理；而在分散分布的众多的城市里，城市法则实行以特许状或宣誓契约为基础的，由同等公民进行裁判的法律和司法体制。

多元法律传统对近代欧美司法机构形成了结构性塑造的历史影响。至今，在欧美各国还保持着形态不一的多样性司法状况，每个国家设置了分层多级、多领域并立的多样化的司法机构体系。诸多国家司法机构多样态的格局表现在民事、刑事及行政司法的分立，普通司法与专门司法的分立，中央司法与地方司法的分立，初审管辖司法与上诉司法的分立。诸如在美国，实行双轨并行的，联邦法院系统与州法院系统相并立的司法机构设置；在联邦层面，除联邦三级法院体系以外，还设置了联邦索赔法院、联邦关税法院、联邦临时紧急上诉法院等并立的司法组织体系；在各州层面，每个州的司法机构形态也并不统一，不同州就审判组织、司法层级、司法管辖等方面，形成多元化的司法机构设置状况。无论法院层级结构，还是法官选任方式，抑或是审判程序，美国各州呈现出较联邦更加丰富多样的局面。②

---

① 〔美〕伯尔曼：《法律与革命——西方法律传统的形成》，贺卫方等译，中国大百科全书出版社，1993，第478页。
② 陈杭平：《统一的正义：美国联邦上诉审及其启示》，中国法制出版社，2015，第48~49页。

　　2. 域外跨行政区划法院协调性的状况

　　欧洲历史上，在民族国家兴起的过程中，传统的多元法律体系经历了从地域性法律多元向民族国家性法律多元的转变。对多元法律的协调也出现了两个面向，一方面，对多元法律间的协调性的要求和实践，直接促成了中世纪以来法治地位的凸显，法治成为民族国家的基础价值立场；另一方面，多元法律在民族国家内的传承，更多地受到近代单一法律体制的塑造和影响，民族国家以宪法、法律、行政及其相结合的方式，实现各自所追求和设计的法律统一性及司法统一性的图景。

　　对法律及司法的多样性进行协调的努力，为西方法律科学及法治信仰的确立奠定了基础。包括法律科学在内的近代科学的形成，具有对教俗分立的多元法律和司法管辖进行协调的社会背景。"最为重要的，它们是由分离了教会与世俗管辖权并由此导致在社会生活的各个层面上将二者之间的矛盾加以调和成为一种急需的那种革命性剧变所产生的。"① 多元法律体系的社会事实，提出了开展冲突协调以及规范平衡的要求，这构成一种动力，促进法律系统的理性化与合理化。就像伯尔曼所言："为了保持复合、对抗的法律体系间的复杂的平衡，就必须使法律系统化和合理化。"② 多样性的法律及其司法为新的法律创新和司法创新准备了条件，对多元法律体系相互之间的优势及合理性所进行的吸纳与整合，促成在以往基础上的新的创造。"协调矛盾的技术，连同对一种理性法律体系或一种法律原则的完整结构的信仰，使得人们可能在首先对教会法加以综合之后，再综合封建法、城市法、商法以及皇室法。"③

　　近代以来民族国家组建的历史进程，常常依靠政治的或法律的纽带，实现多区域条件下经济及社会交往的协调。这种政治整合及法律整合的情况也经常伴随着协调上的单一化倾向以及协调上的中央集权现象。通过以法律及政策为工具的单一化推进，民族国家实现了国家主权领域内在国家

---

　　① 〔美〕伯尔曼：《法律与革命——西方法律传统的形成》，贺卫方等译，中国大百科全书出版社，1993，第 194 页。

　　② 〔美〕伯尔曼：《法律与革命——西方法律传统的形成》，贺卫方等译，中国大百科全书出版社，1993，第 141 页。

　　③ 〔美〕伯尔曼：《法律与革命——西方法律传统的形成》，贺卫方等译，中国大百科全书出版社，1993，第 197 页。

机构、具体制度及其文化观念等方面更多的相同性和一致性，而借助于行政集权、立法集权和管理集权的方法，民族国家多地域的协调也更多地呈现自上而下的特征。在美国，确立了宪法为纽带的，联邦与各州分立、各自区分且相互独立的法律及司法协调机制，在英国及其他中央集权的单一制国家，法律体制和司法体制更多地通过中央层面的具体的立法进行协调，诸如，英国国会通过 1846 年的《郡法院法》、1952 年的《治安法院法》以及 1971 年的《法院法》实现对国家司法体系的立法塑造，在德国，《法院组织法》《劳动法院法》《社会法院法》《财税法院法》等联邦法律决定着德国司法组织的架构。

三 我国跨行政区划法院多样性与协调性的制度设计

跨行政区划法院多样性是多地域制度多样性的体现，有必要从理念上、体制上维护及发展这种制度演变的内生性状态，对以法律和政策为工具的单一化进程保持冷静而谨慎的态度。"现实主义和常识都告诉我们：在一个包括不同法律传统的共同体中的所有法院，统一的程序不可能轻易地被推行。"① 要对事权法院进行充分的赋权，使之在规则创制中发挥基础性的作用，从而推动形成近距、扁平的制度演进方法，也为地方制度创新的开展创造充足的空间和条件。未来多样性统一的形成，并非以一体化和标准化来实现的统一。② 对多样性规则展开协调以确立一定共同性规则的行动，意在使多元地方制度中的基准性价值及其规则得到贯彻，相关协调要立足于价值协调，着眼于问题导向，以公众的权利诉求为启动，以司法受案及其规则创制为调适方法，从而形成既保有多元性又贯彻共通性的制度协调机制。

（一）我国跨行政区划法院的多样性设计

我国跨行政区划法院改革，在司法区的设置方面要实现传统资源利用与路径演进突破的结合，即一方面，改变传统叠合模式为主的、高度类同

---

① 〔意〕卡佩莱蒂：《比较法视野中的司法程序》，徐昕、王奕译，清华大学出版社，2005，第 432 页。
② 〔法〕厄吕居：《比较法学家与特区》，李晓辉译，〔法〕勒格朗、〔英〕芒迪主编《比较法研究：传统与转型》，北京大学出版社，2011，第 444 页。

的司法区格局，推进跨行政区划法院司法区的改革与设置，使之展现出足够的适应性、灵活性和创新性；另一方面，又充分挖掘制度改革的本土资源，对原有的带有跨行政区划性质的法院予以改进、完善和创新。我国原有的司法机构依附于行政区划的模式带有形而上的色彩，表现出强烈的机械性，缺乏符合司法规律的科学性设计，新的跨行政区划法院及其司法区要在水平方向上加快多样态的发展。在国家司法区划分的层面上，要根据受案数量、性质、形态及其分布，形成跨乡镇、跨县域以至跨省域的司法区划分，使得司法区的规划与设计更加贴近审判实际。多样态的司法区还包括了在基础司法区之外，同时突破了基础司法区划的限制，形成普通司法区、专门司法区、特别司法区、试验司法区横向并立的司法区结构，多个司法区可以交互重叠却互为独立。在纵向上，要改变对行政区划简单套用、借用的模式，彰显出司法区划的针对性、独立性、非等级性的特征。通过对初审管辖、二审管辖、专门管辖等功能进行适当的设计，形成与巡回区划相结合的，包括初审、二审以及专门司法区在内的纵向司法区设置。

1. 围绕司法组织机构开展的多样性设计

作为司法多样性的自然表现，司法组织机构设计因适应案件性质、审判地方实际等情况而呈现出多样性。要以解放思想、勇于探索的精神，结合较大力度的立法放权，推进司法制度基础领域，包括司法各内设机构、合议庭组织机构、审委会组织机构、司法管理组织机构等方面的深化改革工作，鼓励各事权法院开展更加多样、更加灵活的探索。国内外司法组织设置及发展的现状也表明，在法院组织机构上强求一致，将会带来法院组织体系及管理上的僵化，缺乏对现实情况的足够应对性，由此造成改革的反复无常，影响法院组织发展的稳定性，另一方面，也会制约在有关法院组织机构效能、作用方面的认知和评估，进而局限组织机构创新的步伐，造成司法体制改革循环往复、难以进步。

事实上，在诸如合议庭三人庭或者五人庭的组成方式上，理论上以及不同国家的经验都表明，设定强制推行的单一模式将阻碍在这些问题上的探索和验证，妨碍司法组织机构上的创新。美国新泽西州所推行的两人合议庭，是对传统三人合议庭的突破，它被证明也是成功的。而在德国，独任庭在州内中间层级法院获得越来越多的使用。在英国、法国等国家，审判组织中的两人庭、四人庭等非奇数庭也都普遍存在。因此，仅仅基于表决方便上的理由而推行审判组织的奇数构成，缺乏组织管理学上组织机构适应性的根本理由支持。从组织基础理论上讲，组织并非绝对性的，而是组合用来使人们有效工作的手段，组织的形式具有条件、时间以及人物上的适配性；组织的同质性只是一种假设，组织内在地需要多种、并存的组织形式，"不存在某一种惟一正确的组织形式……而只存在具有不同长处、局限性和特定用途的组织形态"。① 惟一正确组织形式的观念带有单一决断论的谬误性，与此相适应的立法集中统筹推广也是这一谬误观念的直接体现。

2. 以规则为内容的司法制度的多样性设计

我国跨行政区划司法机构多样性的设计最终体现在以司法规则创制为内容的司法制度设计。代议制立法无法事无巨细地覆盖社会事实，司法在个案中透过立法的罅隙事实上行使着规则的创制。② 不仅在实体法规则方面，而且在司法组织法和诉讼程序法方面，当代中国在地方性竞争和探索过程中涌现的，以事权法院为主体发布的各种类型的实施细则、办法和司法意见，反映出事权主体以及制度创新所要求的规则创制需求。但是，法院创制规则的事实及地位并未得到正式承认，我国的司法规则创制仍然受到立法机关中心架构的约束。因此，有必要根据事权及其主体对规则的内在要求，按照贴近实际、近距离、扁平化的制度创制要求，将基础规则创制权赋予事权主体，推动各事权法院以司法区为单位展开多样化的地方探索和创新。

（1）要改变单一立法机关集中统筹的思维和模式

依靠单一立法机构来穷尽规则创制是不可想象的。幻想通过单一的立法机构在网罗全部社会事实的基础上进行无所不包、全面准确的立法，也是不切实际的。世界各个国家的立法实践也表明，在扩大化的国家区域范围内，每一治理单元基于自主性和适应性都在行使一定程度的规则创制权力，无论这种创制是以权限划分或者委托授权的形式进行，还是以内在隐蔽的方式进行。中国社会转型期所谓"红头文件满天飞"的现象，虽然反

---

① 〔美〕德鲁克：《组织的管理》，王伯言、沈国华译，上海财经大学出版社，2003，第 160 页。
② 曾德军：《从立法中心主义到司法中心主义的转变——关于法治另一条道路的思考》，《求索》2007 年第 6 期。

映了当前法律规范体系内在关系的紊乱，但也在一定程度上表达出差异化的地方治理，在制定及形成规则方面的需求与合理性。事实上，在现代诸国家立法分权的外衣之下，规制创制的内在机理仍然有事物本身对规范提出的要求。

单一立法机构集中统筹在产出规则上的高度模糊性和高度不确定性，损害法治建设的品质。代议制立法的绝对化及其着眼于法网扩张的立法模式，导致立法的无节制，削弱了社会的自治和创新。[①] 很多时候，出于形式上立法集权的需要，立法统筹被人为地赋予机动性，立法条文中采取高度概括性和抽象性的语言开展立法调节，对法治所要求的明确性、预期性的品质构成极大的破坏。诸如，德国联邦《基本法》中，将刑法、司法等归为联邦未立法，州便可拥有立法权的事项，虽然《基本法》第七十二条规定联邦只有在保障"联邦领土上生活状况的一致性"或者"法律和经济的统一"的目的下开展以上事项的立法，但有关一致性或者统一的目的在界限上高度模糊，这就导致"联邦立法的大踏步跳跃以及相应州政策制定空间的萎缩"。[②] 我国《立法法》第八条关于法律保留事项的规定中，"制度"或"基本制度"的用语因其高度的概括性，而使得相关条文涵盖范围过广，以致造成立法本意与立法实现上的鸿沟。事实上，"基本制度"在重要立法事项上的运用，存在着话语及概念上的严重不适当性，"民事基本制度""诉讼和仲裁制度"涵盖的范围及领域也可以足够广泛，边界如此模糊的法律保留规定无法起到协调及统筹的功能。[③]

为了保持形式上的立法统筹的集中性，立法机关在处理与司法机关在规则创制事项上的关系时，常常需要使用模糊的语言对事实上的立法分权予以掩盖。1981 年 6 月 10 日第五届全国人大常委会第十九次会议通过的《全国人民代表大会常务委员会关于加强法律解释工作的决议》中，初步就全国人大常委会、最高人民法院、最高人民检察院以及国务院在法律解释中各自的角色予以界定，这种界定本身具有对立法事务及应用事务予以分类的意图。但是，全国人大常委会相关解释在语句上所使用的"关于法律、

---

① 孙波：《立法权去中心化与立法模式转变》，《河北法学》2008 年第 8 期。
② 〔德〕鲁茨欧：《德国政府与政治》，熊炜、王健译，北京大学出版社，2010，第 269 页。
③ 对这种话语上的"基本"现象，早有观察者对这一概念用于正式情形的模糊性、非规范性进行了分析（见吕叔湘：《论"基本属实"》，《北京晚报》1980 年 10 月 4 日）。

法令条文本身需要进一步明确界限或作补充规定的"情形,与"法院审判和检察员检察工作中具体应用法律、法令"的情形,两种情形的区分更多的是语义和形式上的,"明确界限"可能是法律应用中的界限,"补充规定"也可能涉及法律执行中的规定,同样,具体应用法律、法令也可能是对法律界限的进一步明确及对法律内容的补充规定。二者在文义上具有高度的模糊性和内容上的交叉性。这种解释处在立法中心地位与现实适应性调整的尴尬状态,自然无法起到应有的规则调适的作用。立法为中心的等级制的效力覆盖、效力塑造以及规范协调因此显现出鲜明的表面性和形式性,而为了维护立法机关的中心地位,人为地按照所谓原则与一般、概括与抽象、指导与具体之间的划分来实现规范效力层级的拟制,掩盖了地方性规则创制的自主性的逻辑,"授权立法""委任立法"等概念和话语也模糊、混淆了规则的内生机理。

(2) 要赋予司法机关与事权相关的规则创制权

司法规则创制已经作为一种现状和事实,反映了司法权运行的内在机理。法院适用规则本身便反映了这一机理,即"无论因权威的授权,还是因法院自己的意愿,法院都会尝试对它们处理的诉讼进行立法"。① 法院及法官的规则创制不仅应当在事实上予以承认,而且要在体制机制上加以尊重。我国从立法上对所谓"基本法律"、"法规"及"规范性文件"进行的划分,其形式意义色彩浓厚,在实际上,法律规范中大量间隙、空白的存在,使得一般规范对法律规范的规模性填补发挥着等同于法律的实际效力。当前,司法机关制定的实施意见、实施细则等规范,事实上也在发挥调整司法活动的效果。但是,在立法体制上,这种以现实性调整的姿态运作的规则创制,在法律上并未被明确承认。我国《立法法》第九条仅仅初步界定了全国人大及其常委会对国务院的立法授权,最高人民法院并未在此授权之列,最高人民法院及最高人民检察院尽管事实上行使着对司法规则的创制权,但在宪法及立法法中并不提及国务院的创制地位。近年来,行政机关系统的立法权下放步伐加快,地方性法规的权限也已经拓展到设区的市。②

---

① 〔美〕格雷:《法律的性质与渊源》,马驰译,中国政法大学出版社,2012,第172页。
② 郑磊:《设区的市开始立法的确定与筹备——以〈立法法〉第72条第4款为中心的分析》,《学习与探索》2016年第7期。

但司法机关系统在国家整体规则创制体系中的地位未受重视，司法层级间的规则创制分权尽管事实存在，但并未得到制度上的承认。

传统的规则制定及实施模式，是由点到面、由上到下、由中心到外围，常常经过纵向和横向多层级的信息和命令传导，这就造成立法者与事权者距离过远以及中间环节的过多，不仅带来规则制定的不切实际，而且使得规则执行和实施的成本过高。从法律、细则、实施办法、执行方案再到事权单位的规章制度，经过层层复制和过渡，规则才真正到达事权部位，而且，规则传递过程中，往往还要经过层层的、内在的、隐蔽的新的议价和协商，从而使规则符合现实。不仅规则面临权威性的损耗，而且整个执行和实施流程为规则传递付出了高成本。因此，要对以往单一中心的规则创制及实施模式予以改造，在各事权主体规则创制的基础上，结合跨区域基准性价值对冲突与分歧的统筹，实现在司法领域多样性统一目标的达成。

司法规则制定要适应司法职权行使的实际状况，就要体现近距化、扁平化和贴近实际的原则，遵循司法事权运作的规律，进一步推动权力下放，承认以司法区为单位的司法事权主体的规则创制地位。"在很多领域里，司法规则的灵活形式比立法规则的规范形式更可取，所以社会要求法院发挥作用，充实规则社会行为的法律规则的供给。"① 具体到跨行政区划的司法机构，相关的事权容纳了组织机构形态及其构成的事权、司法流程及其审判方式的事权、司法人财物管理方面的事权，与事权相关的规则也包括组织机构设立及运行的规则，案件管理、审理的规则等。各事权行使的主体，包括行使审判事权的法规，行使管理事权的管理人员，司法规则的创制便要由他们采取单独负责和集体议决相结合的方式，推动形成与审理和管理相关的运行规则和办法。

3. 我国跨行政区划法院协调性的初步设想

针对跨行政区划法院各自制度间的协调，尤其要摒弃通过一部统一的、详尽的制定法加以完全解决的思路。传统的中央单一中心的代议制机关制定法，对多地域间制度的协调，在实际情况适应性、规则创制的边界确定及规则执行的实效性方面出现诸多的问题，带来管理长距化、执行高成本等问题，并常常造成多样性制度的大量灭失。多样态制度之间，就要运用

---

① 〔美〕艾森伯格：《普通法的本质》，张曙光等译，法律出版社，2004，第6页。

价值协调的办法，凸显协调所具有的基准性、共通性的价值立场，协调的启动针对地域间、群体间、个体间以及个体与群体间实际产生的分歧与冲突，采取以司法调整为主的协调方式，保持协调的谦抑性，并维持协调的问题导向。

（1）确立价值协调的立场和方法

对国家及社会构筑价值的统领和指引，是我国在新世纪着力推行和实施的重大战略性行动。2006 年 10 月，中国共产党十六届六中全会提出了"建设社会主义核心价值体系"的重大战略，并将社会主义核心价值观作为社会主义核心价值体系的集中概括和主要内容。此后，社会主义核心价值观的涵义在党的十八大报告中得到明确，即富强、民主、文明、和谐、自由、平等、公正、法治、爱国、敬业、诚信、友善。这些简洁、凝练的词语，意在超脱于我国党政各行业各领域的具体规则之上，对多领域、多样态的活动及规则进行指导和协调。最高人民法院为贯彻这一价值观体系，于 2015 年 10 月 12 日发布了《关于在人民法院工作中培育和践行社会主义核心价值观的若干意见》，提出法院系统为践行社会主义核心价值观，应当坚持及贯彻的十项举措，包括司法为民、忠于宪法法律、尊重保障人权、坚持平等保护等。这种价值的倡导及传导的行动，便表明我国的国家建设和司法制度建设遵循着价值指导和协调的规律，无论国家层面还是司法层面，都在运用价值协调的力量，为多元纷呈的思想、规则及行动确立某种基准性、共通性的价值认同和价值协同。

价值协调的行动也体现到诸多现代国家司法建设及司法改革的实践中。2010 年美国《联邦司法战略》一开篇就对美国联邦法院的使命予以界定，要求法院"恪守并践行司法的核心价值观"，以彰显法院作为公平、公正价值担当者的地位和作用。紧接着，《联邦司法战略》进一步列举分析美国法院的核心价值观，包括依法治国、公平正义、司法独立、监督制约、业绩优良、优质服务等六项内容。把核心价值观摆到司法运行及改革的重要位置，其实就内含着这些价值对于多元司法机构系统所发挥的价值协调的立场，它既要成为美国法院设立及运行的价值标准，也要成为未来美国多领域、多系统、多组成的法院组织机构及其制度改革中带有协调性的指导方针。

司法所致力于实现的公正、开放和权利保障，这三者就成为多地域司法机构展开协调活动的根本价值立场。协调旨在为多地域间司法机构确立及实现正义，这其中，最先的当然是司法赖以建立及维系的程序公正的价值，包括司法的独立性价值及该价值指导下的制度设计，以及程序公正指导下的司法两造听取意见、辩论等制度流程，而以此为基础，司法的实体公正便涉及其所推行及适用的规则的公正，即这种规则立足于明晰及呈现事实真相，并着力于实现恢复及弥补受损害者的正当利益，以及对加害行为予以惩治。作为基准性价值的开放性内容包括了司法参与、公开审判、司法各管理环节公开等多方面的制度及程序设计，它确保各司法区的司法机构打破封闭性，接受社会公众的开放性审视。

　　由此，公正、开放以及权利保障的价值就成为对多元司法机构加以协调的价值立场和价值考量，现代国家司法组织机构的协调性及统一性就体现在对以上价值的渗透和贯彻。权利保障更是展开价值协调的基础性构成内容，它涵盖了接近司法的权利、表达意见的权利以及申诉等多项权利体系，因这一基准价值上的协调，各司法区及其法院的制度在内容构成上是权利本位和权利导向的。司法对促成国家之为共同体的塑造，是通过对权利保障的承诺以及对损害权利之惩戒和补偿来实现的，"这一解决方案符合我们的直觉或信仰，即基本权利代表了必然要求更大程度一体化的一个法律领域"。[①] 权利成为高级法的重要表征。"权利法案以法庭判决的形式一点一滴地通过司法实践最终逐渐形成。"[②] 美国的法院系统对所谓"基本权利"内容的确定，便借助于"自由""正义"等价值话语，一项权利是否属于"基本权利"便在于它在政治制度及司法制度中的价值定位。[③]

　　跨行政区划法院的功能便体现于基准价值指导下，围绕权利所实施的精微调整和具体调整。现代国家是要在扩大了的区域空间中，并通过作为公义承载的宪法价值规范的执行，克服传统地方治理中的问题。在宪法和法律中基准性价值明确内核构成之外，诸多未知模糊的规范领域，就要依

---

① 〔意〕卡佩莱蒂：《比较法视野中的司法程序》，徐昕、王奕译，清华大学出版社，2005，第433页。

② 舒茨：《法院与法律的制定》，王晔译，〔美〕路德克主编《构建美国：美国的社会与文化》，江苏人民出版社，2006，第446页。

③ 〔美〕德雷斯勒、迈克尔斯：《美国刑事诉讼法精解》，魏晓娜译，北京大学出版社，2009，第43页。

靠法院机构，尤其是跨行政区划法院机构来进行更为具体、更为细微的调整。也就因此，跨行政区划法院承担着权利救济保障的精细化、具体化的重任。与其他国家最高法院案件受理的情况不同，在美国的联邦法院系统，民权案件及其增长一直较为显著。美国联邦最高法院的主要精力及其案件审理的主要类型集中于权利的精微调整，这一点可以从联邦最高法院所选择审查的案件多为宪法权利以及刑法方面的案件情况得以体现。① 尤其是对于有关正当程序的刑事案件，美国最高法院对这一概念的边界、适用及细节等方面，进行了大量的阐释，展现出价值指导下对权利实施精微调整的特征。

（2）以剥夺性事项为对象展开规则统筹

对多样规则的协调，在承认及贯彻相关价值立场的前提之下，还要在具体内容上体现对立性统筹的思维，运用以剥夺性事项为内容的统筹方法，使得这种统筹协调表现为对剥夺性事项进行的界定和限制。对剥夺性事项展开协调统筹，从话语和概念上便于厘定，有助于锻造内容和边界清晰明确的规则体系。事实上，在肯定性话语及其执行为内容的统筹方法模式内，隐藏着大量不确定的概念和不确定的边界，为了使这些概念的边界及范围得到确立，往往需要确立多层级、多环节的规则分层解释体系，无形中耗费了大量的立法和司法成本，因此，我们不应当坚持这种既不经济也不便于实施的统筹办法。

我国《立法法》第八条设定了法律保留条款，要求对相应的列举事项实行法律形式的专属调整。分析该条款的内容，以第四项"犯罪和刑罚"、第五项"对公民政治权利的剥夺、限制人身自由的强制措施和处罚"、第六项"税种的设立、税率的确定和税收征收管理等税收基本制度"和第七项"对非国有财产的征收、征用"为代表的事项，构成了剥夺性事项的类别，即这些事项都涉及对公民人身、财产及政治权利的剥夺。而这些事项的共同特点便是它们在其剥夺性内容的涵义上所表现出明确性和清晰性。相比较而言，《立法法》法律保留条款中所列举的款项，包括作为第一项的"国家主权的事项"，作为第二项的"各级人民代表大会、人民政府、人民法院

---

① 〔美〕阿蒂亚、萨默斯：《英美法中的形式与实质：法律推理、法律理论和法律制度的比较研究》，金敏等译，中国政法大学出版社，2005，第234页。

和人民检察院的产生、组织和职权"，作为第八项的"民事基本制度"，作为第九项的"基本经济制度以及财政、海关、金融和外贸的基本制度"，作为第十项的"诉讼和仲裁制度"，均具有高度的模糊性和广阔的延展性，伸缩性及可解释性的空间极大，这些款项不宜作为法律保留的内容。

事权法院多元制度的协调实践，便表现为相关协调活动所针对的，涉及对公民诉讼权利、财产权利、人身权利、知情权利、参与权利等事项上的剥夺性或者限制性的内容。首先，司法在其受案事项上，便有对权益受到剥夺及损害情况予以审视及救济的性质，它使得司法活动自身便是一种价值指导下的规则统筹活动；而且，在司法自身的管理制度方面，不受理某项案件的制度，收取诉讼费以及罚款的制度，司法拘留等限制人身自由的措施，法院公开事务的例外情形，对公民参与资格的限制及筛选等，都是需要予以价值审视及统筹的事项。协调活动一方面要结合价值协调，对不符合基准性价值的制度予以否决及撤销；另一方面，要运行价值协调的方法，对允许实行的限制及剥夺举措的正当性、适当性加以阐释，形成在实施这些限制和剥夺事项上的约束条件。

（3）以问题导向的方式进行规则冲突协调

实践中，我国多层级的司法规则创制带来相关规则内容上的冲突，这种冲突在当前立法分权的框架内，将牵涉到人大机构与司法机构之间，上下级司法机构之间，以及司法机构与行政部门之间的规则创制关系。这其中，较为突出的便是代议制机关规则制定与司法机关规则创制之间关系的调适。我国在法院自主权增强、规则创制增多的背景下，法院规则与人大规则之间的冲突也开始凸显。诸如，全国人民代表大会常务委员会法制工作委员会在 2008 年 10 月 6 日给黑龙江省人大常委会"对如何处理省高级人民法院制定的规范性文件的意见"中，对黑龙江省人大常委会法制工作委员会来函中所报告的司法鉴定名册编制权的冲突问题予以回复，认为黑龙江省高级人民法院发布公告所规定的，由省高级人民法院统一编制辖区内法院系统司法鉴定工作名册的规定，与全国人大常委会《关于司法鉴定管理问题的决定》中由省级人民政府司法行政部门负责对鉴定人和鉴定机构进行登记、名册编制和公告的规定不符。建议地方人大常委会采取听取专项工作报告的方式进行纠正，或者通过全国人大常委会的办事机构向最高人民法院提出，由最高人民法院加以纠正。这一事例对人大与法院规则之间冲突的协调，提出了人大立法中心政治架构下人大主动纠正的方法，以及司法系统自上而下自主统筹纠正的方法，反映了我国当前规则调适统筹上立法中心的思路和系统性集中统筹的思路。

然而，对多样化规则之间的协调，首先要遵循基于问题统筹的导向。法院工作的特点便是被动性，它的基于诉求和受案的启动方式，与问题导向的协调方法相匹配。当前，世界范围内的法院功能变革，以解决问题型为取向的法院建设运动较为引人注目。① 我国的多元规则间冲突的调适要遵循司法调整的路径，这既是因为法院自身解决纠纷和冲突的功能定位，也基于法院用以解决纠纷制度构造和方法的适当性。以往代议制立法面临着自我立法且自我纠错的程序正义方面的严重缺陷，公民及社会群体与代议制机关之间的纷争与冲突，依靠代议制机关自身去解决，违背了冲突调适所要求的中立性。作为社会冲突的最后防线，法院对纠纷及冲突，无论是个体与行政机关的冲突，还是个体与代议制机关的冲突，拥有加以调适的正当性权威，这种权威既涵盖了对案件的开放性受理，还体现在对其他部门规则创制的审查及裁判权。终审法院基于法律统一而施行的协调，以及履行其所扮演的这一角色，要以受理及审理案件为规则创制的初始方法。② 此外，相关的规则协调问题，还要在设置跨行政区划法院的改革背景下寻求出路，公民将通过在多元并行跨行政区划性质法院间的选择性起诉，规避地方代议制机关与法院机构之间基于人财物管理方面的复合情况，使得"外观上的正义"得到更完整的实现。

与前述两种方法结合起来，多元司法规则的协调统筹方法便是以价值协调为指导，以当事人权利救济为启动，以剥夺性事项协调为内容。多样态规则之间统筹的要求，要立足于个体权利救济的需求，采取司法被动性的规则发展方法，使得统筹的需求建立在实际状况基础上，而非上级机关的主观认知和想象。这一统筹方法对问题导向的坚持，便是在多元规则没有争议和不触及权利诉求的情况下，不开展协调行动，使自上而下的协调降至最低。这也要求法院机构间的协调是通过具体的受诉案件裁判来进行

① James L. Nolan，"The International Problem - Solving Court Movement：A Comparative Perspective"，*Monash University Law Review*，Vol. 37，No. 1 (2011)，pp. 259 - 279.
② 张友连：《论最高人民法院公共政策创制的形式及选择》，《法律科学》2010 年第 1 期。

的。在构筑了司法层级体系的国家，法院间的权力的效力关联也不基于对抽象、潜在及假设的问题而对其他法院施加的规制，"它仅处理利益相关的对立当事人间的诉讼，依据的是与立法、行政程序不同的司法程序"。[①] 对法院规则创制形成的多元状态的协调，在司法机关内要坚持被动性、受案性的协调方法，要通过当事人提起诉讼的方式，在新的司法中立性平台上展开对相关纠纷和争议的规则协调和价值协调。当然，法院在案件中的规则创制并非解决纠纷而来的副产品，对初审及二审案件中利益关系的协调是法院面向社会大众及未来对规则加以充实的重要方法。[②]

第二节　彰显竞争性与协作性相结合的法院内生机理

司法竞争和协作是司法制度多元性统一格局下司法运行内在衍生而来的，相互区别但又相互联系的构成与面向。"多中心政治体制的绩效只有借助于可能存在于各种各样单位之间的协作、竞争和冲突的模式才能得到理解和评估。"[③] 多元性是竞争的基础和条件，而竞争是多元性演进的重要动力，推动着多元规则在内外对照及信息反馈的基础上，不断调适及发展自身。对司法公正及效率评估必然是多元视角的，即包含着对差异化的、多样性的组织及个体运行及行为功能和效果的评判，无论考量还是评估必定蕴含着比较和竞争的视角和意义。作为地方制度竞争的重要组成部分，司法竞争促成了对司法制度及其组织体系的观察，促成在比较意义上的关于司法制度本身正当性的反思，差异化的司法制度在维护及变革自身的进程中得到多向度上的改进和优化。这种竞争对于制度多方的刺激是显而易见的，它形成了多元制度调整与变革的推动力量。

司法竞争协作与多元性统一的关联，还在于多元条件下旨在统一的努力，有赖于多元主体之间的协作性的发展，这种协作便赋予了在价值和规

[①] 〔美〕杰克逊：《联邦政府体系中的最高法院》，何帆等译，〔美〕奥布莱恩主编《法官能为法治做什么：美国著名法官讲演录》，北京大学出版社，2015，第 26~27 页。

[②] 〔美〕艾森伯格：《普通法的本质》，张曙光等译，法律出版社，2004，第 7~9 页。

[③] 〔美〕奥斯特罗姆、蒂伯特、瓦伦：《大城市地区的政府组织》，毛寿龙译，〔美〕麦金尼斯主编《多中心体制与地方公共经济》，上海三联书店，2000，第 57 页。

则上协同活动的自发性和内生性。事实上，作为协调性内容的基准价值，在其稳定内核意义之外，还存在大量有待探索和认知的内容领域和边界区域，这些领域的存在，无法依靠统一性的协调活动来推进，而要凭借双边及多变的协作活动，实现渐进式的认识和实践检验。基于协作基础上的寻求双边及多边共同规则的尝试，根本上与依靠单方的强力或命令所实行的规则一体推行相区别，这一点也构成了在基准价值之外领域，自发与外迫、自主与强制之间的标志性区别。协作有利于防止在推进共同规则议题上的急躁冒进，通过规则形成协作自主权的赋予和巩固，给规则的实践探索留足空间和余地，使共同规则可能带来的问题接受足够的实际检验。基于多元制度主体需求的协作，还减缓了在大量非基准价值领域推行统一规则造成的地方非适应性的问题，给共同制度的发展创造了渐进演变的内生秩序。

一　我国法院试点改革所处的竞争及协作的现状

我国法院的竞争是改革开放以来权力下放背景下地方性经济绩效竞争的组成部分。各省法院在司法绩效考核体系下，围绕完成法院自身发展以及服务地方发展等司法目标，事实上在展开着较为显化、激烈的竞争。各省法院提出的加强法院各方面建设、服务地方经济社会发展的目标设定，诸如江苏省法院提出的"形成司法工作特色品牌"，广东省法院提出的"争当全国法院排头兵"，江西省法院提出的"更多工作进入全国先进"等目标口号，表明各地方法院自觉地将自身置于同其他省区法院、同省区其他政府部门进行竞争的环境中。地方法院的竞争无疑具有积极意义：这种竞争使得各地方以司法改革及推进司法制度创新为目标，保持较为积极活跃的姿态；单一框架领域和空间内的法院竞争，还在某种程度上开拓了制度试验的领地，推进了制度交流与制度改进。但与此同时，在地方性框架格局里，司法同其他部门展开的，以满足地方经济发展绩效目标为内容的，以维持及扩大法院经费保障为主要指向的竞争，却使得法院在地方扮演着功利性的角色，这些都不利于法院超脱性定位的实现，也不利于推动司法制度的改革和创新。

相对于竞争而言，我国法院的协作长期依赖于法律和政策为工具的规则协调，以及以党政管理和司法管理为中介的管理协调，这种协调带有单一制条件下自上而下开展的特征，法院之间的关系因此呈现出上下对应、一点对多点的格局，而法院之间点与点的协作及互动较为缺乏，这些都使得我国的法院体系较多地呈现垂直型结构体系的特点，而并未真正迈向网络型、协作性的组织结构体系。但是，也要看到，伴随司法改革事项上试点活动的推行，司法向下放权的步伐加快，法院管理上、规则上的自主权在增强，这就给法院之间的协作创造了更多的空间和条件。实践中，法院开展的横向交流活动趋于增多，尤其是在执行事务方面，多区域司法机关展开多边协作、签订协作协议的情况越来越多，出现了一些区域性的司法协作文件，这种法院协作上的进展无疑具有积极的、突破性的意义。

（一）我国法院间竞争的现状分析

一直以来，我国法院置身于地方化板块条件下以争取预算资金为内容的竞争，同时，还处在自上而下集中统筹条件下对竞争加以管理和控制的状态，它们共同构成我国法院竞争的横向及纵向上结构性制约。它们也使得当下我国法院的竞争图景，仍然是以传统的绩效评估和管理为控制手段的，是带有地方化板块局限的，法院竞争中存在违背竞争本质的走样、移位和变形现象。除此之外，我国诉讼法中关于可选择性管辖的规定，初步开辟了司法机关之间展开竞争的法律空间，这一制度上的设计，与国际民商事案件选择管辖的普遍做法相结合，折射出现代法院间开展裁判竞争的内在机理。近年来，我国以推进铁路运输法院转型为内容的跨行政区划法院设置的改革，在转型后的法院与原辖区法院之间，形成了并行管辖的关系，这就为法院机构之间的竞争进一步开创了空间，标志着我国的法院组织体系建设进入了一个新的阶段。

1. 我国在民商事领域以选择性管辖的规定初步形成了以收案竞争为内容的司法竞争空间

我国《民事诉讼法》第二十三条、第二十八条关于合同、侵权民事案件管辖的规定，确立了当事人在相关事务管辖问题上可选择的空间，并在该环节初步形成了案件流动和管辖竞争。这种管辖权本身因案件情况而设定，但却衍生出一定程度的助推法院竞争并进而抑制地方保护的效果。在一些民商事案件中，当事人在对有管辖权法院的挑选行为中，会倾向于向那些更具中立性的法院起诉，通过利用法律关于管辖权的灵活规定，来规避可能出现的地方保护。此外，法院自身的公正度和公信力也成为当事人挑选法院的考量因素。当事人对管辖的选择，作为一种行为反馈，与法院自身对案源的关注相结合，在一定程度上促进了各地司法机关为提升管辖吸引力而开展的竞争。

全球化的发展，贸易及投资流动性的增强，推动一国民商事法律体系日益融入多元民族国家国际法律秩序之内，与此同时，交通及通信技术的便利，进一步扩大了消费者、投资者、经营者在跨国家或跨区域间的司法可选择性。一些大型企业将企业注册在开曼群岛或维尔京群岛的做法就表明，随着国家经济全球化战略的推进，企业日益融入全球化经济进程，法律选择已经成为正常的、理性的普遍行为。个体选择法律适用的情形出现在法律多个领域，不仅包括商事活动中的公司注册、投资、税收等，而且涉及当事人由约定所结成纠纷解决上的协议和选择，个体通过有意识地选择法律规则和司法制度区域，展现与规则及制度之间的反馈与互动。① 这些自由流动性和可选择性，无疑促进了国家间司法组织及制度上的交流、借鉴和竞争。各国为发展本地经济而进行的包括以投融资环境改善为重点的整体法治环境的营造，就是要通过制度竞争，尤其是司法制度的竞争，吸引更多的人才、资金、技术等发展资源。这种竞争呈现日益显化的态势，已经上升为一种国家发展战略和法律改进的战略。

但是，应当注意的是，国际上管辖权的设计，在整体上仍然具有主权附着性，可选择性管辖并不完全。在国内，司法的这种竞争空间还严格局限于民商事领域，适用的范围是比较狭小的。此外，在刑事诉讼领域，侦查及公诉机关由地域管辖而来的限制十分明显，而在行政诉讼领域，案件流动及相关的管辖竞争空间更为狭小。总体而言，管辖恒定的观念和做法仍然在司法诉讼中占据了主导，法院管辖竞争的领域仍然带有严重的局限性，在管辖初始环节的司法竞争是不充分的。

2. 我国法院的竞争是以经济增长为中心的地方性绩效竞争的组成部分

改革开放以来，中国经济通过包干式的经济分权和地方性的竞争实现了快速的增长，党政政绩考核进一步凸显经济增长及为经济发展服务的重要性，而司法的角色也受到这种地方性的经济绩效竞争的影响。有研究者将这种以 GDP 为导向的，以目标责任、指标下派为手段的绩效管理机制，

① 刘双舟：《法律市场视野中的制度竞争与立法行为选择》，《政法论坛》2010 年第 3 期。

归结为一种压力性体制。[①] 伴随地方性的经济和绩效竞争扩展到法院系统，地方法院注重本地方系统中的竞争，动机可以归结为获取部门预算、人员编制等生存和发展资源。[②] 服务于经济增长之所以成为司法工作的重要使命，就在于司法机关作为一个部门的生存和发展资源与一定的绩效纽带紧密关联。司法获得的经费等资源都要在地方性系统中，接受以经济发展为重要指标的考量，司法的角色也要以其在经济增长中的重要性加以评估。

近年来，司法服务于经济发展的定位和角色更加鲜明，各省法院普遍开展了服务经济转型、推动加快发展的司法服务竞争。表现在各省法院纷纷围绕各省党政中心任务，发布相应的司法保障文件。诸如福建省发布了《推进福建发展和海西建设提供司法服务保障的意见》，河南省发布了《发挥金融审判职能作用支持中原经济区建设若干意见》，江西省发布了《积极服务鄱阳湖生态经济区建设若干意见》，重庆市发布了《为两江新区创新发展提供司法保障十条措施》，广西壮族自治区发布了《为北部湾经济区提供司法服务和法律保障的意见》等。

地方对法院所实施的经济绩效管理，对法院竞争的环境以及竞争的进程产生了实际的影响。在地方绩效考核和预算资金指挥棒的影响下，法院要为争取足够的预算资金而在承担地方经济及社会功能方面表现得更为积极。法院不仅要在裁判职能上体现地方经济绩效导向，而且要在裁判之外接受各种非裁判性的工作任务，这些就容易使法院正常的裁判行为产生偏离，使法院正常的司法工作受到冲击。以利益板块化为特征的地方性竞争，常常赋予司法以地方利益代表及代言人的角色，混淆了司法的角色。归结起来，地方导向的绩效评估在一定程度上加剧了司法的角色混淆，强化了司法的地方保护，恶化及扭曲了正常的司法竞争机制。

3. 我国的法院竞争在手段上偏重于科层制架构下的人事管理和绩效竞争

中华人民共和国成立以后我国法院队伍管理经历了融入整个党政队伍管理体制、纳入公务管理模式以及引入职级管理的过程。改革开放以来，我国法院围绕司法队伍分层、分类、分级的改革举措进一步细密化、具体化。自中共十三大报告提出"改革干部人事制度"的内容以来，对司法队

[①] 曾凡军：《GDP 崇拜、压力型体制与整体性治理研究》，《广西社会科学》2013 年第 6 期。

[②] 高翔：《中国地方法院竞争的实践与逻辑》，《法制与社会发展》2015 年第 1 期。

伍管理事实上确立了类似于国家公务员的管理办法，并且实施了以鼓励竞争为原则的干部管理制度。在具体制度层面，我国对法院实行等同于党政及事业单位的组织人事政策，这种管理仍然注重与职级相匹配的、待遇与奖励相结合的激励和竞争模式。与各种工资待遇、职级相挂钩的管理模式成为法院内部秩序的深层结构。① 在法院内部，形成了多级多重的职级管理体系，包括院长、副院长、庭长、副庭长、审判长等审判管理职务序列，党组书记、党组副书记、党组成员、党支部书记等党内职务序列，审委会委员、审判员、助理审判员等审判职称序列，首席大法官、大法官（一到二级）、高级法官（一到四级）、法官（一到五级）等法官等级序列，此外，还有从省部级正职、国家级副职一直到乡科级正职、乡科级副职的公务员序列，以及从巡视员、助理巡视员一直到科员、办事员的非领导职务序列。以省、市、县、乡为内容的行政区划层级，与政府内设部门的部、厅局、处、科构成相对应的关系，法院的规格也分别对应于省部级、地厅级、县处级、乡科级规格。1995 年的《法官法》贯彻法官等同于专业干部的思想，确立了类似于技术职称的法官等级。《法官法》第十六条将法官级别分为十二级。不同的级别与工资、福利以及政治待遇相挂钩。此外，审判长、主审法官等职务的设计，也逐渐纳入办案员与副庭长之外的司法层级之内，担任审判长成为在最高院、高院以及大的中院担任副庭长的必要经历。一些地方的法院还对审判长给予津贴等待遇倾斜。

在多重级别管理之外，与个人待遇及职级晋升直接或间接相关的，还有多层、多重的荣誉和奖励管理，它们也成为法院开展人事管理所配备的、较为重要的激励和竞争办法。法院系统的荣誉和奖励，包括在民事、刑事、审监等方面的审判工作荣誉奖励，以及在人事、行政、宣传、调研、后勤、党务等方面的先进表彰和奖励。党政系统也在服务经济、综合治理、打击犯罪，以及少年、妇女、军人权益等特殊人群权益保护、环境保护、食品安全、知识产权等专项事务方面进行表彰激励。作为一种较为稀缺的资源，荣誉及奖励成为职级之外用以激发司法队伍竞争的重要内容。

自从 2008 年试行司法质量评估体系以来，以司法公正指数、效率指数

① 刘忠：《格、职、级与竞争上岗——法院内部秩序的深层结构》，《清华法学》2014 年第 2 期。

以及综合性指数为衡量标准的司法竞争，成为各高院工作报告中展现司法工作质效的重要内容。质效指标评估排名等做法，作为中国人事管理环境下的适应性举措，在一定程度上发挥着其积极效应。最高人民法院在 2003 年的法院系统清理超期羁押案件活动中，通过一定的考核排名的压力机制，推动了相当一部分超期羁押案件的解决。① 这一方法在清理超审限、清理执行积案等方面的效果表明，考核排名已经成为带有我国管理特色、适应我国管理环境并有一定实效的实用方法。但是，由于质效评估在内容上存在不合理性，一些地方以受案、结案为指标的绩效管理，造成上有政策、下有对策，带来政策执行的畸变。诸如，将非必要共同诉讼的案件进行拆分，在侵权案件中按照标的物进行拆分，以此制造案件受理增长情况。这些现象违背了质效管理设定的目标，实践中也带来司法资源的浪费。此外，当前的质效评估缺乏应有的社会参与和民意测评，暴露出内部化、封闭性等问题。

法院职级管理现状的形成既是党政职级管理逻辑发展的结果，也是法院自身主动适应绩效管理和竞争环境的结果。② 但法院积极参与到党政机构整体的职级竞争环境之内，以及在系统内推行相应的职级激励和竞争，其相关的主动适应并没有产生与法院自身的地位及职责相匹配的结果。诸如法官纳入公务员的举措，也人为拉平了对法官薪金待遇方面的管理，难以形成法官高薪制，同时，在法官退休制方面搞一刀切，也使得人事管理并不适应法官队伍自身的特点。

抛开待遇而言，法院工作及法官队伍的特殊性并未得到足够的体现，法院与行政部门的混同更加严重，法院自身日益陷入行政化的泥潭中，难以摆脱行政化的职级系统和管理体制。针对案件裁判活动的绩效奖惩也容易带来相关管理权力的异化。"如果（就像中世纪一样）法官可以因其'错误的判决'而归罪，那么某种恐惧的心理因素便会产生，这样会因此加大案件结果的偶然性。"③ 有研究者就指出：审判质效竞争与审判指导行政化

---

① 徐亚文、童海超：《当代中国地方法院竞争研究》，《法学评论》2012 年第 1 期。

② 1985 年中办应最高人民法院的吁请，对各级法院院长及审判员配备的干部级别予以明确。此后，其他审判人员的职级配备和工作待遇相继确定（见《中央办公厅关于加强地方各级法院、检察院干部配备的通知》，1985 年 9 月 1 日）。

③ 〔美〕卢埃林：《普通法传统》，陈绪纲等译，中国政法大学出版社，2002，第 34 ~ 35 页。

的结合,在上下级法院间强化了行政动员的体制,系统内竞争受制于行政科层制结构,而具有较为浓厚的行政色彩。① 当前的绩效考核做法与法官裁判权的属性及司法建设规律并不相符,相关的指标设计招致来自当事人、舆论、领导层以及二审法院多重的牵制,磨灭了法官裁判的自主性。②

4. 我国的法院竞争带有自上而下加以统筹以及垂直架构管理的性质

我国法院的竞争在横向的地方化板块之上,还处于自上而下的调控及统筹之下。而且,这种调控与调整时常表现为运动式的政策贯彻及绩效竞争。③ 法院竞争领域和竞争范围的确定,法院竞争内容和竞争架构的确定,以及法院竞争导向和竞争效果的引领,都受到来自上级法院司法政策的调整和规制。围绕审判活动竞争,最高人民法院在多份意见中推行了以审判质量、审判效率、审判流程以及审判绩效考核为内容及流程的审判绩效评估和管理体系,对绩效竞争的具体内容、绩效竞争的范围、绩效竞争的重点、绩效竞争的操作等问题予以界定,以此塑造及指导着各级法院内部就审判活动开展的竞争。

最高人民法院还通过举办相应的评奖、评先、评优等活动,对法院机构竞争、法官审判竞争等加以引导,明确在这些活动中的竞争导向性。诸如通过"全国先进法院""全国优秀法官""全国审判业务专家"等评选活动的方案制定、名额设定、接受报送、审查评选,通过相关指标名额在各省之间的分配,调控在案件办理、队伍建设以及法院整体建设等方面的竞争。最高人民法院还通过"全国十大人民满意的好法官""全国十大杰出女法官""人民满意的好法官"的评选活动,以及对宋鱼水、金桂兰、陈燕萍等模范典型法官的树立,向法院系统及社会传递一定的司法导向。近年来,通过举行"全国法院十大调解案例"和一百件"全国法院优秀调解案例"的评选活动,以及开展各种形式的"调解竞赛",司法工作中运用调解方式调处社会矛盾纠纷、维护社会稳定和谐的导向进一步凸显。

---

① 高翔:《中国地方法院竞争的实践与逻辑》,《法制与社会发展》2015 年第 1 期。
② 李拥军、傅爱竹:《"规训"的司法与"被缚"的法官——对法官绩效考核制度困境与误区的深层解读》,《法律科学》2014 年第 6 期。
③ 钱大军、薛爱昌:《司法政策的治理化与地方实践的"运动化"——以 2007—2012 年的司法改革为例》,《学习与探索》2015 年第 2 期。

（二）我国现行司法协作的现状

以执行协作为内容的传统司法协作，是我国为抑制司法地方保护而开展的地方间行动，它体现了我国法院为应对司法地方化而确立的新的思路，即不单纯依靠自上而下的指导和整治，而通过推动地方间在相关问题上的协同，解决司法系统中存在的一些问题。我国的司法协作在一段时间内集中于执行中的协作，2010 年以来，面向更多司法领域的法院协作活动日渐增多，表明我国的法院协作进入全领域协作的新阶段。但我国的法院协作仍然处于多元法域背景下的初步阶段，法院协作受到法律和政策为工具的单一集中统筹的限制，在集中统筹所推行的试点与普及相结合的两极模式下，法院协作的空间及手段有限，制度上双边及多变协作的格局还有待进一步形成。

1. 以执行协作为主要内容的司法协作阶段

传统上，我国法院开展司法协作的领域多集中在判决执行活动当中。这种协作既有县区以及地市内法院间开展的执行协作，诸如徐州市中级人民法院于 2006 年在其管辖区内的贾汪、铜山及鼓楼法院的执行协作。[①] 也有基于地理毗连的因素而构建的司法协作区，诸如早在 1993 年，环太湖地区的江、浙、沪二省一市四十一家基层法院组织，举行了环太湖法院司法协作主席团会议，会议制定了《环太湖法院司法协作协定书》，明确了委托送达、委托调查、委托执行等司法协作事项，确定了执行工作会议以及主席团工作会议机制。[②] 而山东、江苏、浙江、福建、上海四省一市法院也从 1999 年起，共同推进执行协作网络建设，这些地方于 2003 年制定了《关于加强苏浙沪闽鲁法院执行工作中司法协作的若干意见》，推动委托执行、协助执行、执行协调活动的开展，并加强在执行队伍建设、执行工作管理、执行改革等方面的沟通。[③]

此后，围绕执行工作的地域协作突破了地理毗连的限制，而在全国多个省区及地市之间展开。2005 年 8 月 27 日，在兰州市城关区法院召开了有

① 蒋德：《徐州法院系统推出执行协作机制——法院间相互配合 信息互通有无》，《法制日报》2006 年 10 月 13 日。
② 张敏华：《环太湖法院共商审判大计》，《人民法院报》2000 年 10 月 20 日。
③ 苏长虹：《华东四省一市法院建立执行协作机制》，《人民日报》2006 年 9 月 1 日。

全国十九个省、自治区、直辖市的四十八家城区法院参加的全国部分城区法院司法协作会议，就加强东西部法院间的执行协作展开讨论。① 与此同时，以国家成片功能区的一体化为带动，在跨省形成的经济区内，相关省市的法院也就执行协作工作达成协作协议。2010 年来自江苏、山东、河南、安徽四个省的十个中院在江苏省徐州市倡议推进淮海经济区司法协作机制，组建司法协作交流联席会议制度，讨论研究经济区内法院执行协作交流的有关问题。② 执行协作机制的深化，促成了一些省份在具体执行协作事务上进一步达成协作意见。2016 年，北京、天津、河北、山西、吉林五地高级人民法院执行局局长讨论通过了《京、津、冀、晋、吉法院关于首先查封法院与优先债权执行法院处分查封财产的协作意见》，明确了五省市针对有关具体执行事项上的协作关系，提出了建立五地法院之间执行协调视频会商系统的举措。③

2. 向执行以外多领域拓展的司法协作阶段

随着我国司法体制地方探索试点的推进，各地方在司法改革中的自主权不断增强，各地方法院相互间基于自主协商形成的司法协作也逐渐增多。实践中，形成了以地理毗连区为特征的多个司法协作区域。诸如苏浙沪皖四地法院在案件管辖、财产保全、调查取证、联合调解、委托鉴定、文书送达、解决涉诉信访案件等多个方面确立工作协作关系，在金融审判领域建成了苏浙沪皖区域性银行存款、证券、银联查控平台，在维护区域稳定方面，健全完善了跨区域矛盾纠纷联动联调机制；此外，还提出了在审判刊物、调研成果、指导性文件和有关业务资料、司法统计与审判质量效率评估数据等方面开展经常性交流，以及开展师资、场所、资讯等方面的协作。④ 河南省信阳市、安徽省六安市、安徽省安庆市、湖北省黄冈市四地法院立足于大别山地区地理区域的联结性，着眼于大别山革命老区振兴发展，按照推进区域一体化的发展思路，商议共同采取建立四地法院网上统一立案、跨域诉讼服务、审判执行协作和信息化平台对接、统一法律适用等九项司法协作机制，以及推行召开联席会议、设立对口联络机构、组建信息

① 秦娜：《全国部分城区法院协作会议在兰州召开》，《甘肃法制报》2005 年 8 月 29 日。
② 张召国：《司法协作：淮海经济区法院在行动》，《中国审判》2010 年第 10 期。
③ 吴玉萍：《京津冀晋吉五地法院联动破解执行难》，《人民法院报》2016 年 7 月 24 日。
④ 张志平、朱旻：《共商深化长三角法院协作交流机制》，《人民法院报》2015 年 11 月 22 日。

化交流平台等举措，致力于对区域基础设施、重点产业、商贸市场、社会事业一体化发展、区域社会稳定等关联领域事务的保障和服务。① 此外，桂粤湘②、滇黔桂③、京津冀④等地法院在审判工作的多个领域开展了多种形式的司法协作，确立了联席会议和联络议事制度，着力加强地域间的平台共建、信息互通以及资源共享。

由此，我国的司法协作自2010年以来进入了一个新的阶段，传统的以执行为主的司法协作格局开始向多个领域扩展，涵盖了立案、诉讼服务、调解、取证以及鉴定等各个方面，法院制度、法院文化以及法官之间的交流与协作也被提上了日程。这种协作本身带有一定的自发组织和协商讨论议事的特征，协作相关方成员以及协作的事项、协作的运作等，由协作方讨论、商议确定。依照协商的模式，一些司法协作体的规模在逐渐扩大。诸如，成立于1993年的"环太湖司法协作会议"由地方协商组建，其成员已经逐步扩大到五十家。⑤

3. 我国仍处在单一统筹框架下司法协作的初步阶段

我国已经初步形成了多方自主发起的司法协作格局，这一格局正在涵盖更为广泛的协作领域。但是在法律和政策单一统筹框架的约束仍然较为强烈的背景下，纵向统筹与横向协作之间的关系尚不明晰，相关地方展开的司法协作在空间、活动方式及手段上仍然是受限制的。我国的国家建设在传统上偏重于总结经验而后推广的政策形成及实施模式，在集中指导和统筹的色彩较为浓厚的背景下，带来了从试点而后进入全国推广两种简单的转换模式，要么试点、要么全国推广的方式，造成地域性的、非全国性的制度协作和制度尝试的缺失。这一问题也造成现有的司法协作为制度统筹及推广的压力所笼罩，与法律和政策急躁冒进风险相伴随的，是司法协作的功能发挥不足，协作的自主性、协商性难以保持，以及规则制度方面突破和创新不够。

---

① 《鄂豫皖三省四地法院共建大别山革命老区司法协作机制》，《黄冈日报》2016年7月15日。
② 黄敏、达潘忠、莫洪华：《三地法院联动司法，打造桂粤湘"金三角"和谐之区》，《法制与经济》2012年第9期。
③ 漆启玉：《建立刑事司法协作机制　共同打击犯罪》，《黔西南日报》2014年11月10日。
④ 赵岩：《京津冀三地法院建立协作执行机制》，《河北日报》2015年3月13日。
⑤ 周逸岗、朱照泉：《47家基层法院热议"司法协作"》，《江苏法制报》2007年5月10日。

多地域进行的司法协作，虽然彰显着法院间的自主协商，但当前的这种协作仍然是与行政区划板块相结合的。这就使得我国现行的司法协作仍然遭遇着多向度地方保护带来的困境。司法现实中，异地执行受阻碍的各种事例时有发生。但是，单纯以司法执行不畅的视角来观察及定性尚不够公允。因为，实践中的司法地方保护可能是一地域单向的，也可能是多地域双向性以及多向性的。世界多国对于本国的区际司法协作大多规定了依据时效、管辖权异议、公共秩序等方面的协作前审查程序，当然也包括了案件的重新起诉程序等。在多向度司法地方保护境况下的异地协作阻滞对于实体正义的影响尚且难以衡量，而更为关键的，是要在多地域执行冲突中构筑能够形成跨区域正义的平台和机制。

在司法区划与地方行政区划相复合的情况下，推进司法协作的各项举措本身便承担及替代着跨行政区划法院设置的应有之义，当前法院间的协作囿于司法地方化的格局而难以发挥应有的作用，相关的制度障碍从根本上要依靠跨行政区划法院的设置去加以解决。所以，当前的司法协作要想发挥作用，还要进一步加快相关法院的转型，运用设立跨行政区划法院的方法，使法院间的司法协作迈入一个新的阶段。

二 域外法院试点改革竞争与协作环境的介绍

西方法治的生成便具有多元司法体系并存及竞争的历史背景，当时的司法系统竞争表现为管辖竞争以及规则竞争，这一传统进一步延留至今，表现为英美等国家并行管辖上的制度设计。在法院及法官的竞争及协作方面，相比较而言，法德等大陆国家实行的是以考试竞争和职级竞争为内容的司法竞争办法，依靠自上而下的等级制建制模式开展审判及管理协作，而英美等国家则较为注重以保障激励为基础的竞争，以及确立法院机构和法官之间的协作性的关系。

（一）域外法院竞争性状况

西方历史上以教俗管辖竞争为体现的多元法律体系间的竞争，是西方法治得以生成的制度背景。竞争为西方法治的演进提供了重要的动力，这一点也为史家所感悟："各主要阶级之间相互斗争和让步的交替进行的必要性，相异的利益和追求，有征服之心而无独霸之力等等因素交织在一起，产生了欧洲文明发展中最强劲和丰富的动力。"① 直到今天，传统的并行管辖以及管辖竞争仍然在诸多国家的司法体系中有大量的体现。英国曾经的王室法院与地方司法的并行管辖，演变为现行法院机构之间的并行管辖制度设计；美国联邦司法与州司法之间存在着并行管辖，联邦普通司法与专门司法之间也有一定的并行管辖交叉，同时，各州司法有关并行管辖的设计也大量存在，这些都成为多元竞争性司法制度体系的重要表现。

1. 西方法治的司法竞争性背景

欧洲多元法律体系演进的历史进程中，伴随着多元司法机构在地域性自治管辖基础上所形成的竞争。这种竞争首先表现在教俗司法以管辖权为内容的竞争，中世纪的教俗二元竞争运用教会的精神权威使政府成为道德监督的对象，某种意义上解决了对政府权力扩张的约束难题。"独立的教会组织开始挑战政府垄断公共事务的职能，并且向人们提供了另一个发挥社会抱负的工具。"② 世俗及宗教领主权的制度竞争产生了司法上的意义，它使得"世俗政府本身特别被限制在一个新模式中。它本质上是'司法'的执行者"。③ 多元势力及其法律的竞争，使得法律矗立于权力之上的意义得以彰显，在多种管辖权的体系间，产生了对法律意义和功能的接受，以及对权力的多种制约和对权利的重叠接受。教俗"两种权力只有通过对法治的共同承认，承认法律高于它们两者，才能和平共存"。④ 对于法律规则背后的一般原则，"最关键的是，正是教会和世俗两方面新兴的和中央集权的政治体的并存与竞争，才使得明确地表达这些原则变得重要起来"。⑤

多元司法机构之间的竞争是以管辖权为主要内容的。"复合的司法管辖权和复合的法律体系成为西方法制的一个标志。"⑥ 在当时，民事当事人可以设定管辖条款，协商将纠纷提交到教会法院解决，在 12 世纪和 13 世纪，

---

① 〔法〕基佐：《欧洲文明史》，程洪达、沅芷译，商务印书馆，1998，第 127 页。
② 〔美〕戈登：《控制国家：西方宪政的历史》，应奇等译，江苏人民出版社，2001，第 19 页。
③ 〔英〕安德森：《从古代到封建主义的过渡》，郭方、刘健译，上海人民出版社，2016，第 110 页。
④ 〔美〕伯尔曼：《法律与革命——西方法律传统的形成》，贺卫方等译，中国大百科全书出版社，1993，第 356 页。
⑤ 〔美〕伯尔曼：《法律与革命——西方法律传统的形成》，贺卫方等译，中国大百科全书出版社，1993，第 182 页。
⑥ 〔美〕伯尔曼：《法律与革命——西方法律传统的形成》，贺卫方等译，中国大百科全书出版社，1993，第 326 页。

民事当事人经常订立这种契约，以体现自身的管辖选择。教会还通过一种展延的程序，在更多案件中扩张管辖权。① 多元司法之间的竞争，促进了各自对相互间优长的借鉴以及缺陷的纠正，教会法的职业法官体系与地方司法中的集体民主裁判和举证机制，在英格兰等地的渐进性的司法创造中得到了结合。而英国普通法的形成，是诺曼征服所带来的那种"日耳曼－罗马"因素，"在英格兰造成了两个相对先进的社会结构的一种'迟来'的综合"。②

出于对教会法优点的模仿，以及世俗当局对管辖权的守护，封建的、庄园的、商业的等世俗法在借鉴及引进教会法的概念和技术。"在许多方面，古老的、典型英国式的程序却迫使在每个案件中从罗马法或教会法'吸收'实质上能够借鉴的主张。"③ 多元司法的竞争促进了多样化的司法解决方案，为人类更好应对诸多难题开辟了新的路径。"并行而有限度的管辖权之间的竞争与合作不仅使法律的系统化成为必要和可能，而且也导致对当时一些最尖锐的政治和道德问题提供法律上的处理方案和处理结果。"④

2. 国外法院的并行管辖竞争

多元司法在英国的汇集，创造了普通法体系及其司法制度，而作为普通法基础的巡回审判机构，使得王室法庭与地方性法庭在分殊意义上的竞争成为可能。历史上，诸如土地征诉案件，郡法庭、封建法庭、国王法庭以及自治市法庭均可受理，王室法庭行使着与地方性法庭及封建法庭相并行的管辖权。⑤ 当时的管辖权规则并不严格地将案件与法院相对应，管辖主要取决于各方的选择，法院方则为提升自身权威及增加收入而竞相解决纠纷。⑥ 正是在并立而又竞争的司法机构格局下，普通法体系才得以生成。英国历史上，高等民事法院和王座法院的竞争，破除了传统的垄断管辖权，

① 〔美〕伯尔曼：《法律与革命——西方法律传统的形成》，贺卫方等译，中国大百科全书出版社，1993，第269页。
② 〔英〕安德森：《从古代到封建主义的过渡》，郭方、刘健译，上海人民出版社，2016，第117页。
③ 〔法〕达维德：《当代主要法律体系》，漆竹生译，上海译文出版社，1984，第305页。
④ 〔美〕伯尔曼：《法律与革命——西方法律传统的形成》，贺卫方等译，中国大百科全书出版社，1993，第270页。
⑤ 〔英〕沃克：《英国法渊源》，夏勇、夏道虎译，西南政法学院出版社，1980，第2页。
⑥ 〔英〕哈德森：《英国普通法的形成——从诺曼征服到大宪章时期英格兰的法律和社会》，刘四新译，商务印书馆，2006，第37页。

开启了有意识的选择性诉讼的历史进程。① 至今，英国的高等法院与郡法院之间仍然行使着对诸多案件的并行管辖权，在高等法院内部，大法官庭与王座庭行使着对某些案件的并存管辖权。同时，在上诉环节，英国上诉法院的上诉权也有并行特征，它不仅有权受理高等法院各分庭的上诉，其上诉受理权还与高等法院王座庭的上诉权相并行。而普通法向北美的传播，同时还跟随着并行管辖权及司法竞争的理念与实践。美国州司法体系行使与联邦司法相并行的管辖权，② 联邦地区法院与联邦索赔法院以及联邦税务法院之间也存在并行管辖权的交叉，在各州，多个州也设计了并立管理的司法机构。诸如科罗拉多州设置在二十二个司法区的地区法院，与设置在每个县的法院，行使着对多数案件的并行管辖。③ 在马萨诸塞州，巡回于十四个县的高等法院，行使对民刑事案件的管辖权，同时，法律设置有东北、东南和西部三个巡回区的地区法院，行使着与高等法院相并行的民事案件及对部分刑事案件的管辖权，波士顿市法院等地方法院行使着区域性的并行管辖权，遗嘱验证和破产法院、青少年法院以及住房法院行使着各专门领域的并行管辖权。④ 新泽西州的高等法院内设立有一个普通法审判庭和一个衡平法审判庭，普通法审判庭在各县巡回开庭，它与各县法院的普通法分庭，共同行使着对所有民刑事案件的初审并行管辖权；衡平法审判庭则依照十二个巡回审判区巡回开庭，每一巡回区包括一个或多个县，它与设置在各县的遗嘱验证法庭行使着对遗嘱验证案件的并行管辖权。此外，设立在每个县的地区法院，在轻微犯罪案件以及小额民事案件上存在与以上多个法庭的并行管辖，设置每个县的青少年和家庭关系法院，在某些家事案件中行使着与高等法院衡平法分庭的并存管辖权。⑤

英美国家的并行管辖权设计既包括了初审并行与上诉并行，也包括了普通案件并行与专门案件的并行，还包括了区域与跨区域的并行。在并行

---

① 〔英〕密尔松：《普通法的历史基础》，李显冬等译，中国大百科全书出版社，1999，第58~61页。
② 除了联邦专属管辖案件，诸如海事、破产、专利等案件，大多数案件都实行联邦与州并行管辖（见〔美〕法恩兹沃思：《美国法律制度概论》，马清文译，群众出版社，1986，第55页）。
③ http://www.courtreference.com/Colorado - Courts.htm，visited on 2016/9/4.
④ http://www.mass.gov/courts/court - info/about - mass - courts/，visited on 2016/9/4.
⑤ http://www.judiciary.state.nj.us/nj_overview.html，visited on 2016/9/4.

管辖权的结构上，在每个区域内，综合性的管辖之间，以及综合性的管辖与专门管辖之间构成并行，在跨区域的空间里，定点审判机构与巡回审判机构行使着与各区域并行的案件管辖。分析来看，这种并行管辖权的结构，使得英美的司法机构体系表现出多元复合、多区域并立的特征，某种程度上消解了司法机构等级制的色彩，这同法、德等大陆法国家严格司法等级划分以及管辖恒定要求，形成了较为明显的对比。

3. 法德等国的竞争模式

在法院作为机构的竞争之外，围绕法官裁判活动的竞争，以法德为代表的，以考试竞争和职级竞争为内容的竞争模式，较有代表性，这种竞争以学校教育、考试测评以及职级管理组成连贯的竞争管理环节。法国绝对主义君主制国家确立，与之相伴随的就是以王室司法为顶端的、以上诉机制为纽带的、等级化的司法组织机构体系。各司法机构间的管辖界限清楚，并且按照民事标的的小与大、刑事罪行的轻与重，以及按照初审及上诉的结构性划分，实现了司法组织体系的塑造。司法等级制要求的法律统一性逻辑，是通过建立法院组织的金字塔结构，以确保法律适用的统一性，这一结构表现为通过上诉衔接及管辖扩大形成的司法等级。在这种管辖和机构恒定的状态下，司法的竞争最终落脚到以人事管理及其晋升为核心的职级的竞争。在法国，通过名额渠道性的分配，配合以竞争性的考试制度，为职业司法的准入设置了较高的门槛。竞争性的入学考试，以及之后旨在产生等级的竞争性测试，形成及组建了气质上的同类阶层。"19 世纪的司法重建过程中，司法官已经演变成为地方显要的贵族统治。……后来的政府通过建立职务晋升制度来巩固普通多数的忠诚和利益。"① 1883 年法律推行的法官职业管理制度的改革，包括了在 1906 年设立由最高法院法官组成的审核委员会，审核及确定职业晋升名单。职业晋升制度成为指引法官行为较为实际的导向性的设计，但它也带来了法官管理方面的难题。"2000 年 11 月，晋升名单中有八百名法官，他们都在熬年头等待晋升。正因为如此，晋升体系的改革问题已经摆在了议会的面前。"② 法官的晋升依靠司法部的举荐，司法部的职业经历对于法官从业者获得权威机关官员的了解及晋升

---

① 〔法〕特吕什主编《法国司法制度》，丁伟译，北京大学出版社，2012，第16页。
② 〔英〕贝尔：《法国法律文化》，康家昕等译，清华大学出版社，2012，第70页。

十分关键。"国家法官学院的前三名法官候选人都会以司法部的职位作为他们的首选。这被视为通向高端司法生涯的'王道'。"① 在法国的行政法院系统，同样存在这一情况。"大量人际网络和拜访的出现保证了国政院能够充分意识到等待晋升的候选人的求职热望和状况。"②

4. 美国法院及法官的竞争机制

对于美国联邦与州司法两个系统的竞争，波斯纳以联邦主义理论为视角进行了分析。他在谈及美国二元司法体系的时候，认为联邦法院与州法官在任职条件上的差异，表现在薪水和任期，这种差异植根于联邦主义理论的差异，是与权力垄断程度以及给予其制约的强度相适应的。对联邦权力进行制约，获得制宪者及其后研究者更多的关注，原因就是联邦权力的垄断性更为突出。由主权所分割的民族国家竞争，往往并不足以形成有效的制约和竞争，对于主权国家境内的公民较难通过用脚投票的方式对其加以限制。也就是说，"要彻底迁离美国，不论是过去还是今天，费用都很高（我谈的当然不是旅行费用）"。③ 一个相对封闭的民族国家体系给政治竞争及经济竞争带来较大强度的限制，次级政府相互竞争的理论，对一个民族国家的内部管辖而言并不获得完整的适用。"因为大多数国民，除一部分（虽然这部分越来越重要）富裕的个人和巨大的跨国公司外，完全都是国家的绝对俘虏。"④ 民族国家中央层面，大大依赖于一个更加强有力的部门分立和权力制约。制宪者对联邦法院独立体系的设计，源于对联邦政府潜在权力加以制约的考虑。终身制且薪金稳定的联邦法官体系，尽管它要付出相当高的成本，但它是与制约强大的联邦权力相适应的；"这种制度措施代价很高，因为它需要一群不为通常提高工作效率的激励措施所动的官员"。⑤

波斯纳认为，各州之间较易实现用脚投票，同时，还由于来自联邦的强大制约，使其作为单一系统政府权力的垄断性较小。从结构上讲，联邦

① 〔英〕贝尔：《法国法律文化》，康家昕等译，清华大学出版社，2012，第69页。
② 〔英〕贝尔：《法国法律文化》，康家昕等译，清华大学出版社，2012，第72页。
③ 〔美〕波斯纳：《联邦法院：挑战与改革》，邓海平译，中国政法大学出版社，2002，第295页。
④ 〔美〕波斯纳：《联邦法院：挑战与改革》，邓海平译，中国政法大学出版社，2002，第296页。
⑤ 〔美〕波斯纳：《联邦法院：挑战与改革》，邓海平译，中国政法大学出版社，2002，第296页。

权力本身就是州地方权力的巨大制约，州司法体系通过权利救济的方式受制于联邦司法。也就是说，应用于联邦法院的薪金及任期制对于州而言，不存在更为强烈的适用必要性。"州政府拥有的垄断权力要比联邦政府少。……但总的来说，人们在州一级用脚投票的实际能力要大大强于在联邦一级用脚投票的能力，这个事实对州一级政府滥用权力形成更大的竞争性制约，并使一个强大而独立的法院体系（让政府垄断权力受制于政府间竞争的另一种方法）不那么重要。"[①]

波斯纳在其《超越法律》一书中剖析了美国联邦法官在固定薪金以及终身任职条件下的诸种激励因素。在他认为的法官激励的多种因素中，首先排除了类似于职务晋升的，那种获得最高法院大法官及上诉法院法官提名的激励。在法官稳定薪金和退休金的保障下，"他们完全可以很少做事，甚至什么——当到退休年龄时——也不做，而保持法官的地位"。[②] 但联邦法院体系的法官仍然保持比较勤奋的状态，说明存在着在薪金和职位涨落之外的激励因素。波斯纳认为，在用以激励法官的效用函数中，包括了众望、公益、声誉、回避判决被撤销等多个内容，在从业律师等职业群体中的众望和声誉在法官效用函数中占有相当的比重，相对而言，回避被撤销并不占多大比重，因为撤销反映的多为有关司法哲学、司法观点上的分歧。

（二）域外司法机构协作性状况

法院组织机构的协作性状况是观察不同国家司法制度体系之间差异性特征的重要视角。"就司法权力的组织方式对法律程序的影响而言，科层式和协作式理想型为我们提供了一种视角，使我们得以比较方便地观察欧洲大陆司法管理方式与英美司法管理方式之间存在的引人注目但却从未得到充分理解的差异。"[③] 法德等大陆法国家的法院组织机构表现为金字塔形的等级化体制，法院层级机构间的构成及权限划定严格分明，这些国家也普遍确立了对法官的职级管理，以及法官在法院的业务庭归属模式。相对而

---

① 〔美〕波斯纳：《联邦法院：挑战与改革》，邓海平译，中国政法大学出版社，2002，第295页。

② 〔美〕波斯纳：《超越法律》，苏力译，中国政法大学出版社，2001，第135~136页。

③ 〔美〕达玛什卡：《司法和国家权力的多种面孔》，郑戈译，中国政法大学出版社，2015，第26页。

言，英美国家的法院体系较为松散、分立，法官并不实行严格的职级管理和业务庭管理，法官之间呈现出较多的平行、协作的关系。

1. 域外法院内部协作性的状况

相较于一个以科层制为特征的法院内部架构，英美法院尤其是美国法院在内部组织构成以及法官关系之间更加呈现出一种协作性的结构。在法德等大陆法国家，与职级竞争相适应的，便是法院审判活动中依照资历和职级所实施的审判管理，它使得法院审判活动表现为职级所设定的角色安排以及一种集中性的指挥。美国法院尽管也有首席法官、主审法官之类的身份安排，但法官之间更多的是一种平等的、协作性的关系。"虽然美国司法机制在本世纪呈现出专业化和集权化的趋势，但它仍然继续体现着协作式理想型的许多特征，其程度超过任何其它西方工业化国家。"①

在美国联邦法院，随机抽选法官的审判组织方式，减少了对审判事务管理的依赖。"上诉法院由三名法官组成合议庭审理，从组织的角度来看就是三个分支机构随机组合形成一个'生产单位'，协同合作产生判决。"② 法官间围绕判决生成而展开相互间的讨论和协作。"几位法官的独特而相互差异的个性必须经过磨合而最终达成意见一致。"③ 法官通过在合议中交换意见，以及将自己研究后得到的成果在合议庭成员间进行传阅，协作形成集体性的裁判意见书。在这个过程中，法官相互间并不对各自的裁判活动进行干预，也不存在法官依照请示进行裁断的制度；协作性的法官关系使得在裁判事项上并不形成某一法官对其他法官的支配关系和不当影响。法院行政事务管理机构无权筛选案件及确定案件重要性顺序，不能通过肥瘦分拣形成管理利益，因此也无法对法官裁判构成牵制和干预。

2. 域外法院相互间协作性的状况

与法德等国家上下级法院在组织上层级分明、在效力上等级区分不同的是，英美法院上下级法院之间并不严格遵照组织分层及法官的分级使用，因此，也较能出现不同法院及其法官间的协作。在英国传统的王室法院，

---

① 〔美〕达玛什卡：《司法和国家权力的多种面孔》，郑戈译，中国政法大学出版社，2015，第27页。
② 陈杭平：《统一的正义：美国联邦上诉审及其启示》，中国法制出版社，2015，第32页。
③ 〔美〕柯芬：《美国上诉程序：法庭·代理·裁判》，傅郁林译，中国政法大学出版社，2009，第7页。

以及现在的英国高等法院之内，法院组织结构并不按照初审管辖与上诉管辖进行严格的分层操作，这在一定程度上削弱了法院的等级制色彩。美国联邦司法系统在运行之初，也实行联邦最高法院法官与地区法院法官组成开庭的方式，这一做法在当今也得到一定程度的保留。比较而言，上级法院邀请下级法院法官来审理案件的做法，在法德等大陆法国家是不可想象的。这些国家不仅按照审判事务的简易、繁难程度，对法院及法官进行区分，而且按照法院层级对法官进行区分，各层级法院及其法官对审判事务的处理表现为等级专属性。

此外，美国等国家不同地方法院间的交往，还被纳入地方间机构的协作体系之内。在美国，传统的州际协作旨在对抗联邦集权，以及减少联邦对各州的干预。北美殖民地时期，反抗英国殖民统治的压力成为各州联合的动力，美国立国以后，州际合作便成为对抗联邦集权的重要平台。州权论者呼吁通过平行州之间联系及协作的发展，更好地、更自主地处理州际矛盾和冲突，以此减少不必要的、自上而下的联邦干预。19 世纪末以来的美国州际合作，在州际规范协议以及协作性组织机构方面获得大的发展，各州致力于逐步确立起一个"没有华盛顿的联邦体系"。① 各州之间法律制度的协调也在州际协作的基础上获得发展。设立于 1940 年的建议州立法委员会，发挥着推动各州开展以规范协同为内容的制度交流与协作的功能，它们的活动包括不断收集及整理各州的立法，当然也包括司法组织机构及诉讼程序的立法。每年出版一辑的《建议的州立法》，对于认为有借鉴价值的立法，以及委员会自身认为应当立法的条目，予以列举。《建议的州立法》开篇便明确这样做的宗旨，即促进各州对得当及有益立法及制度的交流和借鉴，推动各州就相互间事务展开必要的协作。

德国尽管实行联邦统一立法的模式，运用中央性的法律对各法院之间的关系进行调整，但德国相关法律同时也授权各州可以自主开展相关州际司法协作事宜。德国《法院组织法》对法院司法辖区方面的协作予以规定，允许基于司法机关相互协作的需要，而设置管辖多州区域的司法机构。2001年，德国的汉堡州、石荷州、下萨克森州三州签署州际协议，将北海沿岸和易北河入海口特定地区，交给下萨克森州的两个地方法院管辖，下萨克

---

① 杨成良：《论美国联邦体制下的州际合作》，《世界历史》2009 年第 5 期。

森州的相关地方法院因此获得跨州的管辖权。为推动检察机关追诉特定的犯罪，开展刑罚执行和相关司法协助工作，德国还设置相应的重点检察院，突破州域管辖的限制。诸如勃兰登堡州的新瑞宾州检察院对腐败类案件的追诉辖区便覆盖整个勃兰登堡州。

三　我国跨行政区划法院试点改革竞争与协作关系设计

我国跨行政区划法院的设立，在理念和制度上贯彻竞争与协作，目的就是顺应司法制度多元性的运行机理，激发法院组织机构体系的活力，更好地推动司法探索和创新，以及更好地实现司法公正和效率的主旨。要着眼于构筑竞争性的司法体系，实现法院竞争向制度创新竞争、自我实现竞争、可选择性竞争的转变，尤其是要把握管辖这一关键环节，开展并行管辖的系统性设计。在法院竞争之外，法院协作的推行是为了彰显制度演进的自主性、内生性，为制度协同确立双边及多边的协商架构，减少大面积强行协同带来的严重弊端。法院间就要围绕制度、文化以及具体的管理环节，通过双边及多边协作的开展，更好地维护法院制度发展的开放性环境，也更有效地解决公众跨区域流动条件下的权利保障问题，着力实现打造优质司法服务的目标。

（一）形成及发展竞争性司法体系

借助跨行政区划法院设置而推行的我国竞争性司法体系的构建，首先要在法院工作的指导思想上进行转变，以往的物质和职级激励及其竞争要予以革除，而要发展注重法官职业保障和自我实现的激励及其竞争，法院机构设置的布局也要更多地破除单一性，体现可选择性和竞争性。并行管辖的推行不仅可以增加法院间的竞争，还同时体现了对公众诉讼消费选择权的维护，因而是增进法院竞争性的可行路径和办法。

1. 推动法院竞争的多重转型

我国法院要着力摆脱传统地方化格局条件下的，以预算资金竞争为内容的竞争，转变为事权法院以实际情况适应以及处置科学为要求的，规制创制及制度创制方面的竞争。为此，要革除以往以职级竞争为内容的激励和竞争模式，以法官职业保障为导向，推动法官向自我实现的激励及竞争转变。现行的法院体系要以跨行政区划法院的设置为契机，不断发展可选择性的竞争制度设计，激发法院系统之间在制度创新、诉讼服务方面的竞争。

（1）推动从预算竞争向制度创新竞争的转型

预算竞争是以司法由内向外争夺预算资金、职数为内容的竞争模式，它以司法资源的受控性为特征，这种竞争不断强化着司法的非自主性地位。在法院体制内出现的日益广泛而激烈的预算竞争，意在从预算批准部门争夺更多预算资金，法院要通过案件数量、成本控制表现等进行展示和宣传，获取更为稳定以及更大规模的预算资金拨付。当代中国法院在地方性系统中的竞争，其中心内容是以推动地方经济增长为直接牵引和衡量的，并且进一步以法院预算增长为结果和目标，它强化了法院与地方板块经济运行体制的结合程度，在加剧以经济绩效为内容的地方性竞争的同时，也使得司法与地方性因素的关联更加紧密。

传统的预算竞争便要转向立足于内部自主性的、以事权法院为主体的、以制度创新为内容的竞争。这一竞争是司法的职能本质以及司法担当使命的必然要求。从竞争的本体来看，传统预算竞争实质是对司法进行外部指导及调控下的竞争，司法在这种资源条件下并不享有完全的竞争自主权。这就与制度创新的本体性要求相违背，原因在于，对活动自主性的限制，对竞争构成了严重的制约，它使应有的竞争"副产品化"。① 司法领域的制度创新根本上是以各事权法院中的事权法官和事权管理人员为主体的，脱离这一主体性的认定，仅仅依靠单一中心扩散型的或者自上而下灌输型的规则传导，并不符合司法制度多样性创新的逻辑。

在缺乏竞争自主权的情况下，制度创新的竞争便无法开展。传统立法单一中心的设定，使得司法在服从性的角色下，仅能够依照立法机关非正式承认的、潜在默认的对原则与规则、概括性与具体性的形式上划分，获得有限的规制创制权限。在以单一性规则推行及实施为内容的司法制度模型下，法院可以展开制度竞争的领域仅限于部分执行领域和具体环节，法院制度创新的空间是非常有限的。而自上而下的塑造及规制，以金字塔顶层中心的指挥和指导，取代了各事权单位的自主活动和创造，形成了长距

---

① 〔美〕奥斯特罗姆等：《大城市地区的政府组织》，毛寿龙译，〔美〕麦金尼斯主编《多中心体制与地方公共经济》，上海三联书店，2000，第60页。

化的管理体制，抬升了管理的成本。传统的为了切合实际而采取的调研试点、经验总结加之普及推广的模式，反映了集中统筹体制下对事权自主性规律的顺应，但这种建设观念仍然难以摆脱单一规则及其创制思维的局限性。

（2）推动从职级管理激励的竞争向保障性激励竞争的转型

当前以职级管理为内容的司法竞争是一种内部性的、偏重于行政管理手段的竞争，它塑造了司法体制行政化的格局，加剧了司法地方化的弊端。职级管理及其背后的利益激励竞争方法的基础性假设是消极性的，即只有通过分级，才能开展有效的司法队伍建设，司法人员的效能只有通过一系列利益奖惩和职级比较才能得以调动。这种假设与管理学的激励理论是相违背的，也忽视了司法队伍建设的特殊性和规律性。从组织行为学的角度来看，"激励是去做某事的意愿，并以行为能力满足个人的某些需要为条件"。① 而需要又具有其层次性，具有低层次需要和高层级需要的构成。从马斯洛的需求层次理论来看，社会需求、尊重需求以及自我实现的需求是较之于生理需求、安全需求的更高层次的需求，前者追求内在满足，而后者则受制于物质占有、工资待遇等方面的因素；以自尊、自主为内容的尊重需求，以及能力的成长、潜力的发挥等自我实现的需求，对个体行为发挥着更为关键的激励作用，在低层次需求得到保障的基础上，就要发挥高层次需求的调解和激励作用。

诸多有关职级和绩效的管理措施，其潜在的逻辑就是每个人天生地存在厌恶、逃避工作的倾向和行为，只有通过相应的管理、控制和奖惩，才能实现有效的管理。道格拉斯·麦戈雷格提出的 X 理论和 Y 理论就认为，员工能够开展主动的、积极性的工作，并且拥有并非只归属于管理层的创造性及决策能力，这种新的假设更能够成为管理的基础和前提，对这一点的承认，才能够采取参与、成就以及自我实现等方面的措施，对个体形成有效的激励。戴维·麦允利兰提出的需要理论，也在印证着高层次需要所发挥的激励作用。以追求卓越、实现目标为内容的成就需要，使得个人更直接地去面对问题，努力探索达成目标的方案，以更有效率的方式去做事情；而成功的管理就在于激发个体的成就需要，使之成为一个具有高成就

---

① 〔美〕罗宾斯：《组织行为学精要》，郑晓明译，机械工业出版社，2000，第50页。

需要的人。

因此，对法院及法官，就要实现激励及竞争基础性理念设定的转换。传统的管理假设包括了只有对法官区分职级，并依靠高职级的指挥和命令，才能开展法官间有效协作的假设，以及即便经过法官选任流程，但只有对法官进行分级，才能形成法官梯队，并通过对新任法官加以指导，有效推动法官"成长"的假设，以及只有对法官实行绩效考核及差异化的利益分配，才能奖优惩劣、有效调动法官办案积极性的假设。新的基础性理念则建立在将法官视为不依靠外部命令和指导便能够独立自主开展裁判活动的主体，视为经过法官选任、依靠自主性的适应和学习、能够独立进行岗位活动的主体，并且将法官视为在生存、发展及安全等需求得到保障的基础上，以自我实现为机理并追求高成就的主体。因为，不平等会带来错误的激励，加剧群体成员的工作懈怠，群体合作将遭到破坏，"地位的不平等会改变行为的方向，使之由完成目标转为解决不平等问题"。① 而相应的，法官所处的外部环境便要摆脱以处于低层次的金钱利益激励为内容的、以利益配置差异和比较为手段的激励和竞争方式，便要革除对法官适用的多层职级管理办法，使法官从对职级的竞争和追求真正转变到专注于裁判活动上来。

（3）推动从法定供给竞争向当事人可选择竞争的转型

司法竞争效度的标志就是当事人可选择性的增加，就是说当事人可以挑选法院。司法制度本身便是当事人可选择体系的一部分，在调解、仲裁以及其他纠纷解决途径之间，当事人根据自身情况以及对成本的考虑，进行某种形式的选择。同样的道理，在司法体系内存在着竞争所激发的可选择性，当事人的行为便可以作为制度绩效的反馈，激发地方性司法制度的改进。这一点是由制度多样性原理所决定的："一个更为有力的理由是，各地区任意性规范所提供的规则数量越多且越多样化，公民们能够进行选择的余地也就越大。"② 以经济角度来看，挑选法院的行为不仅增进当事人的选择权，它还更加符合经济效率，从经常作为受损方的原告而言，挑选法院有助于补偿其受损的利益。在国家私法领域，挑选法院的选择行为凸显了一

① 〔美〕罗宾斯：《组织行为学精要》，郑晓明译，机械工业出版社，2000，第159页。
② 〔意〕萨科：《比较法导论》，费安玲等译，商务印书馆，2014，第213页。

国或地区法律规范、冲突规范以及司法程序切合纠纷解决需求的程度。①

从经济学理论来看，垄断表现为消弭竞争以及限制竞争的状态，在同一地域市场的独家经营常常是垄断的最典型样态。"独家垄断是最极端形式的市场势力（厂商制定高于边际成本的价格的能力），与（静态）福利之间通常存在一种反向关系。"② 而多样性则以增加竞争性的方式促进技术和管理革新，进而增进社会整体的福利。竞争并不体现为某种最优的多样性结构，也就是说，我们无法确定竞争的最优状态，"不可能指望通过竞争政策来建立某种特定的经济结构，竞争政策的任务就是对限制竞争采取对立的态势"。③ 竞争的状态取决于对不当竞争及竞争限制的抑制，它的关键就在于打破独占性。"我们不能达到所有可能世界中的最佳情形；但是我们的选择余地总是依赖获得替代性方案的可能性。"④

当前的司法竞争受到以管辖恒定为特征的，与区域相对应的单一法院体系设置的影响，使法院布局表现出鲜明的独占性。以往关于管辖权选择的规定，不仅多局限于民商事的涉外及合同法领域，更是以区域板块分割为特点的，多地域法院之间的竞争，要以当事人自由流动及用脚投票为条件。但是，即便在交通较为发达的今天，当事人用脚投票的做法受到流动成本等多方面因素的制约。这就使得地域内多元司法的设计及竞争显得尤为关键，以并行管辖为内容的多元竞争司法的构筑，便可以显著降低当事人的制度选择成本，实现更有效率的司法制度创新。"哪里一个以上的公共管辖单位能够在单一区域里提供服务，哪里就可以发展进一步的竞争。"⑤司法竞争的思路要从多地域司法系统间的竞争向同地域内多元司法系统间的竞争进行转变，要更多地依靠同区域司法机构竞争性的制度设计，更有效地激发竞争。

---

① 周天娇：《从"原告优势"的角度浅析挑选法院现象存在的合理性》，《法商论坛》2012年第1期。

② 〔美〕莫塔：《竞争政策：理论与实践》，沈国华译，上海财经大学出版社，2006，第32页。

③ 〔德〕诺伊曼：《竞争政策：历史、理论与实践》，谷爱俊译，北京大学出版社，2003，第123页。

④ 〔美〕奥斯特罗姆：《美国联邦主义》，王建勋译，上海三联书店，2003，第6页。

⑤ 〔美〕奥斯特罗姆等：《大城市地区的政府组织》，毛寿龙译，〔美〕麦金尼斯主编《多中心体制与地方公共经济》，上海三联书店，2000，第58页。

2. 开展法院间并行管辖的设计

并行管辖无疑可以打破单一司法供给的独占性，消除司法制度对公民行为反馈的滞后性，大大降低公民用脚投票的成本，推动公民开展诉讼选择的可实现性。并行管辖还有助于弥补专业化司法所带来的受案不均的明显缺陷，提升法院系统应对受案冲击的能力，同时，还可以激发传统条件下受压抑的诉讼消费需求，推动个体诉权更完整地实现。我国跨行政区划法院新的举措已经体现了并行管辖的思想，接下来的改革有必要进一步发扬这一好的做法，形成系统的并行管辖方面的制度设计。

（1）并行管辖能够激发竞争性

并行管辖首先能够打破独占状态，开启竞争性进程。在管辖恒定条件下，大多数司法受案都将固定地指向单一法院及其内设法庭。这便限制了针对该类型案件的多样性的应对，消除了对此类型案件展开竞争的可能性，因而使得司法受案及其司法制度在同一地域内呈现出僵化的特征。竞争便开始于独占及垄断状态的打破，"因为法律文化之间在一定程度上的内部竞争，将会降低专业化过度的行话和复杂性所带来的垄断性力量"。① 并行管辖权的设计，就有助于打破这种同域受案及其司法机构的单一设置，激发司法系统内的制度竞争。

从法律市场理论的角度来看，传统上，单一立法中心及其司法机构的设计，使得该地方法律市场区域中的法律产品具有独占性。法律制度消费者唯一能够通过个体选择行为形成的现实反馈，就是用脚投票，通过跨区域流动来实现相关的法律选择及司法选择。然而，在扩大化的区域空间里，公民用脚投票的成本较高，高昂的移居及定居成本使得用脚投票常常不现实。在这种情况下，就要通过打破司法服务及制度供给的单一性，通过并行管辖及差异化司法组织体系的分布，扩大同域法律消费者的选择权，形成同地域司法展开竞争的效果。

（2）并行管辖能有效化解受案

并行管辖有利于解决专业化司法机构设置带来的受案不均的显著缺陷。国内外的经验，诸如我国的铁路运输法院等专门法院设置，以及德国的并

---

① 〔美〕奥格斯：《经济学进路：法律体系间的竞争》，吴云译，〔英〕奥赫绪、〔意〕奈尔肯主编《比较法新论》，清华大学出版社，2012，第 188 页。

立专门法院机构设置都表明，基于专业化理由的法院体系设计，最明显的劣势就是无法应对案件变动，随着情势的发展，法院间忙闲不均的情况普遍存在，造成司法资源的浪费。以往我国对专门法院受案不足问题的解决，多采取了从普通受案法院身上切割管辖权并向这些法院增派管辖权的做法，以增加这些法院的受案来源，但这种分派往往造成普通法院管辖上的不协调。新的跨行政区划法院的设计，在对传统铁路运输法院的转型上，实行了并行而非切割的方式，为法院管辖权的设计及布局开辟了新的路径。

因此，有必要通过并行管辖的设计，既激发法院间的竞争，同时又能够满足受案均衡的需要；另一方面，并行管辖还有助于满足公众的诉讼需求，增加诉讼便利程度。市场理论及其经验都说明，多样并行而非单一机构提供市场产品及其服务，更能够契合消费的增长并有效满足消费。法律消费者的选择权得到满足，将促使其更加放心地进行法律消费活动，从而以往导致法律消费萎缩的因素便得以消除，公众司法消费需求的实现也将因此获得更为完善的保障。

（3）并行管辖将助推改革效应

我国铁路运输法院的转型，便体现了相应的并行管辖权的设计，这一做法为我国设置跨行政区划法院的改革开了好头。我国其他专门法院的转型及新的跨行政区划法院的设计，也有必要吸收这一好的做法，进一步打破专业化管辖的局限性，运用相应的并行管辖权的方法，使改革发挥在增加竞争、保障权利、应对受案等多方面的正面的、积极的效应。这一设计既能够激发不同法院系统之间的竞争，又能够防止可能出现的案件不均衡的风险情况，与此同时，通过法院对多领域、多类型案件的并行管辖及受理，还可以预防长时间专业化带来的视角及立场的单一性，促使法官在裁判案件过程中进行多元性、发散性思维。

（二）推动形成协作性司法体系

我国传统法院向跨行政区划法院的转型，要依托于协作性的内在演进的逻辑和机理。这种协作所倡导的，便是尊重各法院及司法区的自主权，维护法官独立行使裁判权的地位，以双方及多方协商议事为办法，开展法官之间的协作以及开展跨地域法院及司法区间的协作。法官间协作关系的形成，就是要着力革除科层制管理体制，消除职级管理带来的垂直性的组织架构，推动法官独立、自主地实施裁判行为。此外，法院间制度与文化的协作亦有必要，不同法院间围绕制度创新所开展的移植性协作和学习性协作，有助于推动多地域间司法竞争条件下的司法制度创新。而法院在管理环节上的协作一方面是基于便民利民、促进权利快捷实现，另一方面也是从提升司法活动的效率出发，缩减空间跨度带来的司法成本。

1. 人员要素的协作

跨行政区划法院及其巡回审理具有协作性的内部结构及相互间关系的结构。法院内部及法院间协作首先表现在人的要素上的协作性结构，体现在法官摆脱科层制以及外部权力关系的干扰，审判活动真正按照依法独立行使审判权的要求来进行。法官之间不表现为管理关系，而是基于公正、独立裁判案件的共同目标而形成的协作关系。在合议制的审判组织里，审判活动不依照命令的逻辑展开，而是充分尊重审判活动的规律和要求，各成员法官自主、独立地就事实和法律适用表达意见。同时，法院相关的审判管理活动依照法官之间、法官与管理人员之间的协商，通过协商协调行动、创制规则，推动法官管理上协作性的生成。

同时，在各司法区及其法院机构之间，也要确立一定的协作关系，并为相关协作性活动准备平台。我国传统法院组织间一直存在着人案不适的问题，法院内部机构间以及不同法院间受案差异导致忙闲不均较为突出。传统的单一定点驻点审判，以及与之相配套的法官被划分及固定在业务庭机构的做法，使得法官跨区域使用的要求无法得到满足，法官资源难以与案件实际相匹配。受到传统的单一驻点定点审判方式的限制，我国的巡回审判与国外的巡回审判名同而实不同。针对这一问题，我国不仅在司法区划分上实现跨行政区划，还要逐步改革传统的单一定点驻点的审判方式，在审判方式上实现跨行政区划。要真正吸收国外巡回审判方式的经验，探索法官从固定机构、单一固定驻点审判向流动巡回审判方向的改革，推动法院组织从等级化覆盖、垂直体制向多中心覆盖、横向体制的转变。

2. 制度及文化的协作

法院间就规范、制度及观念开展的对话交流是法院协商协作的重要内容。法院间就制度建设及创新展开的竞争并非是割据和隔绝的，法院制度间展开交流，并就差异化的地方法院制度进行对话，有利于增进地方制度的开放性，促进不同法院制度间相互借鉴，加速地方制度之间的竞争和创新。企业市场竞争活动的情况表明，即便是纯粹的、高竞争性的企业经济活动，某些领域的协作也必不可少。诸如在企业专利技术高度分散的情况下，企业间仍然可以开展必要的专利互换、交叉持有以及开放基础专利，以通过必要的合作来有效供给某项产品。同样，法院间也可以围绕共同面临的难题，就难题的攻关开展制度和文化的交流，推动在相关问题上的协同应对。

跨行政区划法院间的协作就是要采取双边以及多边参与协商的方式，就协商而形成的制度及观念共识在区域间进行试验和检验，从而使法院间制度及文化上的协作表现为双边地域性或多变地域性。这样做，一方面可以通过更具有探索性的地域协同，增进对司法领域各类问题的思想认知和实践检验，确立内生演进型的司法发展方法；另一方面，各司法区单位之间横向的交流和联系，可以防止大规模协同及其强制推行所带来的自主性和多样性的耗损，从而更好地维护多元性、自主性地方制度的基础。

3. 司法行政管理及其对接上的协作

跨行政区划法院间管理和对接的协作，在根本上以服务公众、改进及提升效率为归依。这一协作是在司法区际竞争环境下，以各司法区法院自主性协商为平台，围绕诉讼便利、权利保障而展开的具体制度、技术以及方法上的合作与配合。当前我国关于铁路运输法院转型的制度举措中，便有当地法院替当事人向跨行政区划法院递交诉讼材料的司法协作上的规定。法院管理便应当以这些举措为示范，在立案、诉讼服务、信息化平台建设等方面加强旨在诉讼便利化的协作行动，更好地推动当事人诉讼权益的实现。

法院管理上的协作可以使法院间获得组织及管理上的共同的便利。在法院内部及法院间，法院可以更专注于核心业务及其竞争，而将其他业务交由法院管理机构，以协作合同的形式来完成，进而实现自身业务结构的优化，达到降低交易和生产成本的目的。相互间的协商及协助还可以创造更为便利、更有效率的管理，即"如果不同组别的公共利益在协商者之间得到了适当的代表，并且当共同行动对于所有有关各方都产生了更大的回报时，协作性的安排并不困难"。① 法院管理部门间的数据和信息的共享，

---

① 〔美〕奥斯特罗姆等：《大城市地区的政府组织》，毛寿龙译，〔美〕麦金尼斯主编《多中心体制与地方公共经济》，上海三联书店，2000，第57页。

增加了诉讼消费、审判活动等多个环节的信息交换，能够降低法院信息流动成本、协调成本和运行风险。司法管理系统中，以信息化为平台的信息和数据协作，能够促进法院对公众诉讼需求保持较为敏锐的反馈，从而帮助司法机构进行更为精确的司法行动研判和司法成本估算。

第三节 实现超脱性与接近性相结合的法院组织定位

超脱性及接近性是跨行政区划法院所追求实现的两项重要的品质，两个概念相互区别，但又内在地融合于跨行政区划法院的制度设计之内。超脱性对于跨行政区划法院的意义在于，这些新型法院的设立要着力于内部超脱性及外部超脱性的制度设计，在法院上下级间、法官之间、法官与法院管理事务部门之间，以及在法院与行政机关、法院与立法机关、法院与社会各界之间，确立超脱、中立的立场和姿态；但超脱性并不意味着高高在上或者与公众相隔绝，法院在审判进程中要"耳朵向内"，严格地遵循超脱要求，公平地听取诉讼各方的意见，且完全不受非庭审环节之外其他意见的影响，而在日常制度建设过程中，则要"打开耳朵"，举行公众均等参与条件下的对话和协商，使得法院在硬件设计、信息化平台以及诉讼服务各方面充分地体现公民接近司法的要旨。

一 跨行政区划法院试点改革中超脱性与接近性的意义

超脱性是跨行政区划法院自身独立性的体现，也是其跨行政区划属性的直接彰显。超脱性要求法院在机构设置上、制度上中立于可能牵涉到纠纷中的政府部门及其他机构，也要求法官独立于诉讼参与各方，凸显其与利益无涉的超脱姿态。而接近性则从另一维度要求法院在地理上便利公众诉讼，减轻公众参与诉讼的负累，同时在法院硬件设施、软件信息方面体现人性化的设计，贴近人的实际需求，彰显亲和性与亲近性。超脱性与接近性并不矛盾，二者以不同的面向，共同融合于法院公正司法的价值立场和实践进程。

（一）跨行政区划法院超脱性的特别定位

超脱性是司法机构最为关键的品质，是司法正义第一位的体现。超脱性意味着裁判的想象力和创造力，"这是一项法官与判断深植于其中的社会功能"。[①] 研究者普遍赞同，正义组成部分包括实体正义和程序正义，这其中，程序正义占据较之于实体正义更加重要的位置。程序正义是实体正义实现的保障，是在初始时空和环节内使实体正义得以达成的基础。近代国家合法性的基石就在于国家以中立性而非偏倚性、以裁判员而非运动员的身份，向社会大众输出正义。对于司法机构而言，这一点表现得更为明显。"法官的职责的本质在于他应不偏不倚，不要干涉事实事务中的自由意志，不要主动出击，只是决定被起诉至己处的案件。"[②] 现代司法正义及其制度体系的构建，将司法独立作为核心的、司法得以立身的价值立场，原因就在于司法独立所表现出的超脱性是司法的生命之所在。

司法超脱性的内涵可以借助有关司法独立的理念得以阐述，一系列有关司法独立的国际性的宣言和声明，对司法的内部超脱性及外部超脱性加以阐述和界定。《世界人权宣言》最早就表达了法庭设立要遵循独立和无偏倚的原则，提出向独立法庭寻求救济是人人应当享有的权利。《公民权利和政治权利国际公约》等一系列国际公约进一步申明了这一原则。1995年第六届亚太地区大法官会议通过的《北京声明》即《司法机关独立原则声明》，就法官内部关系独立，提出司法认定事实及适用法律不受机关级别和职务等级差别的影响和干涉。欧洲法官职业保障标准文件——《法官：独立、高效和责任》提出应当通过司法整体部门的独立，加强法官外部独立、内部独立方面的保障。其中，第三章第二十二条就要求"司法部门的层级式结构不得损害法官的独立性"。

跨行政区划法院在法院自身超脱性要求的基础上，进一步明确了法院机构设置相对于各行政区划单元的超脱性，从而推动从法官的超脱性向法院机构的超脱性的递进和提升。传统的司法超脱性着重是指法官与涉案当事人不得存在影响案件公正审判的联系，法官应当在对立的当事人间保持

---

① 〔美〕傅利曼：《二十世纪美国法律史》，吴懿婷译，商周出版社，2005，第296页。
② 〔美〕格雷：《法律的性质与渊源》，马驰译，中国政法大学出版社，2012，第97页。

与利益无涉和中立的姿态，这种超脱性要求以看得见的方式确立法官的中间人的角色。而跨行政区划法院的超脱性，则是在传统超脱性之外，再加上法院机构在法官选拔任命、财政预算支出以及司法行政管理等方面的超脱性，要求摆脱地方各行政区划单位所产生的不当控制和影响。

（二）跨行政区划法院接近性的重要意义

在跨行政区划法院超脱性的定性之外，还要明确跨行政区划法院作为公共服务提供部门的定位，这种公共服务者的角色要求在法院工作中贯彻人们相互间交往的心理和行动规律，体现司法服务的人性化方针和人本精神。近代以来社会分工进程的发展，使得每一个参与到社会关系和职业进程中的社会成员，其职业活动在本质上都表现为一种服务性的活动。从政府部门到企事业单位成员，他们在职业中的角色呈现为面向不同受众对象的服务，类型各异的职业在服务的内核及性质方面是相同的，而职业活动的服务性质就要求服务者秉承服务相关的价值、宗旨和态度。司法被纳入公共服务体系化之内，各司法岗位人员的工作，表现为司法人员面向社会公众所提供的服务。司法服务本身要彰显服务所要求的亲和性，并且恪守服务职能内容和要求，保证司法服务的公正和效率。

司法作为一种以维护当事人权利为担当的制度设置，本质上还要符合保障及实现权利的宗旨，切合当事人在诉讼进程中各种实体及程序权利所提出的要求。这种以权利为归依的取向，就表现为司法为民或司法接近性的意义。司法为民是司法人文精神的体现，它贯彻于作为程序权的公民裁判请求权，及其与审判权的相互关系之中。[①] 个体在司法中所拥有的，基于对事实认定、法律适用、司法管理等方面知情、接近所形成实体性的权利和程序性的权利，就要通过司法在组织设置及其分布，诉讼流程及审判管理等方面，更加便民、更加接近性制度安排来实现。

（三）跨行政区划法院超脱性与接近性的关系辨析

司法机构的超脱性与其接近性之间，并不根本对立，它们在不同的维

---

① 刘敏：《论司法为民的实质——从裁判请求权与审判权的关系着手考察》，《法律适用》2005 年第 3 期。

度作用于司法系统。司法接近性的本身所内含的对公民裁判请求权的实现，就要求司法机构本身是独立的、合格的，司法的超脱性设计是为了更好地、公平地满足诉讼当事人及社会公众接近司法正义的实现，司法的超脱性本身便是司法接近内涵的组成部分。法律适用上的中立，与情感态度上的亲民，是达成司法公正所要求的一体两面的内容构成。① 但是，对司法超脱性的强调，是围绕司法的初始角色及具体的裁判进程而言的，它不意味着司法在裁判进程之外还要隔绝于社会及民众之外，也不意味着司法要以一种冰冷、生硬的态度对待当事人及社会公众；而对司法接近性的提倡，也不是说司法人员要跟某一方当事人及某一立场的社会组织打成一片。要区分司法民主化理论的证成与司法民主化手段和方法的运用，司法民主化适用的过界会导致司法居中性的损害。② 司法的超脱性本身要彰显司法服务的内容以及对权利进行保障的要求，而司法的接近性也要满足司法内公平性参与进程的框架以及司法外对等性参与的意见协商结构。

在有关司法近民定位的讨论中，司法的接近性常常与对司法的民主性要求相联系。现代民主中的代议制机构，是多元规则及其竞争系统的组成部分，它因弥补司法规制创制领域及效率方面的不足而产生意义。但是，现代民主理念及其制度构成对于司法的价值，是以随机性、非特定公众的超脱性设计为基础的，它的积极方面在于运用其分离出的超脱性要素来推动司法的程序正义。这一点表现在，司法民主因素转移到陪审制的设计过程中，运用随机抽选的方法，消解裁判固定性所带来的程序正义风险，进一步使用司法民主的方法强化司法的超脱性的设计。

二 跨行政区划法院试点超脱性的制度设计

透过对司法独立理念的审视，司法超脱性可以被理解为外部关系上的超脱、内部关系上的超脱、案审关系上的超脱以及社会关系上的超脱。旨在祛除司法地方化的跨行政区划法院改革，就是要以新设法院机构超脱性的姿态，实现我国司法组织及司法制度体系在新时期的重整与革新。新的法院机构的设立不仅仅通过司法机构与行政区划的剥离，传递法院超脱于

---

① 山民：《法官的中立与亲民》，《人民司法》2010 年第 11 期。
② 刘景辉：《司法的民主角色与民主责任——解读司法民主》，《当代法学》2010 年第 3 期。

行政及其区划的意义，更要通过独立行使审判权精神及制度设计的贯彻，彰显法院机构在内部和外部关系上所追求实现的全面的、完整的超脱性。法院不仅要在外部超脱性上实现突破，更要借助改革的有利时机，发挥改革的扩大效应，增强改革的整体性和配套性，加大内部超脱性的改革力度，以此推动法院机构超脱性改革的更大进步。

（一）我国跨行政区划法院外部关系超脱性的制度设计

就外部而言，法院工作涉及同行政机关、同代议制机关、同媒体、同社会组织等政治和社会领域机构的关系，法院的超脱就表现为不受来自行政机关等外部机构的不当干涉和影响。审判权专属于法庭，而排除其他机构来行使；[①] 司法管辖及裁判行为作为司法活动的内核构成，不受来自外部的影响；法官审理案件应当专注于庭审之内，而对庭外的声音保持屏蔽。有关司法机关独立原则的《北京声明》通过对司法独立最低标准的界定，阐述了司法外部超脱性所具有的内涵，即司法机构对司法性质的争议行使直接及复审管辖权，并且司法相关的事实认定及法律适用不受任何直接或间接不当影响。

1. 确立相对于行政机关的超脱性

司法机构超脱于行政机构而行使对公民与行政机构之间纠纷的裁决权，已经纳入世界各国就司法独立所确立的共识性价值立场之内。在一系列国家条约和文件中，各国对司法超脱性的意义和价值予以充分的肯定，尤其是对司法机构与行政机构的关系上，相对于围绕司法机构与代议制机构之间关系形成的观念及制度分歧不同的是，各国对司法机构超脱于行政机构的定位保持了高度的一致性认同，即由行政机构控制法官任期及行使其免职事务的做法已被证明不合公理。

我国一直以来为学界所批评的地方化的症结，集中反映的是司法机关在人财物等方面受到行政机关的控制和影响。法院的行政化建制是影响法官相对于行政机构超脱性的基础性障碍。[②] 我国法官选任之后的管理，当地

---

① 陈雄、文诚公：《人民法院独立行使审判权的法理解读》，《求索》2011 年第 7 期。
② 傅蔚蔚、张旭良：《试论当前影响法官审判中立的三个基础性障碍》，《华东政法学院学报》2000 年第 5 期。

党政、组织及人事部门均有管理职权。① 司法人员纳入当地党政公务员管理的做法，使行政部门掌握了司法人员招录、引进方面的实际职权，行政机关至今仍控制着司法人员的编制、建档、人事审批等环节，这些就表明司法在人事入口环节还难以与同区划内的行政机关相脱离；在司法机关的财政支出及其监督方面，行政机关行使着更为明显的具体管理职权，行政机关的财政部门直接行使对司法机关物资采购、设施管理以及财政收支的监督，司法财政及物资管理由此纳入地方化的管理格局中。

具体而言，法院相对于行政机关的超脱性表现在：司法机关而非行政机关对各类纠纷拥有最终救济权，并对是否属于司法裁断性质的纠纷进行最终的裁断；司法机关的人事、财政以及行政管理不受来自行政机关的节制，不仅司法裁断事务，而且司法行政管理事务，都不受来自行政机关的控制；行政机关在司法领域同普通公民地位相同，行政机关及其工作人员不享有司法过程中超越其他当事人的特殊地位和特权；司法判决对行政机关及其负责人的约束，同对普通公民的约束一样，产生同等的法律效力。

2. 确立相对于代议制机构的超脱性

就司法机关与代议制机关之间的关系，已经形成关于司法裁判进程超脱性的初步共识，即作为司法活动内核的裁判行为及裁判过程，不受外部代议制机构的任何干涉，代议制机关不得篡夺及替代司法机关所行使的案件受理、合议、判决等裁判权力，代议制机关及其人员不得就司法具体裁判下达指令，不得对法官具体的案件审理进程进行干涉。但是，在此具体裁判进程免受干预的共识之外，因政治理念的不同，一些国家要求对司法机关予以立法层面上的控制，确定司法机关对议会立法的遵从。在议会主权国家，代议制机关以单一化立法的形式，塑造了从司法组织构成到司法人员选任，再到司法行政管理的从宏观到具体的系统性的司法制度构造。在这些国家，司法的超脱性仅具有由立法机关所制定法律控制下的，具体进程的超脱性的意义，法官的裁量空间被严格约束在法律规定之内，而司法对管理事务仅在法律一般性规定的罅隙之内，以及对法院具体管理问题上，才保有一定的规则自治空间。

---

① 张昭祥：《从法院管理体制存在的弊端看进行人事制度改革的必要性》，《山东审判》2001年第1期。

　　在司法机关与代议制机关相互关系的问题上，各国在思想认知及实践层面存在较大的争议和分歧。即使从国际条约的规定来看，在法官任期、免职等方面事项的共识常难以达成，由此折射出司法自治主张与政治民主化主张之间问题的复杂性。诸如有关司法机关独立原则的《北京声明》中提出，尽管存在一些国家使用选民投票确定法官任期的做法，但法官任期仍然适宜于在法官达到一定年龄时方可结束，并且在法官任职期间不应当改变其任期；该章关于法官免职程序的内容，则直接对议会控制法官免职的做法提出了批评，认为存在着免职理由不适当以及免职的误用等情况。这些都表明，纵使在国际缔约层面，关于司法机关与代议制机关相互关系的界定仍然是较为模糊的，国际底线标准与一些国家的司法实践之间存在着较大的冲突。

　　司法机关与代议制机构之间关系的复杂性，首先表现在制定法规则与法官法律适用之间的紧张。在代议制机关立法占主导的国家，法官适用法律及进行裁判的行为以严格遵守代议制机关制定法为前提，法官先对制定法完全遵照和服从，而后才开始对裁判权的运用。对这种法官执行法律模式的质疑，有多种理由，其中较为常见的一条是对制定法规则缺陷的归结和认定，即成文法规则是模糊的、滞后的、欠周延的，法官机械适用这些规则将带来实体的不正义。对司法能动的提倡和呼吁，便旨在使法官摆脱严格制定法信条下出现的法律适用困境。事实上，法官适用法律上的超脱性地位，既是法官作为裁判主体其能动性和创造性的应有之义，也是克服制定法规则机械性、实现裁判实体正义的必然要求。在中国古代，王权规则与审案官员裁量之间，还确立了儒家教条以及天理、人情对规则的调节，它在一定程度上缓解了王权规则与具体情况之间的紧张关系，增加了裁判者的超脱性。汉朝以降春秋决狱传统的形成，在扩大裁判官超脱性的同时，也缓和了统治者统治的严酷性。而当代中国对法律效果与社会效果相结合的提倡，在法官裁判中引入机械法条之外因素的考量，也以同样的原理扩大了司法裁判进程的超脱性，这一超脱性有利于确立法官独立自主的裁判地位，但是，这种在裁判实体规则的超脱性增进与司法裁判进程所处的内部及外部非超脱性的现实之间形成了较大的落差，形成中国司法当下超脱性的严重失衡。

　　司法机关与代议制机关的关系，要从二者在规则形成及发展中的地位和作用的角度，展开新的考量。两个机构各自的定位和相互间的关联，要取决于各自规则创制优势的发挥，及多元规则创制及交互竞争背景下对相互间缺陷的补足。在英美法的演进过程中，规则创制具有在事权主体空间内形成的特征，但是，与司法创制规则的进程相伴随的，是代议制立法规则对司法系统创制规则领域、效率性等缺陷的补足。国家与社会要在现行关于司法超脱性价值立场初步共识的基础上，就司法与代议制机构之间关系展开新的界定与调整。首先要明确，司法超脱性及司法独立价值立场是原则性的、基础性的，司法系统自身要为司法独立设定保障，在组织机构、制度流程等方面展现自治。外部机构不作出关于案件分配、法官更换、法官调任等方面的决定。

3. 确立相对于社会各领域的超脱性

司法不仅要在国家机构体系中确立超脱性的地位，中立地裁判其他国家机构所牵涉的纠纷，还要在裁判进程中超脱于社会群体众口纷纭的意见，专注于裁判进程，独立自主地作出裁判意见。"司法机关对正常的政治压力相对绝缘——也就是说，司法机关具有相对独立性，这防止了它仅仅成为占主导地位体制的一种工具。"① 由立案、庭审、评议、裁判所构成的司法过程，要求法院及其法官不仅要拒斥来自行政机关、代议制机关等国家部门的干预，而且要排除来自社会组织、媒体等社会力量的介入，保持完整的司法进程的自治性。美国等国家选民选举法官的实践也表明，选民会通过法官选任环节，对法官独立发表意见及作出裁决造成负面影响。② 理论界所谓司法无需掌声也无需骂声的说法，其实就反映了司法裁判进程独立、超脱运行的要求。

因此，法官在裁判进程中要凝神于诉讼架构中，倾听当事人表达权、申辩权等形成的意见，法官的倾听面向是严格对内的。法官要在个案裁判进程中对社会组织的呼吁、媒体的报道、其他个体及群体的意见，自觉地形成一种隔绝。倘若裁判者在具体裁判进程中"耳朵朝外"，而对诉讼架构中的表达予以忽略及轻视，则法官的裁判立场将产生严重的倾斜，司法的超脱性地位

① 〔美〕威廷顿：《司法至上的政治基础——美国历史上的总统、最高法院及宪政领导权》，牛悦译，北京大学出版社，2010，第180页。
② 〔美〕西格尔等：《美国司法体系中的最高法院》，刘哲玮、杨微波译，北京大学出版社，2011，第154页。

势必受到破坏，庭审在司法裁判的中心地位就难以体现，司法裁判的公正性也难以保障。司法裁判进程的超脱性也要求，政策中"司法为民、联系群众"的内容不应被理解为庭审中对来自社会的各类纷繁意见的左顾右盼。① 法官要在具体的裁判进程中，在社会利益与个人利益之间，站稳公正而中立的立场。② 司法机关不在裁判过程中就个案召开新闻发布会、讨论会、听证会之类的社会交互活动，在这个过程中也不就正在裁判中的事实认定及法律适用向社会征询意见。

司法的超脱性是司法裁判者主体性的体现，裁判者主体性根本上是由谁来裁判这一问题的表达。它关系到法官是能动的裁判者，还是制定法及社会意见的附和者。如果不是实行代议制机关断案，或者社会意见断案，而将法官仅仅变成宣告外部意见的传声筒，就要充分保障法官作为裁判者的主体地位，发挥其超脱性和独立性。这也就是为什么要着力在司法进程中营造一个与社会隔绝的裁判环境的原因。当然，在个案裁判进程之外，司法机关在一个平等而广泛参与的架构下，就司法机关创制规则中相关的问题，以及就司法具体制度改进等问题，举行各种形式的听取社会意见的活动，则是旨在体现司法公开性及开放性的另外一回事。

（二）借改革时机推动司法内部超脱性的扩大

一直以来，以司法行政化为问题归结的讨论，反映出我国法院及法官内部超脱性的不足。司法的内部环境，即法院及法官所处的科层制结构，同行绩效评议、上级绩效评议等绩效考核做法，以及其他各种具体的司法管理方式，对法官裁判发挥着更为实际、更为直接的影响。长期以来对司法行政化的批评，较为集中的就是各种形式的上级指令裁判，以及与此相对应的，下级对上级实行的请示裁判和汇报裁判。承审法官、合议庭、业务庭、审判委员会的设置，表明了一种由低级到高级的权力等级结构。③ 而诸如上级机关及领导主导的绩效评议，以及平行同行之间的投票绩效评议，更使得法官独立开展裁判的活动受到多重的约束，司法裁判不仅要照顾到

---

① 郭道晖：《法院独立审判应只服从法律——对〈宪法〉第 126 条规定的质疑与建议》，《法学》2013 年第 4 期。
② 史美良：《法官角色的矛盾辨说》，《浙江学刊》2004 年第 4 期。
③ 喻名峰：《略论人民法院内部组织结构之改革》，《学术交流》1999 年第 1 期。

上级机关及领导层的意见，还要照顾到同级层面的一团和气。这些都使法官对法院内部集体产生依附性。[①] 司法内部超脱性的不足，对司法公正构成严重的损害，对于这些问题，要借助跨行政区划法院改革的契机，大力弘扬改革的创新效应，对司法机构的内部环境予以全面的改造和净化，最终确立有利于法官独立行使裁判权的内部超脱性的制度与环境。

1. 推动实现法官之间的超脱性

现行的法官职级设置以及以命令服从为内容的管理方式，与法官职业属性相抵触，与法官独立行使裁判权的要求相违背。[②] 法官科层身份差异带来的裁判效力差异严重破坏了司法的独立性。[③] 跨行政区划法院的内部关系，在着力革除科层式、等级式的身份控制，包括撤除法官职级管理方式，撤除不必要的法官身份划分，撤除案件裁判上的请示和审批，当然还包括由此而来的撤除与职级、身份、审批相匹配的管理机构和管理制度。在司法机关内部，要取消由内部人员主持人事考录、绩效考核的做法，要取消各种运用同行评议开展绩效评价的做法，尤其是取消对法官工作合格与否进行定期投票的做法，使法官的工作立足于其在保障激励环境下的自主表现。这些措施的目的就是在法官相互间确立平等、协作的架构，摆脱传统的依靠等级制来推动协作的方式，依靠法官自主地位的确立，创造围绕公平裁判而施行的平等、自主的工作环境。

法官人员相互间的超脱性，还具体表现在职业法官与非职业法官之间协作关系的构筑。英美法国家通过事实认定与法律适用的划分，划定了职业法官与陪审团分别作用的范围，也为此确定了二者独立、超脱运作的基础。在其他实行职业法官与参加审判人员混合开庭的国家，裁判中事实上的等级制，即意见从属、陪而不审、陪审无权等形式主义现象较为普遍，参加审判人员常被赋予地位低于职业法官并受到职业法官领导的定位，非职业法官难以超脱的问题突出。因此，结合当前政策层面推进事实审与法律审相分离的改革动向，在跨行政区划法院的庭审组织结构设计中，要保持陪审员产生的随机性，"随机选取的目的就在于消除陪审团产生过程中的

---

① 陈卫东：《司法机关依法独立行使职权研究》，《中国法学》2014 年第 2 期。
② 王申：《科层行政化管理下的司法独立》，《法学》2012 年第 11 期。
③ 蒋惠岭：《"法院独立"与"法官独立"之辩——一个中式命题的终结》，《法律科学》2015 年第 1 期。

主观和不确定印象性的判断"。① 还要对陪审员独立行使裁判权的地位加以明确，使陪审员依照公正法律和良知独立发表意见。陪审员仅接受与其职责相关事务方面的指导，除此之外，其庭审行为不受外部干预和限制。这其中，还要将具体进行裁判的法官与负责对陪审员进行法律指导的法官区分开来，以免在职业法官与陪审员之间制造一种基于专业与非专业的不平等的关系。

2. 推动实现法院机构间的超脱性

法院机构间的关系，传统上着重表现为初级法院、上诉法院及最高层级法院之间的层级设定。以往金字塔形的法院组织体系，以严格的层级设计为特征，不同等级的法院及法官间等级分明，这就难免滋生出各种形式的上下从属和管理集权。在我国，法院机构间的严格层级以及相关的上级法院对下级法院的行政化架构，通过上级法院作出的诸如与发回重审有关的绩效管理和惩戒措施，使上下级法院的指导定位常演变为实际工作中的请示、汇报等不良现象。省法院介入地市中级法院人事任免权的做法，也扰乱了法院间的正常的监督关系。② 而且，上级法院通过在质效指标考核、人事协管、经费分配、颁发指导意见以及执行工作统一指挥等方面的监督指导，加剧了法院间的行政化。③

改变这种法院机构间行政化的现状，就要从厘定初审与二审的关系入手，使各自行使两项审判职权的法院机构，在正常的裁判效力约束之外，不受不当管理权干预的影响。要杜绝上级法院对下级法院行使人事提名及任免权、绩效考核及惩戒权以及财政受请及分配权，使各法院的人财物管理不仅独立于各地方的行政机关，而且独立于上级法院。对于司法事务集中管理权要加以厘清，上级法院不因上诉裁判权而自然享有对下级法院司法管理事务的集中统筹管理的权力，司法事务管理权是否实行集中统筹要依靠各法院及司法区之间的自主协作来决定。

使法院间关系演变为上下级科层制架构的主要因素还在于一些法院因上诉裁判行为而衍生出的对初审法院的政策管束权。通过在裁判行为之外

① 〔英〕多兰：《陪审团审判》，刘立霞译，〔英〕麦高伟、威尔逊主编《英国刑事司法程序》，法律出版社，2003，第356页。
② 王广辉：《司法机关人财物"省级统管"改革的法律反思》，《法商研究》2016年第5期。
③ 李传松：《法院审判活动行政化之克服》，《法学》2010年第8期。

所发布的涉及各司法领域的司法政策，行使上诉权的法院能够有效地对初审法院的审判组织、诉讼制度和管理流程加以规制和塑造。传统的由最高级法院发布政策对全体法院加以调适的做法，在事实上形成了将所有其他法院沦为最高级法院分支分庭的后果，法院愈加成为一个同质化的组织体。最高级法院通过非司法程序性质主导下的司法解释等行为，对实体法规则展开统筹协调行动，违背了司法权的自身的定位。[①] 相应的政策管束权由此产生了损害初审法院自主性、制约其超脱性的效果。多数法院处在代议制立法及科层制司法政策的双重隶属状态之下，其自主性、适应性、创新性发展的空间日益狭小。

确立法院间的超脱性，多地域并行的法院机构间的问题尚不突出，而问题存在及解决的重点便在于明晰一审与二审法院机构之间的关系，防止因行使上诉管辖权而使法院间的关系发生异化。初审与二审的司法机构及司法人员相互之间以超然的姿态行使各自的司法裁判权力，互相并不构成隶属关系。一、二审法院分别实行与其事权相适应、体现各司法区情况的审判组织、诉讼制度，二审法院不将自身的制度照搬到一审，二审法院及其人员也不对初审法院及其人员进行裁判进程的干预，也不应在案件裁判效力的约束之外，对初审法院人事任免、财政支出以及司法管理施加影响。

3. 推动实现案审进程超脱性

案审环节的司法超脱性就意味着法官要在诉讼当事人参与的庭审结构中保持超脱。法官不仅要以回避的方式，消除可能影响超脱性的利益关联，使法官的超脱性明显可见，而且还要在庭审各环节杜绝与各当事人方单方面地接触，防止裁判活动产生偏见及先入为主。更为关键的是，在政府及其部门为一方当事人的案件中，要维持法官的超脱性，庭审活动在侦查机关、公诉机关与其他诉讼参加人之间，实现公平地对待，裁判行为不受政府及其部门权力的干扰和影响。

长期以来，职权主义的角色定位，使我国的法官过于积极地干预审判进程，违背了司法的超脱立场。我国沿袭了大陆法系传统中的全卷移交制度，法官在开庭之前便接触侦查卷宗及其相关证据，给先入为主及有罪预

[①] 丰旭泽：《论通过司法程序制定公共政策——兼论最高人民法院司法解释模式的转型》，《政治与法律》2015 年第 1 期。

断制造了机会，造成偏听偏信的诉讼流程设计。① 在庭审过程中，法律对法官职权主义角色的设计，赋予法官广泛的调查职权，诸如主持勘验、检查，询问证人、鉴定人等，尤其是庭审活动中对被告人有罪、罪重证据材料可以依职权调取的职权，混淆了审判与追诉的职能，严重违背了司法中立。

20世纪90年代以来，我国诉讼法及审判方式的改革，大量吸收了英美法当事人主义的诉讼经验，寻求确立以庭审为中心的、强化当事人庭审辩论的审判制度。刑事诉讼领域的改革虽然弱化了庭前审查程序及法官的司法调查权，但在司法实务中，对侦查及审查起诉环节的提前介入依然较为普遍，从原来的全案移送到现行的主要证据复印件或者照片的移送，审查公诉的法官并没有被明确地排除在庭审之外，以往先入为主的制度设计没有太大改变。《刑事诉讼法》允许法官进行庭外调查核实，对于有疑问的证据，人民法院可以行使勘验、检查、扣押、查询、冻结等措施，而民事诉讼中也保留了法官行使调查权的规定。这些基于法官职权主义角色的规定就表明，庭审过程中对事实的查明以及实体正义的追求，压倒了程序正义的根本前提，违背了法官居中裁断的超脱性和中立性的角色定位。

跨行政区划法院庭审制度的改革设计，要更加明确司法超脱于包括公诉机关在内的庭审参与人的角色，不仅要取消司法对案件侦查、公诉等环节提前介入的做法，还要禁止法官与侦查及公诉方在庭审前进行单方面的接触和交流。要对宪法当中公、检、法之间相互配合的规定进行宪法解释，使"配合"的涵义严格限定于不损害其他诉讼参加人权利，而仅限于具体制度衔接性及便利性的范围，要坚决禁止法院及法官为公检部门侦查及公诉行为提供庭审前配合的情形，禁止法官为侦查及公诉实施配合性的勘验、检查、查询等措施。

三 跨行政区划法院试点接近性的制度设计

在世界范围内兴起的接近司法正义的运动，成为当代司法可接近性要求不断凸显的重要体现。这一运动的成因就在于，世界各国共同面临着诉讼量快速攀升的冲击，暴露出成本高昂、诉讼拖延等问题，使得司法体制难以接近。在不少国家，诉讼成为耗时费钱的事，穷人等弱势群体常无力

---

① 黄文：《法官的中立问题探讨》，《河北法学》2006年第5期。

提起诉讼。接近司法运动旨在对诉讼制度予以变革，为弱势群体提供包括法律援助在内的扶助，使之更容易接近司法救济。而接近司法的内涵经过此后接近司法运动的实践和拓展，已经发展出包括司法实体正义的接近以及程序正义的接近在内的多项内容。① 对于司法实体正义，当事人对于审判结果所具有的事实发现请求权以及依法裁判的请求权，就表现为对质证等证据认定环节的接近，以及对裁判依据及其说理性的接近。而司法机关不仅应当公正适当地适用规则，及使用科学的证据认定法则，而且要使这种规则适用及证据认定，以当事人能够接近的、清晰可见的方式呈现。接近司法中的程序正义内容，则意味着司法接近要求司法机构向当事人提供旨在保障公正审判请求权的各种制度举措，它首先意味着个体有诉诸司法的权利，而法院不得拒绝受理及拒绝裁判，它还包括了保障当事人地位平等的制度，保障当事人程序参与的制度，以及保障当事人知情权的制度等。

我国跨行政区划法院在展现超脱性的同时，也要延续及发展我国司法为民和司法便民的立场宗旨，不断采取诉讼程序便利化、诉讼进程效率化的各项举措，更好地保障社会公众接近司法的权利。司法接近性的制度设计便体现在司法机构的空间布局、信息系统设置以及司法制度建设等方面，要进一步弘扬巡回司法的优良传统，借鉴国外巡回司法的有益经验，综合运用跨地区巡回、扩大巡回驻点等办法，完善跨行政区划法院设点布局；也要通过跨行政区划法院硬件设施空间布局的设计、信息发布及反馈平台机制的搭建，向外界传递司法公开、公平、近民的信号，帮助公众便捷、高效地利用司法信息平台和信息资源；法院还要就司法制度建设开拓日常化、经常性的议事协商及交流平台，与社会公众开展多途径、多渠道的对话和交流，实现司法与公众的有效沟通和良性互动。

（一）跨行政区划法院空间布局的接近性设计

跨行政区划法院本身跨越行政区划的定位，并不意味着法院机构设置有着距离跨度大的追求。相反，法院机构的布局要体现适应案件聚集情况以及方便百姓诉讼的考虑。从历史经验上来看，诉讼便民是国内外开展司法机构布局的普遍做法。放眼国外，近代西方司法体系的形成，无不注重

---

① 张其山：《接近程序正义》，《华东政法学院学报》2004 年第 6 期。

使司法机构布点接近于公众诉讼提起。"新的裁判制度拥有地理性分散的许多特征。这与通向司法正义途径的问题有关联，耐人寻味。"① 金字塔形的司法体系，其宽阔的位基，表明了司法机构体系近民性的要求和取向。在英国，即使在王室巡回法庭兴起的时期，地方司法系统也从未被废止，而且，当王室巡回审判跨地域幅度大以致带来诉讼不便之时，地方性司法系统又得以重建和复兴，全国九百多个司法管辖小区的设置，使得司法机构网络能够贴近公众，便利公众诉诸司法。英美国家普遍推行了面向基层的巡回法庭设置，以司法就公众的方式，体现司法与公众的接近。诸如英国那种本地化了的治安法官体系，以及美国的乡镇司法体系等，也都成为司法接近取向的重要体现。近年来，美国更是试验了社区法院的机构设置，助推了司法的近民趋向。在欧洲大陆，法国及德国从历史上便建立了面广量多的基层司法机构体系，使之作为等级制司法架构的基础构成。作为一项近民举措，法国于新世纪立法推行了邻近法官的设置，对原有初审法院系统加以补充。近代以来，两国司法机构设置近民倾向进一步加强，司法机构小型化、近民化、社区化的趋势不断凸显，相关近民司法观念仍然在不断酝酿新的试验和改革。

在中国，司法近民成为司法人民性的理论以及相关主张的重要内容。② 我国自清末以来的司法机构改革及其组织机构设计，一直通过分院、分庭等机构设置，坚持及贯穿便利人民诉讼的意图。近代以来新式司法机构的设立无不力图保持机构网络布点与公众诉讼需求的一致性。中华人民共和国成立以来，我国延续了革命时期革命法庭设置的经验和传统，糅合巡回法庭活动的历史实践，着重推广了人民法庭在基层的全面布局。在立法以及政策层面，人民法庭作为司法组织机构与人民相接近的定位，得到不断的凸显和强化。而且，一直以来对巡回审判方式的强调，推动司法组织系统向山区、西部地区等不发达区域的接近和延伸。新的旨在设立跨行政区划法院的改革，也是通过司法区划的重新布局和设计，使得法院机构网络更加切合公众提起诉讼的实际情况。这一改革就是要摆脱原有的法院机构与行政区划重叠设置的窠臼，真正按照接近公众诉讼需求及其分布的要求，

---

① 〔意〕卡佩莱蒂：《福利国家与接近正义》，刘俊祥等译，法律出版社，2000，第249页。

② 符望：《从"接近正义"到"司法为民"》，《法治论丛》2002年第2期。

使法院机构及其区划更加贴近社会实际，更加体现减轻公众诉累的宗旨。

（二）跨行政区划法院信息系统的接近性设计

跨行政区划法院在硬件及软件诸环节，包括法院物质设施的规划、布置，法院诉讼流程等具体制度构成，都以信息的方式向诉讼当事人及社会公众加以呈现和传递。法院展示于外界的形象应当体现足够的亲和力。[①]司法散发出的信息是亲和的、可理解的、易用的，还是阻隔的、艰涩难懂的、难用的，关系到司法系统面向公众的接近程度，也关系到公众对司法的可接受程度。历史上，德国等国家法律语言的晦涩难懂和高深莫测，使得公民了解法律的努力面临重重困难。[②]近代以来，信息科技的迅猛发展，使得司法作为一个面向公众的信息系统，在司法立案、庭审、执行诸环节都出现了吸收及引进更多科技信息处理装置的动向，司法的信息公开也以新的科技条件和科技平台加以展现。而接近性就成为司法信息系统的内在要求，尤其是司法公开的信息要对公众有用、可用、易用，使得公众能够接近、便于接近且乐于接近。那种艰涩复杂术语、杂乱页面显示、繁琐费力使用流程的信息系统，正是与此背道而驰的。

司法机构的硬件系统，包括建筑外观及其结构布局，各建筑功能区的设计，时刻在向外界传递司法面对公众的信息和态度。诸如法官席、公诉席、被告人席等法庭内的布局反映出附着于其内的诉讼文化和司法精神。[③]这种硬件所表露出的信息应当是包容性的、开放性的以及亲和性的，而不是威吓性的、封闭性的以及拒斥性的。法院内部功能区划设计及布置要予以相应的完善，包括设立一站式服务中心区，为公众提供相关司法流程管理服务，以及吸纳必要的公益服务资源，共同开展相关诉讼服务工作；司法硬件设施以及所彰显的法庭环境和氛围，要体现亲和性，相关举措诸如开辟当事人、证人、鉴定人等待及休息区，以此缓解当事人的诉讼紧张心理。还要通过改进硬件诉讼指引系统，包括优化法院内平面图配置、指引标牌设计等，强化诉讼指引的细节管理，使之更符合诉讼服务的人性化和

---

① 赵芳：《司法亲和力的法理思辨》，《法律适用》2007 年第 1 期。
② 〔德〕茨威格特、克茨：《比较法总论》，潘汉典等译，法律出版社，2003，第 241 页。
③ 张建伟：《法庭布局透露的诉讼精神》，《法制资讯》2013 年第 8 期。

便利化要求。还可以采取降低审判台的方法，体现平等参与的诉讼架构和司法文化，探索将圆桌审判方式应用到更多的诉讼案件中。针对诉讼当事人中的特殊人群，诸如残疾人，要设置相应的诉讼信息提示服务，加强无障碍硬件设施的设计和应用，增设无障碍信息服务。

信息技术及设施的应用日益成为法院系统扩大信息公开、改进司法效率的重要手段。电子立案、视频庭审、视频作证、网络拍卖等新的方法的引入，对减轻当事人诉累、改进诉讼效率发挥着积极的作用。跨行政区划法院在司法进程的立案、庭审、执行等环节，适应审判电子化发展趋势，更多地应用电子化工具，包括扩大使用电子方式向法院递送书状的范围，科学地设置可接近性的电子显示设施，开发远程视频系统便利证人作证以及鉴定人的工作，以技术的力量促进诉讼当事人接近清晰地进行证据查验和质证，拉近诉讼参与者及公众与司法的距离。电子化工具还可以在督促、执行、拍卖等领域得到更广泛的应用，通过推广电子申请状、电子支付令等方式，实行网络公开拍卖，以及在诉讼缴费等方面开拓柜台、ATM、网络等多种便利化缴费方式，切实推进诉讼便利化进程。[①]

现代司法普遍确立了以裁判书公开为内容的信息公开平台，推进司法全过程信息的可接近性已成为司法系统公开性的重要衡量标准。接近性对于司法信息系统而言，就表现为信息系统的有用、可用、易用，为公众易于查询、易于接受、容易理解。增进司法公开的可接近性设计，要立足于需求导向的有用性设计，增加司法信息公开的务实性，加大对诉讼流程指引等重点需求内容的显要性设计；要开展对司法信息公众接收便利性的专门研究，提升司法公开数据的可读性、易读性，提高司法信息数据查询便捷性设计；司法信息公开系统不仅要基于个人信息接收的便利，公布法院交通路线、乘车指导、停车位信息、法院设施及功能区布局等信息内容，还要将信息指引、导航等功能与个人信息终端相交互，实现法院诉讼指导信息与公众媒介终端的便捷传递。

司法审判要摒弃对专业化法言法语的片面追求，增进司法语言的通俗性、生动性及形象性，使司法审判沟通与公众心理更为贴近。要系统地改进包括制定法系统、司法规则创制系统以及司法判决系统在语言上的可接

---

① 黄嘉烈：《法庭建设与司法便民》，《人民司法》2012 年第 1 期。

近性，加强司法系统的文风、语风改进工作，革除晦涩难懂的概念话语系统，建设通俗、易解的司法语言文化。对于跨行政区划法院而言，要更为重视诉讼信息沟通问题，综合运用视频现场诉讼指引等新型手段，加强诉讼指引的通俗性、生动性及可理解性设计，同时，开发更有说服力、更具沟通性的司法信息发布及司法说理系统，发展更容易理解及接收的文字、图片及视频系统。跨行政区划法院将吸引多地域居民参与诉讼，为满足多地域居民在语言沟通上的需求，还有必要设置包括手语、地方性语言、外语等特约通译名册，加强以司法及其媒介为平台的信息沟通及信息互动。

司法信息公开是涉及诉讼知情、法律知情、审判知情等多方面内容的综合性的系统。要将法律查询、判决文书查询、诉讼进程查询、诉讼帮扶查询等内容进行整合与衔接，诸如，结合判决书的公开工作，整合法规查询、判例查询以及研究资料的查询，加强法律资源方面的共享；同时，在法律规则、相关判例、相关学理等信息内容之间，确立关联性连接及便捷查询系统，帮助当事人及公众更好地掌握规则及获得信息；还可以将开庭时间、进度等信息的查询，纳入司法信息公开查询系统，对于庭审进程中信息公开内容，要开通网上调阅电子笔录，通过一定的网络认证方式，便利律师直接在网上查询相关案件材料。

（三）跨行政区划法院制度建设的接近性设计

接近司法的改革，要求司法机构从诉讼便利化的立场出发，借助诉讼当事人一方的站位和视角，认识及改进整个诉讼制度的设计及其运行流程。诉讼参与人及公众对司法制度现状的看法和意见，应当以公众参与和信息反馈的形式，为司法系统所重视，并成为司法制度改进的重要推动力量。以适宜的方式采取媒体发布、组织座谈、信函回复等举措，有助于表明法院的裁判立场及理由，加强与公众的沟通。① 因此，有必要构建日常化的司法听取意见的平台，这一平台并不与以事实认定和法律适用为内容的庭审职能进程相混淆，在保障司法裁判的核心职能不受外部意见影响的前提下，通过开放参与性框架以及多元、对等的协商平台机制，确立司法机关与外

---

① 丰旭泽、朱立恒：《我国法院裁判与民意冲突解决的新视角——现代社会冲突理论的启示》，《法学杂志》2014 年第 11 期。

界的交流与互动。

司法举办与公众的讨论、交流活动，要确立参与多元化和对等性的理念和原则，将司法超脱性的理念进一步贯彻到日常化、专门化的听取意见活动中。司法与社会公众的讨论会和交流会，要保持参与门户的开放性，避免只听取某一社会组织、利益群体代表的意见，避免在只有一种声音的情况下去组织意见平台，而要有意识地将听取意见活动置于多元社会意见对等参与的平台之上，使不同意见主张者，包括支持者、反对者，有同等、对等的位置及话语权，使他们平等地参与到开放性的意见表达和讨论中。通过这种意见交流，使司法者与外界的交流，放置到公开的平台之上进行，推动司法的信息反馈及制度革新，也通过平等参与、对等交流的制度设计，防范偏听偏信和意见偏歧，使司法与外界的互动更加规范化、制度化。

司法服务在系统整体上更加接近于公民诉求，要明确司法以裁判为核心服务职能的定位，使司法专注于裁判活动，而对于这一核心职能以外的司法服务诸事项，要适应组织网络化及服务外包的趋势，确立多元化参与的立场，采取资源整合、合作、外包等方式，发挥市场及公益力量各自的优势，综合公民、企业、社会公益组织等多方面力量的治理潜能，促进司法非核心功能服务系统，包括信息管理、诉讼服务等方面的职能行使及资源配置的进一步优化。诉讼服务的集成式设计，就是要引入社会多元力量，整合社会各方面的法律服务资源、非诉纠纷解决资源以及公共服务资源，使得针对诉讼当事人的诉讼服务更加高效，进而推进司法服务资源更加贴近公众需求。

参考文献

一 国内著作

1. 公丕祥主编《区域法治发展研究》（第1卷），法律出版社，2016。

2. 李林主编《全国推进依法治国与稳妥促进司法改革》，中国法制出版社，2016。

3. 季卫东：《中国的司法改革：制度变迁的路径依赖与顶层设计》，法律出版社，2016。

4. 董开军：《司法改革形势下审判管理基本理论与实践研究》，法律出版社，2016。

5. 孙海龙：《审判权运行机制改革》，法律出版社，2015。

6. 姜平主编《上海司法体制改革研究》，法律出版社，2015。

7. 郭天武主编《深化司法体制改革之思考与研究》，华中科技大学出版社，2015。

8. 贺荣主编《全国法院第26届学术讨论会论文集：司法体制改革与民商事法律适用问题研究》，人民法院出版社，2015。

9. 张卫平、齐树洁主编《司法改革论评》（第18辑），厦门大学出版社，2014。

10. 贺荣主编《全国法院第25届学术讨论会获奖论文集：公正司法与行政法实施问题研究》，人民法院出版社，2014。

11. 孙谦、韩大元主编《司法机构与司法制度》，中国检察出版社，2013。

12. 万鄂湘主编《专门法院改革的路径与成效》，人民法院出版社，2013。

13. 公丕祥：《当代中国的司法改革》，法律出版社，2012。

14. 熊文钊：《大国地方——中央与地方关系法治化》，中国政法大学出版社，2012。

15. 张千帆：《国家主权与地方自治——中央与地方关系的法治化》，中国民主法制出版社，2012。

16. 阎照祥：《英国政治制度史》，人民出版社，2012。

17. 最高人民法院课题组：《司法改革方法论的理论与实践》，法律出版社，2011。

18. 徐美君：《司法制度比较：以英、美、德三国为主要考察对象》，中国人民公安大学出版社，2010。

19. 童建挺：《德国联邦制的演变1949—2009》，中央编译出版社，2010。

20. 邵建东主编《德国司法制度》，厦门大学出版社，2010。

21. 徐昕主编《司法》（第四辑），厦门大学出版社，2009。

22. 最高人民法院中国应用法学研究所主编《美英德法四国司法制度概况》，人民法院出版社，2008。

23. 程汉大、李培锋：《英国司法制度史》，清华大学出版社，2007。

24. 张彩凤主编《比较司法制度》，中国人民公安大学出版社，2007。

25. 夏勇、张明杰主编《改革司法》，社会科学文献出版社，2005。

26. 李启成：《晚清各级审判厅研究》，北京大学出版社，2004。

27. 张晋藩：《中国司法制度史》，人民法院出版社，2004。

28. 陈业宏、唐鸣：《中外司法制度比较》，商务印书馆，2004。

29. 周振雄主编《美国司法制度概览》，上海三联书店，2000。

30. 宋冰：《美国与德国的司法制度与司法程序》，中国政法大学出版社，1998。

31. 孙耀君主编《西方管理学名著提要》，江西人民出版社，1995。

32. 徐矛：《中华民国政治制度史》，上海人民出版社，1992。

二 国内论文

1. 曾艳等：《关于我国海事法院体制机制改革完善的思考》，《法律适用》2017年第1期。

2. 李大勇：《论司法政策的正当性》，《法律科学（西北政法大学学报）》2017年第1期。

3. 彭何利：《中国法院的现代转型：模式选择与体系框架》，《法学》2016年第10期。

4. 江必新：《司法审判保障"十三五"规划实现的重点、盲点与亮点——兼论人民法院司法审判工作如何为经济社会发展做好司法服务和法治保障》,《法律适用》2016 年第 5 期。

5. 王耀海:《论跨区法院的司法效用与普及可能》,《法律适用》2016 年第 5 期。

6. 姜峰:《央地关系视角下的司法改革:动力与挑战》,《中国法学》2016 年第 4 期。

7. 徐昕等:《中国司法改革年度报告(2015)》,《政法论坛》2016 年第 3 期。

8. 左卫民:《省统管法院人财物:剖析与前瞻》,《法学评论》2016 年第 3 期。

9. 邢晓峰:《集权式断裂:法国大革命的政治起源》,《东岳论丛》2016 年第 3 期。

10. 张建田:《关于军事法院体制改革问题的思考》,《法学杂志》2016 年第 2 期。

11. 徐康平、高立克:《司改背景下法官、法院与司法程序的融合与共生》,《法学杂志》2016 年第 2 期。

12. 侯丹华:《跨行政区划法院行政案件审理机制问题研究——以上海跨行政区划法院审理机制运行为视角》,《人民法治》2016 年第 1 期。

13. 杨晋东:《深化跨行政区划法院改革应遵循基本原则》,《人民法治》2016 年第 1 期。

14. 江国华:《司法立宪主义与中国司法改革》,《法制与社会发展》2016 年第 1 期。

15. 陈春梅:《域外法院经费制度的五大通行规则(上)》,《人民法院报》2016 年 5 月 13 日。

16. 赵兴洪、何平:《清末司法区域划分实践及其启示》,《湖北社会科学》2015 年第 9 期。

17. 贾宇:《陕甘宁边区巡回法庭制度的运行及其启示》,《法商研究》2015 年第 6 期。

18. 金鑫:《跨行政区划司法机关设置的改革:缘起、经验与实现》,《武汉大学学报》2015 年第 5 期。

19. 李帅:《司法改革中"央—省"二阶独立司法预算的构建》,《云南社会科学》2015 年第 5 期。

20. 何阳：《司法地方化的治理路径研究及创新——以文献分析为视角》，《西南交通大学学报》（社会科学版）2015 年第 2 期。

21. 高翔：《中国地方法院竞争的实践与逻辑》，《法制与社会发展》2015 年第 1 期。

22. 陈春梅：《美国法院经费制度的特色》，《人民法院报》2015 年 11 月 20 日。

23. 何帆：《最高人民法院大区分院设立与撤销原委考》，《北京日报》2015 年 9 月 28 日。

24. 蒋惠岭：《美国司法改革最新动态》，《人民法院报》2015 年 6 月 27 日。

25. 李少文：《论司法中央化改革的困境》，《探索与争鸣》2014 年第 7 期。

26. 周永坤：《司法的地方化、行政化、规范化——论司法改革的整体规范化理路》，《苏州大学学报》2014 年第 6 期。

27. 天津市东丽区人民检察院课题组：《司法区与行政区适度分离的司法体制改革问题研究》，《天津法学》2014 年第 4 期。

28. 彭何利：《法院设置体制改革的方向与路径——比较法视野下的司法改革研究进路》，《法学杂志》2014 年第 3 期。

29. 吴志刚：《我国司法区划调整问题研究——以跨行政区划设置法院为视角的分析》，《北方法学》2014 年第 3 期。

30. 刘忠：《格、职、级与竞争上岗——法院内部秩序的深层结构》，《清华法学》2014 年第 2 期。

31. 顾培东：《人民法庭地位与功能的重构》，《法学研究》2014 年第 1 期。

32. 蒋惠岭、杨奕：《英国法官遴选委员会是如何运行的》，《人民法院报》2014 年 7 月 4 日。

33. 唐虎梅等：《人民法院经费保障体制改革情况调研报告》，《人民司法》2013 年第 21 期。

34. 周建华：《法国民事司法改革论纲》，《北京理工大学学报》（社会科学版）2013 年第 6 期。

35. 李小萍：《论法院的地方性》，《法学评论》2013 年第 3 期。

36. 刘方勇、廖永安：《回归价值本源：巡回审判制度的考证与思索》，《湘潭大学学报》（哲学社会科学版）2013 年第 2 期。

37. 赵兴洪、邹兵：《关于中国司法区划分改革的思考》，《云南社会科学》

2013 年第 2 期。

38. 秦倩、李晓新：《国家结构形式中的司法权配置问题研究》，《政治与法律》2012 年第 10 期。

39. 张千帆：《司法地方保护主义的防治机制》，《华东政法大学学报》2012 年第 6 期。

40. 杨利敏：《亨利二世司法改革的国家构建意义》，《比较法研究》2012 年第 4 期。

41. 徐亚文、童海超：《当代中国地方法院竞争研究》，《法学评论》2012 年第 1 期。

42. 李光和：《南京国民政府时期边疆地区的司法改革及特殊政策论析》，《中国边疆史地研究》2012 年第 1 期。

43. 蒋惠岭、林娜：《英国司法工作发展战略》，《人民法院报》2012 年 9 月 28 日。

44. 张友南、罗志坚：《独具特色的中华苏维埃共和国司法机关》，《党史文苑》2010 年第 9 期。

45. 孙增芹、燕华然：《中国法院经费保障体制改革研究》，《中国石油大学学报》（社会科学版）2010 年第 6 期。

46. 张洪松：《论美国州初审法院经费保障体制及其借鉴意义》，《四川大学学报》（哲学社会科学版）2010 年第 4 期。

47. 孟涛：《改革开放以来法院体制的分权与集权——中国国家司法能力建设的变迁轨迹》，《新视野》2010 年第 4 期。

48. 靳羽：《处在十字路口的法院经费保障体制：困境加剧抑或曙光乍现》，《法治研究》2008 年第 10 期。

49. 刘强：《铁路运输法院为什么还要继续存在?》，《社会观察》2008 年第 7 期。

50. 郭殊：《论中央与地方关系中司法体制的权力结构》，《浙江学刊》2008 年第 6 期。

51. 胡贤焕：《我国审级制度之重构》，《法治研究》2008 年第 6 期。

52. 蔡坷伟：《铁路运输法院体制改革浅析——从全国法院体制改革试点的角度》，《法律适用》2008 年第 1 期。

53. 彭世忠：《铁路运输司法机构存废论》，《现代法学》2007 年第 3 期。

54. 刘敏：《论司法为民的实质——从裁判请求权与审判权的关系着手考察》，《法律适用》2005 年第 3 期。

55. 姚莉：《法制现代化进程中的审判组织重构》，《法学研究》2004 年第 5 期。

56. 蒋慧玲、王劲松：《国外法院体制比较研究》，《法律适用》2004 年第 1 期。

57. 吴永明：《民国前期新式法院建设述略》，《民国档案》2004 年第 2 期。

58. 赵东辉、刘红灿：《清除"法治割据"顽疾》，《瞭望新闻周刊》2003 年第 24 期。

59. 关毅：《法院设置与结构改革研究》，《法律适用》2003 年第 8 期。

60. 姚莉：《功能与结构：法院制度比较研究》，《法商研究》2003 年第 2 期。

61. 刘作翔：《中国司法地方保护主义之批判——兼论"司法权国家化"的司法改革思路》，《法学研究》2003 年第 1 期。

62. 齐树洁：《德国民事司法改革及其借鉴意义》，《中国法学》2002 年第 3 期。

63. 万春：《论构建有中国特色的司法独立制度》，《法学家》2002 年第 3 期。

64. 德全英：《中美法院制度的宏观比较与思考》，《法律科学》1999 年第 3 期。

65. 喻名峰：《略论人民法院内部组织结构之改革》，《学术交流》1999 年第 1 期。

66. 吕晓东：《地方保护主义和司法独立》，《社会科学》1998 年第 7 期。

67. 蒋惠岭：《司法权力地方化之利弊与改革》，《人民司法》1998 年第 2 期。

68. 马冰：《铁路法院经济审判的误区及其矫正》，《法学》1995 年第 6 期。

69. 杨才丹：《中华苏维埃法制的形成及其特点》，《江西大学学报》（社会科学版）1982 年第 3 期。

三　国外论著

1.〔美〕埃瓦尔德：《比较法哲学》，于庆生、郭宪功译，中国法制出版社，

2016。

2. 〔英〕安德森:《从古代到封建主义的过渡》,郭方、刘健译,上海人民出版社,2016。

3. 〔德〕维瑟尔:《欧洲法律史:从古希腊到〈里斯本条约〉》,刘国良译,中央编译出版社,2016。

4. 〔美〕弗里德曼:《二十世纪美国法律史》,周大伟等译,北京大学出版社,2016。

5. 〔美〕达玛什卡:《司法和国家权力的多种面孔》,郑戈译,中国政法大学出版社,2015。

6. 〔意〕萨科:《比较法导论》,费安玲等译,商务印书馆,2014。

7. 〔英〕哈利特:《英国法官队伍的三大变化》,杨奕译,《人民法院报》2014 年 7 月 18 日。

8. 〔法〕托克维尔:《论美国的民主》,董良果译,商务印书馆,2013。

9. 〔法〕特吕什主编《法国司法制度》,丁伟译,北京大学出版社,2012。

10. 〔英〕贝尔:《法国法律文化》,康家昕等译,清华大学出版社,2012。

11. 〔英〕厄尔曼:《中世纪政治思想史》,夏洞奇译,译林出版社,2011。

12. 〔美〕克罗斯:《美国联邦上诉法院的裁判之道》,曹斐译,北京大学出版社,2011。

13. 〔美〕卡迪耶:《法国民事司法法》,杨艺宁译,中国政法大学出版社,2010。

14. 〔德〕克里斯塔勒:《德国南部中心地原理》,常正文等译,商务印书馆,2010。

15. 〔加〕安德森:《联邦制导论》,田飞龙译,中国法制出版社,2009。

16. 〔美〕亚伯拉罕:《司法的过程:美国、英国和法国法院评介》,泮伟江等译,北京大学出版社,2009。

17. 〔英〕麦格雷戈:《企业的人性面》,韩卉译,中国人民大学出版社,2008。

18. 〔美〕本内特、霍利斯特:《欧洲中世纪史》,杨宁、李韵译,上海社会科学院出版社,2007。

19. 〔英〕哈德森:《英国普通法的形成——从诺曼征服到大宪章时期英格兰的法律和社会》,刘四新译,商务印书馆,2006。

20. 〔美〕莫塔:《竞争政策:理论与实践》,沈国华译,上海财经大学出版社，2006。

21. 〔美〕夏皮罗：《法院：比较法上和政治学上的分析》，张生、李彤译，中国政法大学出版社，2005。

22. 〔意〕卡佩莱蒂：《比较法视野中的司法程序》，徐昕、王奕译，清华大学出版社，2005。

23. 〔美〕阿蒂亚、萨默斯：《英美法中的形式与实质：法律推理、法律理论和法律制度的比较研究》，金敏等译，中国政法大学出版社，2005。

24. 〔美〕汉密尔顿、杰伊、麦迪逊：《联邦党人文集》，程逢如等译，商务印书馆，2004。

25. 〔美〕麦迪逊：《辩论：美国制宪会议记录》，尹宣译，辽宁教育出版社，2003。

26. 〔美〕德鲁克：《组织的管理》，王伯言、沈国华译，上海财经大学出版社，2003。

27. 〔德〕诺伊曼：《竞争政策：历史、理论与实践》，谷爱俊译，北京大学出版社，2003。

28. 〔英〕卡内冈：《英国普通法的诞生》，李红海译，中国政法大学出版社，2003。

29. 〔美〕波斯纳：《联邦法院：挑战与改革》，邓海平译，中国政法大学出版社，2002。

30. 〔美〕沃特金斯：《西方政治传统：近代自由主义之发展》，杨健等译，吉林人民出版社，2001。

31. 〔美〕罗宾斯：《组织行为学精要》，郑晓明译，机械工业出版社，2000。

32. 〔美〕奥斯特罗姆：《复合共和制的政治理论》，毛寿龙译，生活·读书·新知三联书店，1999。

33. 〔英〕密尔松：《普通法的历史基础》，李显冬等译，中国大百科全书出版社，1999。

34. 〔法〕基佐：《欧洲文明史》，程洪达、沅芷译，商务印书馆，1998。

35. 〔美〕伯尔曼：《法律与革命——西方法律传统的形成》，贺卫方等译，中国大百科全书出版社，1993。

36. 〔英〕柏宁斯、戴尔：《英国的治安法官》，李浩译，《环球法律评论》1990年第6期。

37. 〔美〕施瓦茨:《美国法律史》,王军等译,中国政法大学出版社,1989。

38. 〔美〕帕尔德森:《美国宪法释义》,徐卫东等译,华夏出版社,1989。

39. 〔美〕克莱因:《美国联邦与州法院制度手册》,刘慈忠译,法律出版社,1988。

40. 〔法〕瑟诺博斯:《法国史》,沈炼之译,商务印书馆,1972。

四 外语原著

1. Artemus Ward, Christopher Brough, Robert Arnold, *Historical Dictionaries of U. S. Politics and Political Eras*:*Historical Dictionary of the U. S. Supreme Court*, Rowman & Littlefield Publishers, 2015.

2. Geoffrey McGovern, Michael D. Greenberg, *Who Pays for Justice? Perspectives on State Court System Financing and Governance*, RAND Corporation, 2014.

3. Matthew E. K. Hall, *The Nature of Supreme Court Power*, Cambridge University Press, 2010.

4. Adriaan Bedner, *Court Reform*, Amsterdam University Press, 2008.

5. Jon C. Teaford, *The Rise of the States*:*Evolution of American State Government*, Johns Hopkins University Press, 2002.

6. Linda Mullenix, Martin Redish, Georgene Vairo, *Understanding Federal Courts and Jurisdiction*, Matthew Bender, 1998.

7. Rudolph J. Gerber, *Lawyers, Courts, and Professionalism*:*The Agenda for Reform*, Greenwood Press, 1989.

8. John Dawson, *The Oracles of the Law*, William S. Hein Company, 1986.

9. Alan Harding, *The Law Courts of Medieval England*, George Allen&Unwin, 1973.

10. J. E. A. Jolliffe, *The Contitutional History of Medieval England*:*From the English Settlement to 1485*, Adam&Charles Black, 1937.

11. W. S. Holdsworth, *A History of English Law*, Little Brown, 1922.

后 记

　　跨行政区划法院的议题是由司法改革及其试点活动切入当代中国法治建设的好的角度。它较为完整地反映了清末司法革新以来在司法体制改革及司法组织建设上的历史演进脉络，包括制度及组织传承性的因素，以及制度突变性的因素，反映了历史、现实对国家司法制度的内在影响。包括跨行政区划法院设置在内的各项司法试点举措，展现了我国在司法事务方面的体制、运行机制和管理特点，未来司法改革及试点的推进，既是对司法制度本土内容上的改造和重整，同时也是对既往管理模式和运行机制的变革与调整。

　　设立跨行政区划法院是我国新一轮司法改革进程的重要步骤。跨行政区划法院概念的提出，便彰显了国家在防范及清除司法地方保护方面的决心，也反映了顶层设计对于打造现代化司法体系的追求。设立跨行政区划法院的意义在于它突破了以往以行政机关建制为主导的行政区划板块的限制，这一突破不仅是区划形式上的跨越，更意味着制度内涵的转变。其中，凸显的便是法院超脱于行政机关的主旨，展现的便是促使法院依法独立行使裁判权的精神。由此，设立跨行政区划法院便是从形式到实质、从表面到深层，带有全面性、综合性、系统性的改革工程。

　　设立跨行政区划法院的改革是在我国司法组织和司法制度历史性传承和路径演变的背景下展开的。它处在制度外壳及制度内核两方面演进传统多重交织影响之下。发端于清末的司法革新，虽经历外在制度形式的流变，但其近现代以来各阶段的内核形态却较为稳定、不易改变。我国在新时期的司法制度建设，仍然是中华人民共和国成立以来所凝聚而成的司法传统的延续及表现。新的改革旨在形成一个更具合理性的、创新的司法组织及其制度体系。然而，创新所包含的对路径依赖的打破绝非易事，想要使改革不停留在制度外壳和表面环节，并且纠正以往历史过程中出现的循环往复现象，就要从内核上实现改革基础的转换。设立跨行政区划法院的改革要取得实实在在的进展，便要推动理念及制度内核的转变，实现在司法建设问题上的观念更新与转换。只有通过自主探索和不断创新，人们的思维才能摆脱旧观念的束缚，而改革才能转换到深思熟虑和自由选择的轨道之上。

当前的改革是实现我国长期发展目标、完成中国梦的组成部分。设立跨行政区划法院也是在中国梦的理想指引下推行的改革举措。我们所要进行的改革便要指向建设使每一个人都能获得公平正义的司法体系的理想。当前司法改革所处的现实情况，无疑是司法改革终极理想指引下要着力改造的对象，改革当然要适应现实，但更要超越现实，并且要在批判现实的基础上，实现对现实的改进。推行跨行政区划法院，无疑要厘清这一改革所要面临的事实与价值之间的关系，最终使改革朝着我们所要致力达成的理想目标迈进。

设立跨行政区划法院的改革是长期性的，相关的理论和实践探索还要在未来的时代发展进程中不断地予以深化。本书对设立跨行政区划法院议题的探讨是初步的。研究中，我便感到，研究及探索的范围越广，研究活动所及的未知领域便越大。研究一个问题，往往意味着宽径范围未知问题数倍以上的涌现。设立跨行政区划法院是一个新的，同时又带有综合性、系统性的议题。随着对这一问题研究的展开，随着对材料的掌握逐渐增多，发现有越来越多的未知领域展现在眼前。面对浩瀚的知识与未知领域，我深感本研究的局限性，不仅收集及获取的材料难以全部涉及，对域外资料的收集仍有较大遗憾，导致诸多问题还难以深入涉及。总而言之，站在巨人的肩膀上恐怕不可能，更勿论有大的创新，倘若能够对相关议题形成一些认识和总结便已不错。

本书显然也无法就跨行政区划法院所涉及的全部细节问题加以详尽的阐述。许多未知的理论和实践问题，涉及跨行政区划法院的指导理念、具体制度及改革举措，还要在未来时间里结合新的形势和现实的发展，进行更为深入的思考和探索。

刘　旭

2017 年 10 月

图书在版编目（CIP）数据

新时代跨行政区划法院试点改革研究／刘旭著. --
北京：社会科学文献出版社，2017.12
　（中原学术文库. 青年丛书）
　ISBN 978 - 7 - 5201 - 1845 - 3

　Ⅰ. ①新…　Ⅱ. ①刘…　Ⅲ. ①法院 - 司法制度 - 体制
改革 - 研究 - 中国　Ⅳ. ①D926.2

　中国版本图书馆 CIP 数据核字（2017）第 289654 号

中原学术文库 · 青年丛书
新时代跨行政区划法院试点改革研究

著　　者／刘　旭

出 版 人／谢寿光
项目统筹／任文武
责任编辑／连凌云

出　　版／社会科学文献出版社 · 区域与发展出版中心（010）59367143
　　　　　地址：北京市北三环中路甲 29 号院华龙大厦　邮编：100029
　　　　　网址：www. ssap. com. cn
发　　行／市场营销中心（010）59367081　59367018
印　　装／三河市尚艺印装有限公司

规　　格／开　本：787mm × 1092mm　1/16
　　　　　印　张：16　字　数：262 千字
版　　次／2017 年 12 月第 1 版　2017 年 12 月第 1 次印刷
书　　号／ISBN 978 - 7 - 5201 - 1845 - 3
定　　价／68. 00 元

本书如有印装质量问题，请与读者服务中心（010 - 59367028）联系